한국의 먹거리와 농업

한국 농식품체계의 과거와 현재 그리고 대안

이 책은 2013년 정부(교육부)의 재원으로 한국연구재단의 지원을 받아
수행된 연구이다(NRF-2013S1A3A2055243).

김흥주 외 지음

한국의 먹거리와 농업

한국 농식품체계의 과거와 현재 그리고 대안

| 책을 내며 |

한국 농식품체계의 과거와 현재, 그리고 미래?

2008년 광우병 촛불사태 이후 한국사회에서 먹거리는 새로운 사회적 위험이자 심각한 사회문제로 자리 잡았다. 이에 따라 산업화된 농식품 체계의 문제와 위험성을 분석하는 번역서와 연구서 등 관련 문헌이 쏟아지고 대중매체의 관련 프로그램도 빈번해졌다. 좀더 안전하고 질 좋은 먹거리를 찾는 소비자들의 욕구와 움직임을 쫓아 좀더 환경친화적인 농업생산이나 대안적인 유통체계를 모색하고자 제도권과 시민사회도 적극적으로 움직이고 있다. 더불어 현행 체계의 단순한 개선보다는 좀더 근본적인 문제 해결을 지향하는 대안적 움직임도 활발해지고 있다. 사회생태적으로 더 안전하고 지속가능한 먹거리 대안체계에 대한 관심, 또 그와 관련된 다양한 실천들이 점점 더 확산되고 있는 것이다.

문제는 가치와 이성이 받쳐주지 않는 열정은 쉽게 소모되어 피로만 더하거나 그 자체로 또 다른 문젯거리가 된다는 사실이다. 흔히 먹고 마시는 일은 너무나 일상적이어서 이와 관련된 대안적 행위는 누구나 손쉽게 할 수 있는 생활정치의 하나로 꼽힌다. 하지만 이는 먹거리의 위험성과 구조적 문제라는 성격을 과소평가하거나 지나치게 낙관하는 것이다. 먹거리는 농장에서 공장, 시장을 거쳐 가정까지, 또는 자연과학에서 사회과학, 인문학에 이르기까지 다양한 영역과 행위자들을 포괄하는 지극히 넓고도 복잡한 현상과 문제를 내포하고 있다. 따라서 일상의 생활정치와 사회적 수준에서 대안적인 먹거리 실천이 확산·지속되고, 나아가 이러한 실천이 새로운 방향·성격으로 제도화되기 위해서는 먹거리 문제의 현상과 본질에 대한 인식 역시 넓고도 깊어야 한다.

그러나 현재 한국사회에서 출간되고 있는 많은 먹거리 관련 문헌들은 이 같은 요구에 부응하지 못하는 것으로 보인다. 지구적 차원의 농식품체계와 관련된 먹거리 문제의 분석이나 대안적 행위의 가이드라인, 그리고 이를 실천하는 모델의 소개는 대개 번역서를 중심으로 외국의 경험이나 사례에 의존하고 있다. 정작 우리 주변에서 의미 있게 실천되고 있는 대안적 행위나 경험들은 실제 분석에서 빠져 있다. 물론 농축산업이나 식품산업 현장에서, 그리고 학계나 정부 연구기관에서 많은 연구물이 생산되고 있기는 하다. 하지만 국가정책을 위한 실용적 제언이거나 또는 정반대로 현장에 성찰적으로 적용하기에는 너무 추상적인 학술적 분석들이 대부분이다. 무엇보다 아쉬운 점은 각 분야를 모두 아우르는 비판적이고 종합적인 성찰을 찾아보기 어렵다는 것이다.

이 책은 이런 문제의식을 가지고 기획되었다. 사회문제의 해법을 모색하는 일은 현실에 대한 정확한 진단과 문제의 원인에 대한 철저한 분석이 우선되어야 한다. 한국사회의 먹거리위험성과 이로 인한 사회문제의 해결은, 그것을 발생시키는 구조적 원인으로서 한국 농식품체계에 대한 과학적이고 체계적인 인식과 분석을 전제해야만 한다. 한국의 농식품체계는 우리만의 고유한 지리생태적 조건과 문화적 유산, 그리고 지난하고 복잡했던 역사적 발전 과정의 산물이다. 그래서 이를 제대로 이해하기 위해서는 농업과 식품산업은 물론이고 음식 관련 문화, 정치, 정책까지 농식품체계의 모든 영역을 포괄하여 분석해야 한다. '전체에 대한 조망'을 전제로, 구체적 사실들을 역사 속에서 분석할 필요가 있다는 것이다. 이렇게 풀고자 하는 문제의 '구조적' 성격을 총체적으로 이해할 수 있을 때, 우리는 진정한 먹거리 대안체계를 모색할 수 있으며, 이를 실현할 수 있는 다양한 먹거리 대안운동을 쉽게 들뜨지도, 지치지도 않으면서 가열차게 이끌어갈 수 있을 것이다. 아는 만큼 절실해지고, 절실한 만큼 용감해질 수 있기 때문이다.

이 책은 크게 세 개의 파트로 구성되어 있다. 서론 격에 해당하는 1부는 한국 농식품체계가 위치해 있는 구조적이고 역사적인 맥락을 짚어보았다. 먼저 1장은 산업화된 농식품체계를 선도한 선진국의 역사적 경험에 대한 일반화를 중심으로, 현재 한국사회가 직면한 먹거리와 농업의 위기를 만들어낸 초국적 농기업 중심의 기업식량체제corporate food regime의 역사적 형성 과정과 그 구조적 특징을 검토하였다. 특히 단순히 농업이나 식품산업 또는 음식문화만이 아니라 그 모두가 어우러진 전체로서의 농식품체계를 이해하기 위한 방법으로 '사회학적 상상력'과 현대 농식품체계를 제대로 이해하기 위한 기본 개념들을 소개하였다.

1장이 북반구 선진국을 둘러싼 기업식량체제의 형성과 그로 인한 여러 가지 농식품 문제에 초점을 맞춘 논의라면, 2장은 그와 짝을 이루는 남반구 발전도상국의 농업 저발전 메커니즘을 파악하는 데 상대적으로 초점을 맞춰보았다. 발전도상국의 농업과 먹거리 위기는 현대의 농식품체계의 문제이기도 하지만 식민지 시기와 근대화 과정의 산물이기도 하기 때문이다. 특히 식민지에서 해방되어 산업화로 이어진 한국 농식품체계의 형성은 사실 미국과 일본 같은 선진국의 영향만큼이나 일제강점기에 왜곡된 농업구조, 나아가 반주변부라는 자본주의 세계체제 내 구조적 지위의 영향을 받지 않을 수 없었다. 따라서 식민지를 경험한 국가이면서 현재 신흥공업국을 대표하는 한국의 먹거리와 농업 문제를 이해하기 위해서는 '1세계 북반구'와 '3세계 남반구'의 경험과 역사를 총체적으로 이해하는 것이 필요하다. 2장은 그 과정을 식민주의 시기와 발전주의 시기, 그리고 최근 세계화 시기의 세 국면으로 나눠서 살펴보았다.

본론에 해당하는 2부는 농업생산에서 소비문화까지 먹거리 생산연쇄를 구성하는 주요 부문의 역사적 변화 과정을 검토하면서 현재 한국 농식품체계가 안고 있는 문제적 상황을 진단하였다. 먼저 3장은 "한국의 농업이 앞으로 지속가능한가?"라는 질문에 답하기 위해서 한국 농업의 역사적 변화를 해방 후부터 1950년대의 혼란기, 1960~70년대의 산업화 시기, 1980년대 이후 세계화 시기 등 세 국면으로 나눠 살펴보았다. 특히 녹색혁명으로 대표되는 한국 농업의 산업화 과정과 그 결과로서 '위기와 해체'로 점철된 한국의 농업과 농촌사회의 변화를 구체적인 자료로 검토하였다. 나아가 최근 들어 한국 농촌에 새로이 나타나고 있는 변화의 조짐까지도 조심스럽게 검토해보았다.

4장은 농업의 전방에 위치하는 한국 식품산업의 역사적 발전을 산업화된 농식품체계의 구조적 특징으로 부각되고 있는 '기업식량체계corporate food system'의 관점에서 검토하였다. 농업의 산업화는 규모와 범위의 경제를 추구하는 농산물의 공장식 가공, 유통, 소매로 귀결되는데, 그 변화 과정의 지배적 추세는 거대 식품기업을 움직이는 산업자본에 의해 주도된다. 미국의 과잉농산물 원조에 의존하여 시작된 한국의 식품산업은 특히 국내 농업보다는 해외 농업에 기반하여 구축되고 발전되어왔기 때문에, 외형은 선진국만큼이나 거대한 규모를 자랑함에도 불구하고 그 내면에는 여전히 후진국형 문제점을 고스란히 노출하고 있다. 이 글은 그 구조적 원인으로서 한국 식품산업의 역사적 발전 과정을 농업의 변화에 조응하여 1950~60년대 식품자본의 형성기, 1970~80년대의 수입개방과 기업식량체계의 형성기, 1990~2000년대 기업식량체계의 확립과 긴장기 등 세 국면으로 나눠 살펴보았다.

5장은 먹거리의 생산과 가공, 유통에 이은 소비행위와 관련된 논의로서, 한국 음식문화의 과거와 현재를 짚어보았다. 사회에서 일어나는 크고 작은 변화는 필연적으로 음식문화의 형성과 변화에 반영되는 법이다. 최근 들어 한국사회의 변천 과정은 현대화와 세계화로 귀결되는데, 이로 인해 한식이라는 전통적인 식생활이 급격하게 '파괴'되고 있다. 그러나 그것이 미래로 나아가기 위한 일상문화의 창조적 파괴인지, 민족적 유산의 회복 불가능한 소멸인지에 대해서는 별도의 평가가 필요하다. 최근 들어 식도락과 쿡방, 먹방이 대중문화의 대세로 떠오르고 있는 상황에서 이런 연구과제는 각별한 의미를 갖는다. 이에 5장은 현재 한국사회의 먹거리소비와 그 문화적 가치가 과도기적 혼란 상태에 있다는 진단과 그 이유를 제시하는 한편, 먹거리위기의 한 대안으로서 한식의 미래 가치도 새롭게 인식할 것을 제안하였다.

또 다른 본론이자 결론에 해당하는 3부는 현재 한국사회에서 전개되고 있는 대안 농식품운동의 주요 쟁점과 현황을 점검하면서, 역사적 인식과 장기적 전망에 기초하여 한국의 대안적 먹거리체계의 가능성과 실천과제를 검토하였다. 먼저 3부의 서론 격에 해당하는 6장은 농식품운동의 가치지향과 실천전략의 기조를 규정하는 주요 개념과 관련 담론을 검토하면서, 일상의 먹거리를 둘러싼 정치동학을 살펴보았다. 특히 먹거리를 통한 권력과 자본의 지배구조, 그리고 그에 대한 저항과 변혁이라는 두 '진영'에 걸쳐 사람들을 움직여온 기본 가치로서 식량안보, 식량주권, 먹거리시민권과 먹거리민주주의 같은 개념과 이를 둘러싼 쟁점들을 비판적으로 검토하였다. 나아가 한국의 먹거리시민food citizen 실체를 확인하면서, 이들이 실현하고자 하는 먹거리시민권 운동의 사례까지 검토하였다.

7장은 사회복지라는 관점에서 한국사회의 먹거리불평등 문제와 이를 해결할 정책적 대안으로서 공공급식의 확대 필요성을 제기하였다. 오늘날 한국의 현실에서, 다른 것은 몰라도 먹거리만은 차고 넘치는 것이 일반적이지만, 그것이 모든 사람에게 해당하는 것은 아니다. 결식은 아니지만 먹거리가 부실하여 끼니 때마다 배고픔을 느끼고 있는 사람들이 전체 인구의 10%에 이르는데, 이들 대부분은 노인, 아동, 여성 등 사회적 약자들이다. 이에 7장에서는 사회적 약자의 먹거리빈곤 문제를 제도적이고 정책적으로 해결하기 위한 방안으로 '먹거리복지'라는 개념을 제안하였다. 또 같은 맥락에서 공공급식이 먹거리 대안체계의 구상과 실천에서 왜 특별한 위상을 갖는지를 조명하고 그 구체적인 실천과제를 해외 사례를 검토하면서 모색해보았다.

8장은 멀리는 1970년대 중반부터 가까이로는 1990년대의 신자유주의적 세계화 이후에 빠르게 활성화되고 있는 대안적 농식품운동의 다양한 흐름과 관련 쟁점들을 검토하였다. 유기농업을 비롯한 친환경농업 운동과 생활협동조합 운동은 물론, 최근 들어 급격하게 부각되고 있는 로컬푸드 운동에 이르기까지 다양한 대안운동이 이루어지고 있다. 하지만 정부와 시장이 의도적으로 개입하고, 공공성보다는 개인적 이해가 우선시되는 일이 많아지면서 점차 그 '대안성'에 대해서 회의적인 시각을 갖는 경우가 늘어나고 있다. 이 장에서는 비로 이러한 문제를 비판적으로 검토하고, 그 대안의 '대안'을 찾아보려 노력하였다. 특히 최근 들어 많은 대안운동이 성장의 기회와 주류화의 위험이라는 딜레마에 처해 있는 현실을 주목하였다. 이런 상황에서 벗어나기 위해서는 목표와 수단, 목적과 전략을 엄격하게 구별하고, 대안운동의 가치와 철학을 지속적으로 내면화할 필요가 있다는 점을 강조하였다. 이런 원칙과 입장은 이 책이 제시하고자 하는 희망찬 미래를 만들기 위한 전제이기도 하다.

한 가지 양해를 구할 것은 이 책이 길게는 5년, 짧게는 2년째 연구와 각종 조사·학술사업을 같이해온 한국연구재단의 한국사회과학연구지원사업인 'SSK 먹거리지속가능성 연구단'의 공동작업 산물임에도 불구하고, 한결같은 짜임새와 통일된 논조를 갖추지는 못했다는 것이다. 각 장은 완전히 새로 작성된 일부 글을 제외하면, 기본적으로는 저자들이 그동안 진행해온 연구성과를 종합하여 제시한 경우가 많이 있다. 물론 현재 전개 중인 문제의식을 반영하고 또 부분적으로 새로운 연구성과를 더하기도 했지만, 새로운 글로서 충분하지는 못한 듯하다. 무엇보다도 대안적인 농식품체계를 모색하고, 이에 해당하는 다양한 실천사례들을 분석하여 한국사회의 먹거리 대안체계의 모습과 이의 사회적·경제적·생태적 지속가능성을 진단해보려 했지만 체계적인 논의가 이루어진 것 같지는 않다. 더구나 개별 영역에 대한 세부적 분석과 몇몇 학술적 쟁점에 대해서는 연구자 간의 시각 차이도 많이 있었다. 무엇보다 현장에서 실천하고 있는 다양한 영역의 활동가들이 쉽게 활용하고, 언제나 지침으로 삼을 수 있는 모델이 될 만한 사례를 가급적 많이, 구체적으로 다루자고 했지만, 그리 만족스러운 수준이 아니다. 한국의 먹거리 연구와 식생활교육의 일보 전진을 위해 이 책을 의욕적으로 기획했지만, 결과적으로는 그저 지그재그로 반걸음만 내딛은 데 불과한 것이 되었다. 그럼에도 이 책은 비판적 사회학의 시각에서 한국 농식품체계 전반을 체계적으로 조명하는 작업을 새롭게 시작했다는 점에서 그나마 의의를 가질 수 있을 것이다. 앞으로 이런 연구가 계속되고, 성과물들이 많이 축적되어 한국의 먹거리 대안체계가 만들어지기를 진심으로 기원한다.

이 책은 한국 농식품체계의 과거와 현재를 검토하는 데 집중하였기 때문에, 먹거리와 농업의 미래에 대한 논의가 상대적으로 많이 부족하다. SSK 연구단과 저자들 모두의 부족함 때문이다. 하지만 미래는 열려 있고 그 구체적 내용은 연구자와 활동가, 또 시민들 모두가 함께 그려보고 만들어가야 한다고 믿기 때문에 이에 대한 아쉬움은 잠시 접어둔다. 다만 미래를 그려가는 과정에서 이 책의 내용이 조그만 나침반 역할이라도 할 수 있다면 그것만으로도 우리 저자들은 큰 보람을 느끼며 다음을 다시 기약할 것이다. 원고 하나하나에 혼신의 힘을 다해준 집필진들이 진정한 이 책의 주인이자 향후 한국 농업과 먹거리 미래를 이끌어갈 주인공들임을 믿어 의심치 않는다.

저자들을 대표하여

김흥주

| 차례 |

1부

현대 농식품체계의 형성

1장

현대사회의 먹거리와 농업: 현대 농식품체계의 이해

김철규

들어가며

우리는 먹거리위기의 시대에 살고 있다. 온갖 위기론이 범람하는 시대 분위기에 편승한 또 하나의 위기론이냐고 할지 모르겠지만, 우리 먹거리 체계는 분명 심각한 위기 상황에 있다. 생각해보면 인간을 포함한 모든 생명체에게 먹이를 충분히 조달하는 것만큼 중요한 일이 있을까. 그럼에도 불구하고 현대인 대부분은 자기 손으로 먹거리를 생산할 수 없다. 대신 돈이라는 독특한 매개물을 들고 시장에서 식품을 구입한다. 이렇게 해서 우리 식탁에 올라오는 먹거리의 상당 부분은 어디에서 어떻게 만들어진 것인지 알기 어렵다. 그뿐 아니다. 수시로 터지는 먹거리 관련 사

김철규 고려대학교 사회학과 교수(농식품사회학)이다. 세계 농식품체계의 변화, 먹거리정치, 음식소비의 역사적 형성 등에 관심이 있다. 주요 저서로 《한국의 자본주의 발전과 사회변동》, 역서로 《생태논의의 최전선》(공역), 《자연과 타협하기》(공역), 그리고 최근 논문으로 〈한국 농식품체계의 구조와 변화〉 등이 있다.

고들은 소비자들을 불안하게 한다. 조류독감, 구제역 등은 이제 주기적으로 발생하는 것 같고, 농약, 식품첨가물, 유전자조작 식품, 광우병에 관한 뉴스는 식사를 할 때마다 뭔가 찜찜함을 준다. 가히 '먹거리위기'라고 할 만하다.

한편 우리나라에서 농사를 짓는 농업 생산자들, 즉 국내 농민들은 그 수가 급격하게 감소하고 있다. 농촌 지역에서는 아이들의 목소리를 듣기 어렵게 되었고, 60세가 청년일 정도로 초고령화가 급격하게 진행되고 있다. 적지 않은 농어촌 학교들이 문을 닫는 바람에 문화 및 공동체적 기반이 흔들리고 있다. 수입개방으로 들어오는 값싼 외국산 농산물 때문에 농민들의 경제적 형편은 갈수록 어려워지고 있다. 식량자급률은 20%대 초반으로 OECD 국가들 가운데 최저 수준인데다 농사의 기본인 종자 역시 외국 기업에서 사서 파종하는 형편이다. 이런 상황에 대해 '농업위기'라는 표현을 쓴다고 해서 특별히 문제가 될 것 같지는 않다.

어쩌다 이렇게까지 되었을까? 우리가 직면하고 있는 먹거리와 농업의 위기는 어떻게 해서 만들어졌을까? 이런 질문들이 이 장을 이끌고 가는 문제의식이며, 이 책 전체의 출발점이다. 이 장에서는 현대 농업과 먹거리의 구조는 어떻게 형성되었으며, 그것은 어떤 특징들을 가지고 있는지에 대해 살펴볼 것이다. 이런 작업을 통해 현재 우리가 마주한 농업과 먹거리의 문제점에 대한 인식을 공유하고, 대안 모색의 노력이 필요함을 강조할 것이다.

현대 농식품체계와 사회학적 상상력

현대사회의 주요 특징 가운데 하나가 '상품화'다. 예전에는 사람들이 스스로 생산해서 먹고, 입고, 쓰던 물건들 대부분을 이제는 시장에 가서 구입하게 되었다. 이는 사회적 과정으로서 분업화가 진행됨을 의미하기도 한다. 농업과 공업이 분화되어 어떤 사람들은 논이나 밭에서 농사만 짓고, 어떤 사람들은 공장에서 기계만 돌리며 살게 되었다. 그리고 그 과정에서 우리는 물건을 사기 위해 다시 우리의 노동력을 시장에 내다팔아야만 살 수 있게 되었다. 이러한 일의 분화는 농촌과 도시라는 공간의 분화와 함께 진행되었다. 가보지 못한 어느 시골에서 누군가가 소를 키우고, 벼농사를 짓고, 과일을 재배하고 있다. 이제 우리가 먹는 대부분의 먹거리는 농촌에 살고 있는 농민들에 의해 생산되어, 도시로 수송된 뒤 시장에 진열되어 판매되는 과정을 겪게 되었다. 이때 농촌은 단지 우리나라의 공간만을 의미하지 않는다. 그야말로 전세계에서 온갖 먹거리들이 대량으로 생산되어 우리 식탁에 오르는 것이다.

사회적으로 분화되고 공간적으로 분리된 농農과 식食은 개인들을 파편화시키고, 시장에 종속된 무기력한 농민과 수동적인 소비자로 전락시켰다. 현대 농업과 먹거리의 문제는 이러한 분절화와 파편화를 추동해온 상품화의 구조와 역사에 대한 이해에서부터 출발해야 한다. 그리고 이 과정에서 먹거리 생산과 소비 체계를 관리하고 조정해온 기제에 대해 분석할 필요가 있다.

따라서 오늘날 우리 앞에 놓인 먹거리와 농업의 문제를 제대로 이해하기 위해서는, 단순한 것처럼 보이지만 중요한 인식론적 전환이 필요하다. 먹거리와 농업이 서로 밀접하게 연결되어 있으며, 그 둘이 하나의 체계의 부분들이라는 점을 보아야 한다. 즉, 농업과 먹거리는 두 개의 분리된 영역이나 단절된 활동이 아니다. 먹거리에 대해 관심을 가진 독자들은 당연히 먹거리의 출발점으로서 농업에도 관심을 가져야 한다. 마찬가지로 농업에 관심이 있는 사람들은 농업의 결과물인 먹거리 문제에 대해 신경을 써야 하는 것이다. 어찌 보면 당연한 사실이 현실에서는 가려져 있으며, 그 관계성을 끊어내는 과정이 진행되어왔다는 점 때문에 특별히 인식론적 전환을 강조하고자 한다. 먹거리 생산과 소비를 단일한 전체, 즉 농식품체계agri-food system로 이해하는 작업이 필요한 것이다. 현대 농식품체계는 국가, 자본, 과학기술의 상호작용에 의해 구성되었으며, 또 재구성되고 있다.

농업과 먹거리를 이처럼 유기적 관계를 가진 하나의 전체로 바라볼 때, 즉 농식품체계로 인식할 때 퍼즐 조각들이 제대로 맞춰질 수 있다. 이 책을 읽는 많은 소비자들은 퍼즐 그림의 조각들 속에서 혹은 한 조각을 들고 고민하고 있을지 모른다. '뭔가 잘못된 것 같은데', '뭔가 좋은 먹거리를 먹을 수 있는 방법을 찾고 싶은데' 하는 바람을 가지고 말이다. 약간은 막막한 상황에서 혼자서 개인적인 해결책을 찾아 헤매고 있을 것이다.

하지만 가난, 이혼, 자살 등 개인적인 것처럼 보이는 많은 문제들이 사회구조적 원인을 가지고 있듯이, 소비자로서 개인이 고민하고 있는 먹거리 문제 역시 사회구조적인 문제다. '개인적 문제personal trouble'를 사회적 맥락에서 이해하고 '사회적 의제social issue'로 바꿔 생각하는 것을 사회학적 상상력sociological imagination이라고 한다. 먹거리와 관련해서도 이런 사회학적 상상력이 필요하다. 개인으로서의 소비자가 먹거리를 통해, 다양한 행위자들(예컨대 농민, 대형마트, 정부 정책, 초국적 농식품 기업 등), 그들 간의 관계방식, 권력의 문제 등을 이해하기 위한 노력이 요구되는 것이다.

현대 농식품체계의 형성

옛날 우리 선조들은 수렵 및 채취를 통해 먹이 문제를 해결했다고 한다. 그리고 특정 지역에 정착하기 시작하면서 인류는 주로 농사를 지어 생존을 유지하고, 문명을 발전시켜왔다고 할 수 있을 것이다. 하지만 현대인은 어디에서 먹이를 구해오는가? 아마 대부분의 현대인은 대형마트에 돈이라는 도구를 들고 가서 먹거리로 카트를 가득 채워, 자동차에 싣고 와서 냉장고에 재워놓고 매일 그 먹거리로 살아갈 것이다. 먹거리는 계절이나 장소와 상관없이 그곳, 즉 마트라고 하는 상업적 공간에 가면 진열되어 있는 상품으로 변했다. 쌀이든 사과든 채소든 닭고기든 쇠고기든, 우리의 먹거리는 추상적 상품으로 시장의 진열대에 놓여 있다. 마트에 진열된 먹거리들에서 벼, 사과나무, 닭, 소라는 생명체는 잘 연상되지 않는다. 그리고 그 먹거리들과 우리를 연결하는 것은 가격으로 표시되는 화폐뿐이다. 현대의 소비자들은 진열대의 건너편에서는 어떤 일이 벌어지며, 누가 있는지에 대해 잘 알지 못한다. 또 관심도 없다. 혹 관심이 있더라도 진열대의 저편으로 접근하기가 쉽지 않다. 이것이 현대 농식품체계의 특징이다. 복잡하며, 폐쇄적이고, 불투명한 구조를 가지고 있는 것이다. 정보의 개방성이 낮고 민주적 개입에서 거리가 먼 것이 현대 복합체계의 특징이며, 이는 농식품체계의 경우도 예외가 아니다.

어떻게 해서 우리 먹거리는 이러한 복합체계의 일부가 되었을까? 현대 농식품체계를 이해하기 위해서는 역사적 발전 과정을 살펴볼 필요가 있다. 대량생산과 대량소비를 특징으로 하는 현대 농식품체계의 기원을 알기 위해서는 20세기 초반 미국에서 시작해야 한다. 20세기 초반 미국은 새로운 경제 대국으로 부상하기 시작했다. 미국이 경제적 패권국으로 부상하는 데 있어 중요한 혁신은 대량생산과 대량소비를 특징으로 하는 포드주의Fordism였다고 할 수 있다. 포드주의는 과학기술을 활용한 효율적 노동과정을 포함한다. 복잡한 생산과정을 여러 단계의 단순노동으로 분절화하고, 노동자들은 같은 작업을 반복적으로 수행함으로써 효율성을 높이는 것이다. 이 새로운 노동관리 방식은 여러 가지 사회적 결과를 낳았다. 예컨대 노동의 탈숙련화, 생산성 증가, 내구재 상품의 가격 하락, 자본의 이윤율 증가 등이다. 이 새로운 노동방식을 가장 적극적으로 활용하여 성공을 이끈 기업이, 바로 포드자동차다.

포드자동차는 1929년 대중형 자동차 모델인 T를 대량으로 생산하는데, 이는 완전히 새로운 기업 및 경제운용 방식의 시작을 의미하는 것이었다. 즉, 한편으로 노동과정의 효율화를 통해 자동차 생산비용을 줄이고, 생산성을 높임에 따라 자동차의 가격을 낮췄다. 다른 한편으로 생산성 향상에 따른 비용 감축의 일부로 노동자들의 임금을 올려주었는데, 이 덕분에 노동자들은 자신이 생산한 저가의 포드자동차를 구입할 수 있게 됐다. 그 결과 자동차의 매출이 급신장하고 이에 따라 기업의 이윤이 증가하며, 이를 다시 노동자의 임금인상에 연결시킨다. 이런 선순환 구조는 포드자동차의 급속한 성장은 물론, 미국 경제 전반의 활성화로 이어졌다.

이러한 포드주의는 농업과 먹거리 분야에서도 커다란 변화를 초래하였다. 20세기 초중반 미국은 경제가 급속하게 발달하고, 소득이 증가했다. 중산층이 팽창하면서 교외의 주택 개발이 이뤄지고, 개인 자동차 소유가 보편화되었다. 이에 따라 도로망이 확충되고, 도시 곳곳에 슈퍼마켓이 들어서게 되었다. 이런 거대한 사회변동에 조응해서 농업생산과 먹거리소비에 있어서도 혁명적인 변화가 진행되어, 현대 농식품체계가 만들어졌다고 할 수 있다. 그리고 이 새로운 농식품체계가 '발전'의 한 지표로 전세계에 확산되었다. 미국에서 완성된 대량생산 및 대량소비형 현대 농식품체계는 20세기 중반 이후 미국 주도의 세계질서 속에서 빠르게 세계로 퍼져나갔던 것이다.

현대 농식품체계의 특징들을 농업생산과 먹거리 유통·소비로 나눠 각각 생각해보자. 우선 농업생산의 측면에서는 다음과 같은 변화들이 두드러진다. 첫째, 급증하는 도시 먹거리소비자들의 수요에 부응하기 위해 새로운 농업혁명이 이뤄졌다. 특히 화학농업 및 석유농업의 발전이 눈에 띄는 변화였다. 토지생산성을 높이기 위해 화학비료, 농약, 농기계 등이 집중적으로 투입되는 산업적 농업이 급속히 발전했던 것이다. 둘째, 육식소비의 증가에 부응하기 위한 공장형 축산이 성립했다. 농가에서 몇 마리씩 키우는 가축이 아니라, 전적으로 '고기'를 생산하기 위한 축산업이 발전했다. 이는 미국의 농무성, 농과대학, 과학기술, 축산기업 등에 의해 축산의 공업화 과정이 체계적으로 진행된 결과였다. 닭고기생산에서 시작된 공장형 축산은 20세기 중반 이후 돼지와 소 사육으로까지 확장되었고, 세계로 퍼져나갔다. 셋째, 농기업 자본agri-business capital이 형성되고 성장했다. 농업과 축산업이 대규모화, 집중화, 산업화되면서 농업 관련 자본들은 다양한 형태로 농축산업 부문에 진출했다. 종자, 비료, 농약, 농기계, 사료, 육가공 등의 농업 관련 하위산업이 급속히 팽창했으며, 이에 따라 농업에 대한 기업의 영향력이 증가했다. 이에 따라 농민들의 자율성이 약화되고, 기업 및 금융 의존성이 증가했다.

앞에서 살펴본 것과 같은 농업생산 부문의 변화는 먹거리 유통·소비 부문의 변화와 동시에 진행되었다. 먹거리 유통·소비의 주요 변화들을 정리해보면 다음과 같다. 첫째, 대량으로 그리고 상시적으로 먹거리를 판매하는 슈퍼마켓이 등장했다. 이는 지역의 전통적인 시장과 소규모 식료품점의 몰락을 가져왔으며, 전국적 규모의 먹거리공급과 먹거리소비의 표준화를 초래하게 된다. 둘째, 농산물의 장거리 이동이 빠르게 늘어났는데, 이는 철도 및 도로의 발전에 의해 가능해졌다. 이런 변화는 먹거리의 탈장소화 및 탈계절화를 추동했다. 셋째, 냉장고와 냉장차를 축으로 하는 냉장체계의 완성인데, 이는 앞에서 설명한 두 과정을 가능하게 했던 조건이기도 하다. 이에 따라 먹거리의 보관·유통·소비의 모든 과정에 엄청난 양의 에너지가 사용되었다. 넷째, 외식산업의 발전과 패스트푸드식당의 등장이다. 음식을 먹는 전문화된 공간이 급속하게 늘어나면서, 요리'산업'이 발달했으며 이는 사회관계에도 큰 변화를 초래하게 된다.

앞에서 지적했듯, 대량생산과 대량소비를 내용으로 하는 이러한 현대 농식품체계는 20세기 중반에 미국에서 완성되었으며, 이후 전세계적으로 확산되었다. 이제 지구의 대부분 지역들이 이와 같은 현대 농식품체계에 편입되었으며, 이에 따라 거대 농식품기업들과 대형 유통기업들이 세계의 농업생산자들과 먹거리소비자들의 삶에 큰 영향을 주게 되었다.

세계화와 기업식량체제

오늘날 먹거리의 생산과 소비는 점점 더 소수의 거대 초국적 기업들에 의해 지배되고 있다. 이런 과정은 1980년대 이후 세계화에 의해 가속화되었다. 관련 분야의 학자들이 기업식량체체Corporate Food Regime라고 표현하는 새로운 먹거리체계가 자리 잡아가고 있다. 물론 이 새로운 먹거리체계는 앞에서 논의한 대량생산 대량소비형 현대 농식품체계(혹은 포드주의적 농식품체계)에서 진화한 것이다. 다만 포드주의적 농식품체계가 대개 국민국가 단위로 정부에 의해 조직되고 농산물의 교역도 주로 한 국가 내부에서 이뤄졌다면, 이 새로운 기업식량체제는 국경을 자유롭게 넘나드는, 진정으로 세계화된 것이다. 기업식량체제에서 초국적 농기업들은 종자에서부터 곡물 유통, 육류 가공 및 유통, 국제교역, 대규모 소매 등 먹거리의 전 분야를 통합적으로 지배하고 있다. 예컨대 미국의 곡물 메이저인 카길Cargill은 미국 곡물수출량의 4분의 1, 미국 내 육류 유통량의 4분의 1, 그리고 우리나라 곡물수입량의 40%를 차지할 정도로 막강한 시장지배력을 가지고 있다. 그밖에도 과일은 돌Dole와 델몬트Delmonte, 육류는 타이슨Tyson과 필그림Pilgrim, 종자 및 유전자공학 부문은 몬산토Monsanto 등이 우리의 먹거리 생산과 소비 전 과정에 깊이 개입하고 있다.

새로운 기업식량체제는 다음과 같은 특징을 지닌다. 첫째, 자유무역주의를 내세우며, 소수의 초국적 농식품기업들이 세계를 무대로 먹거리의 생산, 유통, 소비를 재조직하고 있다. 둘째, 이런 기업활동을 지원하기 위해 각국의 농업 관련 정책들이 재편되고 있으며, 이 과정에서 소농들에 대한 보호장치가 해체되고 있다. 셋째, 탈규제화 흐름 속에서 식품기업의 정치경제적 영향력이 증가함에 따라 먹거리의 안전성이 위협받고 있다. 넷째, 금융화 경향이 강화되면서, 금융자본이 농지나 농업유통부문으로 진출하거나 먹거리유통자본이 금융적 활동에 적극적으로 나서고 있다. 다섯째, 초국적 대형 슈퍼마켓과 외식업체들이 전지구적으로 영향력을 확대하면서, 먹거리소비의 표준화와 동형화를 가속화시키고 있다. 이 과정은 거대 프랜차이즈업체에 의한 민족음식ethnic food이나 지역요리의 상품화를 통한 지구적 확산을 포함한다.

이처럼 기업이 지배하는 시장지향적 기업식량체제는 여러 가지 정치적 제도들에 의해 뒷받침되고 있다. 자유무역이라는 이념을 앞세워 자신들의 활동을 정당화하고 있으며, 법제도적으로 사업기반을 확장하고 있는 것이다. 대표적인 것이 세계무역기구WTO 체제로서, 1995년 체결된 농업협정Agreement on Agriculture은 기업식량체제 실현의 토대를 마련한 것으로 평가된다. 이에 따라 농업이나 먹거리 부문에 대한 국가의 개입이나 규제는 정당성이 약화되었으며, 초국적 농식품기업들이 먹거리 생산과 소비 체계 전체를 지배할 수 있는 조건이 마련되었다. 이러한 변화에 따라 전세계의 농민들, 특히 소농들의 경제적·정치적 입지가 약화되었다. 또한 농업이 생산한 가치 가운데 농민들에게 돌아가는 몫이 계속해서 감소하고 있다. 전세계적으로 소농들이 심각한 생존의 위협을 받게 된 것이다.

현대 농식품체계의 이해를 위한 몇 가지 개념

지금까지 농업생산과 먹거리소비가 어떻게 현재와 같은 형태의 체계, 즉 현대 농식품체계로 전환되었는가에 대해 설명했다. 이 절에서는 이런 현대 농식품체계의 주요 특징과 관련된 몇 가지 개념을 소개할 것이다. 이 개념들은 주로 기업형 농업과 대형 유통조직에 의해 지배되는 미국에 대한 연구에서 만들어진 것들이다. 따라서 한국의 특수성을 설명하는 데는 한계가 있다. 하지만 세계의 농업과 먹거리에 대한 거대 초국적 기업과 초국적 제도의 영향이 커지는 현 상황에서는 이 개념들이 한국의 농식품체계를 이해하는 데에도 도움을 줄 수 있을 것이다.

농업의 악순환들

농식품체계의 구조적 변화의 한 축에는 농업 부문의 전문화가 있다. 전통적인 농업에서 농민들은 대개 몇 가지 곡물과 여러 가지 채소를 생산하고, 소·돼지·닭 등을 소규모로 사육해서 먹고 내다팔았다. 하지만 산업화가 급격하게 진행되면서, 상업화된 농민들이 시장의 요구에 반응하기 위해 특정 작물에 집중해서 대규모로 생산하는 경향이 커졌다. 시장에서 다른 농민들과 경쟁하기 위해서는 생산성을 높이는 것이 중요해졌다. 농민들은 생산성 향상을 위해 끝없이 새로운 기술을 채택하고, 농지 규모를 확대할 수밖에 없는데, 이를 '농업의 악순환Agricultural Treamill*'이라고 한다.

예를 들어, 어떤 농민이 새로운 다수확 옥수수 품종을 재배해서 많은 초과이윤을 얻었다고 하자. 신기술을 도입해서 얻은 이윤은 다음 해가 되면 감소하는데, 왜냐하면 다른 농민들 역시 초과이윤을 기대하면서 덩달아 신기술을 받아들이기 때문이다. 옥수수의 생산자가 늘어나고, 공급이 급격하게 증가하면서 시장가격이 떨어지게 된다. 대부분의 옥수수 농민들이 새로운 기술을 수용하게 되면, 그동안 신기술을 받아들이는 데 망설이던 농민들까지 어쩔 수 없이 새로운 옥수수 품종을 받아들이게 된다. 그러면 옥수수의 공급량은 더욱 증가하고, 시장가격은 더 급격히 떨어진다. 결과적으로는 새로운 기술의 수용에도 불구하고, 이윤이 정체되거나 오히려 감소하게 되는 것이다. 그러면 일부 농민들은 또다시 새로운 기술을 찾거나 농지 규모를 늘려 이윤을 늘리려 노력한다. 이런 과정이 반복되면서, 신기술을 받아들이거나 농지 규모 확장에 굼뜬 농민들은 결국 악순환의 쳇바퀴에서 탈락하게 된다.

이에 따라 더 빨리 달리는 농민들은 더 많은 농지를 경작하게 되지만, 그 숫자는 감소한다. 농업의 악순환은 선진국의 전업농 숫자를 감소시켰다. 전문화된 농가의 호당 경지의 평균 규모는 증가했지만, 이들은 경

---

* treadmill은 보통 헬스장에 비치된 러닝머신을 의미한다. 맥락에 따라 악순환, 쳇바퀴 등으로 번역될 수 있다.

지규모 확대와 신기술 수용을 통해 쳇바퀴 위에서 떨어지지 않기 위해 끊임없이 발걸음을 내디뎌야 하는 형편이 된 것이다. 이런 농업의 악순환들 가운데 또 다른 것으로는, 내성이 강해지는 병충해에 대응하기 위해 새로운 농약을 더 많이 쓰게 되는 '농약의 악순환', 토양의 악화 문제를 해결하기 위해 합성비료를 더 많이 사용하게 되는 '비료의 악순환', 그리고 해마다 농기업으로부터 새로운 종자를 구입하게 되는 '종자의 악순환' 등이 있다.

전유주의와 대체주의

많은 사회학자들에게 농업은 매우 특수한 '산업'이었다. 자본주의가 발전함에 따라 시장논리가 모든 것을 지배해야 하고, 특히 노동력의 상품화가 진행되어야 하는데 그렇지 않았던 것이다. 농업 노동시장의 형성이 미약하고, 오히려 가족 구성원의 노동력이 주를 이루는 가족농family farm이 지속되어왔다. 이러한 변화의 지체 혹은 미흡을 어떻게 이해할 것인가가 1970년대 농업사회학자들의 주된 논쟁거리였다. 농업 자본주의가 미발달한 가장 중요한 원인으로 지적된 것은 자연의 제약이었다. 농작물은 계절이나 기후의 영향을 많이 받기 때문에 노동력을 상시적으로 고용하는 데 부적절하며, 따라서 농산물을 공산품처럼 규칙적으로 생산·공급하는 것이 어렵기 때문이라는 것이다. 생산시간과 노동시간 간의 불일치가 농업의 자본주의적 발전을 저해하고, 가족농을 존속시키는 주요한 요인이라는 주장이 제시되었다.

하지만 과연 농업은 과연 자본주의적 발전의 사각지대라고 할 수 있을까? 이와 관련해서 굿맨과 레드클리프트(Goodman and Redclift, 1991)는 전유주의appropriationism와 대체주의substitutionism라는 개념을 통해 농식품체계의 자본주의적 이행에 대한 분석을 시도했다. 이들의 중요한 기여는 농업을 먹거리와 적극적으로 연관시켜 생각하고, 농장 밖에 있는 기업과의 관계 속에서 분석했다는 점이다.

전유주의는 농업생산의 여러 과정들이 분절화되고, 그 과정들에 기업이 개입하게 되는 것을 의미한다. 대표적인 예가 농민들이 가을에 채종을 해서 봄에 씨앗을 뿌리는 대신, 종자회사에서 씨앗을 구입하게 된 것이다. 또 인분이나 축분을 활용해서 거름을 만드는 대신, 비료회사에서 화학비료를 구입해서 사용하는 것도 전유주의의 한 예다. 다른 예로는 사람의 노동력 대신 이앙기, 트랙터, 경운기 등의 농기계를 활용하는 것을 꼽을 수 있다. 이런 전유주의는 20세기 중반 이후 세계의 농업을 빠르게 변화시키고 있다. 이제 농업은 자연과 밀접한 관계를 맺는 순환적인 과정이라기보다는 화학산업과 기계산업에 의존하는 산업적 농업으로 변화하게 된 것이다. 농민들 역시 해마다 많은 영농자금을 필요로 하게 되었으며, 이에 따라 금융기관에 의존할 수밖에 없다. 금융기관으로부터의 대출을 통해 농업이 유지되는 것이다. 이는 먹거리라는 최종 상품을 생산하기 위해 화학기업, 농기계기업, 종자회사, 은행 그리고 농민의 상호작용이 이뤄지는 하나의 체계가 만들어졌음을 보여준다.

대체주의는 최종 농업생산물을 값싼 산업적 제조품으로 대체하는 것을 의미한다. 대표적인 예가 버터 대신에 마가린, 설탕 대신에 인공감미료나 액상과당 등을 사용하는 것이다. 대체는 식품의 농업에 대한 의존성을 낮추고, 농민에 대해 식품기업의 우월적 지위를 강화한다. 이에 따라 버터와 설탕의 가격이 하락하고, 기존에 버터를 생산하던 낙농농가나 사탕수수를 생산하던 농업생산자들은 경제적 타격을 입게 된다. 대체주의는 상품으로서 먹거리의 자연·농업 의존성이 줄어들고 기업들에 의한 화학적 가공과 개입이 증가하는 현상을 잘 보여준다. 대체주의는 전체 농식품체계의 구성에 있어 농민의 역할이 감소하고, 기업의 영향력이 커지게 만드는 요인 가운데 하나다.

구매독점

일반적으로 공산품의 경우는 판매자가 상품가격을 좌우할 정도의 지배력을 갖는 경우가 많다. 판매독점monopoly이 흔히 발생하는 것이다. 스마트폰 시장의 애플과 삼성을 예로 들 수 있다. 반면 농산물의 경우에는 판매독점이 거의 발생하지 않는다. 대개는 농민들이 구매자들의 결정에 의존적이다. 왜냐하면 농산물은 대부분 부패하기 쉬우며, 시장 상황이 좋지 않다 해도 생산시기를 늦추거나 당기기가 어렵기 때문이다. 이처럼 구매자들이 생산자, 즉 농민에 대해 시장에서 우월적 지위에 있는 상황을 구매독점monopsony(또는 수요독점)이라고 한다. 이러한 구매독점은 일반적인 농산물뿐 아니라 육류, 유제품 등의 경우에도 마찬가지다. 최근 들어 점차 증가하고 있는 대자본 중개상이나 대형마트에 의한 계약생산 역시 구매독점을 더욱 강화하고 있다. 판매경로를 찾기 어려운 농민들은 중개상이나 대형마트가 제시하는 까다로운 요구에 맞춰 생산조건을 갖추고, 투입재를 구입해서 농사를 짓거나 가축을 사육할 수밖에 없다. 예컨대 원유가격 결정에 있어 우유생산 농가들은 대체로 소수 유가공업체의 의견에 따르게 되는 것이다.

최근 구매독점은 새로운 양상을 겪고 있다. 바로 대형마트들이 소매유통 부문을 지배하기 시작했기 때문이다. 예를 들면 월마트Walmart, 크로거Kroger 등은 전세계적으로 소매유통 부문의 강력한 행위자가 되었다. 호주에서는 울워스Woolworth와 콜스Coles 등 2개의 대형마트가 소매 부문의 80%를 차지하고 있으며, 스웨덴과 네덜란드에서는 상위 3개 업체가 각각 소매 부문의 95%와 83%를 지배하고 있다. 이와 같은 대형마트의 구매독점적 위치는 다수의 농민들에 대해서는 더욱 큰 위협이 되고 있다. 구매독점 현상은 농민들이 농산물을 판매할 때 받는 가격(수취가격)과 실제 시장에서 소비자들에게 판매되는 가격(소비자 지불가격) 사이의 격차를 증가시켜왔다. 미국의 경우, 1970년에서 1998년 사이의 기간 동안 농산물의 농가 수취가격과 소비자 지불가격 사이의 격차는 149%나 벌어졌다고 한다(캐롤란, 2014: 63). 한국의 경우에도 대형마트가 소매부문에서 차지하는 비중이 빠르게 증가하면서 구매독점 현상이 더욱 심화되고 있다. 이런 변화 속에서 농민들이 대형마트와 어떤 관계를 맺고 있으며, 그들의 수취가격은 어떤지 등에 대한 경험적 연구가 필요한 상황이다.

먹거리보장

먹거리보장food security은 사회구성원들에게 먹거리를 제공하는 것을 의미하는데, 1996년 식량농업기구FAO 주관 세계식량정상회의The World Food Summit는 "모든 사람이 건강하고 생기 있는 삶을 유지하는 데 언제나 충분하고, 안전하며, 영양가 있는 음식에 접근할 수 있으면" 먹거리보장이 달성된 것이라고 규정했다. 일반적으로 먹거리보장은 식량의 가용성availability, 접근성access 그리고 활용성utilization 등으로 구성된다. 즉, 충분한 양의 먹거리가 지속적으로 제공되어야 하고, 건강한 식단을 위해 적절한 음식을 획득할 수 있는 자원이 있어야 하며, 기본적 영양 및 건강 관리에 관한 지식을 바탕으로 적절하게 활용할 수 있어야 먹거리보장이 이뤄졌다고 할 수 있는 것이다.

먹거리보장은 국제사회의 여러 기구들이 다뤄온 중요한 이슈다. 특히 2차 세계대전 이후 빈곤에 시달리는 비서구 신흥 독립국가들 국민의 굶주림 문제를 해결하는 것은 해당 국가의 정부와 세계질서의 관리자였던 미국 모두에게 중요한 과제였다. 바로 이런 이유로 미국은 국제적인 식량원조를 적극적으로 추진했으며, 신흥 독립국가들 역시 자국의 식량 문제를 해결하기 위해 노력해왔다. 물론 이런 식량 문제에 대한 미국 및 제3세계 정부의 정책적 개입은 공산화에 대한 우려와 정치적 정당성의 확보 등과 밀접하게 관련되어 있었다. 어찌되었든 먹거리보장의 문제는 국가 및 공적 영역의 중요한 책무로 간주되어왔다.

하지만 1980년대 이후 전세계적으로 시장원리를 강조하고 정부의 개입을 비판하는 신자유주의가 득세하게 되면서, 먹거리보장을 달성하는 방법에 대한 변화가 뚜렷해졌다. 특히 1995년 WTO의 농업협정이 발효되면서, 더 이상 국가가 아니라 시장기제를 통한 먹거리보장의 달성이라는 새로운 개념이 등장했다. 시장기제를 통한 먹거리보장을 간단히 설명하면, 돈을 주고 사 먹도록 하자는 말이다. 시장기제를 통한 먹거리보장의 문제는 두 가지 수준으로 나눠서 생각할 수 있다. 첫째, 국가 간의 관계, 즉 선진국과 후진국 간 교역의 차원이다. 많은 제3세계 국가들은 국제분업구도 속에서 자신들의 주식인 쌀이나 옥수수를 생산하기보다는 국제시장에서 상품으로 팔릴 수 있는 작물을 전문적으로 재배하게 된다. 예컨대 커피, 카카오, 열대과일 등을 생산·수출해서, 그 돈으로 미국이나 호주와 같은 나라에서 밀이나 옥수수를 수입해서 먹게 되었다. 이러한 시장지향적 식량구조는 극히 불안정한데, 그 단적인 예가 2008년에 있었던 식량가격 폭등과 이에 따른 다수 국가에서의 식량위기와 식량폭동이다. 둘째, 한 나라 안에서 잘사는 사람과 못사는 사람 간의 불평등 문제다. 먹거리보장에 대한 신자유주의적 접근은, 거칠게 표현하면 '유전유식 무전무식有錢有食無錢無食'이라고 할 수 있다. 굶주림 문제는 개인의 책임, 개인의 무능력 탓으로 간주된다. 결과적으로 소득불평등이 먹거리불평등으로 전환되며, 건강불평등으로까지 이어지게 된다. 다수 빈곤층의 굶주림은 사회문제가 아니라 개인의 문제로 취급되고, 문제 해결은 요원한 일이 되어버린다.

우리나라의 경우 쌀이 주식이고, 국내 쌀 부문에 대한 보호장치가 일정 정도 존재했기 때문에 2008년 식량위기의 여파는 상대적으로 적은 편이었다. 하지만, 3장에서 살펴보겠지만 우리나라 역시 매우 낮은 식량 자급률을 특징으로 한다. 특히 밀의 소비량 증가에도 불구하고, 밀 대부분을 수입한다는 점은 큰 문제가 아닐 수 없다. 또한 육류소비의 증가에 따라 사료용 옥수수와 콩의 수입량이 급증하고 있다는 점에도 주목해야 한다. 비록 국내산 육류를 소비하더라도, 실제로는 외국산 옥수수나 콩을 먹는 현상이 나타나고 있는 것이다. 이처럼 먹거리의 높은 해외시장 의존성은 한국인들의 먹거리보장이 매우 취약하다는 점을 보여준다.

맺음말: 먹거리시민과 먹거리정치

현대 농식품체계는 여러 가지 문제를 안고 있다. 몇 가지 주요 문제를 이론적으로 다음과 같이 정리할 수 있다. 첫째, 먹거리의 생산과 소비 간의 물리적 거리가 멀어지고 있다. 먹거리의 탈지역화가 급속하게 진행되고 있는 것이다. 둘째, 먹거리 생산자와 소비자들 간의 사회적 거리가 증가하고 있다. 이 중간에서 먹거리를 신비화하고 불투명하게 하는 제도가 시장이다. 농민은 시장을 겨냥해서 상품으로서의 먹거리를 생산한다. 소비자들 역시 시장에서 돈을 주고 상품으로서의 먹거리를 구입할 뿐이다. 셋째, 1980년대 이후 진행되고 있는 먹거리보장의 시장화는 실제 내용 면에서는 소수의 거대 초국적 기업들에 의한 지배력 강화의 과정이다. 이 과정에서 세계의 소농들과 경제력이 없는 서민들이 어려움에 직면하고 있다. 넷째, 농민들은 신자유주의적 농식품체계 혹은 기업식량체제의 구조 안에서 살아남기 위해 기술, 농업투입재, 토지 등을 더욱 집약적으로 사용하는 농업의 쳇바퀴에 빠지게 되었다. 일부 농민들은 이러한 쳇바퀴에서 탈락하며 절망의 나락에 빠지고 있다. 다섯째, 먹거리의 생산과 소비 부문의 전·후방 과정을 지배하는 대형마트들의 힘이 점점 더 커지고 있으며, 이에 따라 생산자와 소비자 모두 먹거리에 관한 자기결정권이 약화되고 있다.

이런 상황에서 현대 농식품체계에 대한 비판과 대안의 모색이 진행되고 있다. 대표적인 예가 세계 소농들의 연대운동으로 식량주권을 강조하고 있는 비아캄페시나via Campesina다. 또한 소비자들은 다양한 운동을 통해 대안을 모색하고 있기도 하다. 예를 들면 지역공동체지원농업Community Supported Agriculture, 농민장터, 도시농업, 시민농업, 로컬푸드 등이 있다. 이런 움직임들은 칼 폴라니Karl Polanyi가 이야기한, 시장에 대한 사회의 자기보호 운동으로 이해될 수 있다. 이러한 대안운동을 이끌어가기 위해서는 새로운 주체의 구성이 필요하다. 즉, 먹거리에 대해 관심을 가지고, 관련 지식과 정보를 공부하며, 이를 기반으로 성찰적인 먹거리소비 행위를 하는 사람들을 먹거리시민food citizen이라고 할 수 있다. 더 나아가 먹거리를 매개로 생산자나 다른 소비자들을 만나고, 대안 농식품체계에 대해 고민하고 변화를 꾀한다면 성찰적 먹거리시민이라고 할 수 있을 것이다.

먹거리시민이 중심이 되어 지속가능한 농식품체계를 만드는 일을 먹거리정치food politics라고 할 수 있다. 먹거리정치는 적어도 두 가지 수준의 시민적 개입과 참여를 의미한다. 첫째는 생활정치라고 할 수 있는데, 일상에서 먹거리의 생산 및 유통 과정에 관심을 기울이는 것이 한 예다. 즉, 대형마트에 가서 먹거리를 사 먹는 것이 아니라 지역공동체지원농업 등의 관계적 유통망을 선택하고, 농민들과 관계를 맺으려 노력하는 것이 먹거리를 통한 생활정치다. 이런 노력은 궁극적으로 농촌 지역사회의 변화와 대안 농식품체계 형성에 기여할 수 있다. 둘째는 기존의 제도정치로서, 정부의 농업정책과 먹거리정책에 관심을 가지고 개입하는 것이다. 이는 지방자치단체의 먹거리 관련 조례나 정부의 농식품 관련 입법 등에 대한 먹거리시민들의 적극적 역할을 의미한다. 먹거리를 매개로 하는 생활정치와 제도정치는 상호보완적이며, 이 두 수준이 유기적으로 결합될 때 지속가능한 농식품체계를 만들 수 있다.

참고문헌

마이클 캐롤란, 김철규 외 옮김, 2013, 《먹거리와 농업의 사회학》, 따비.

Kenny, M., L. Lobao, J. Curry, and W. R. Goe, 1989, "Midwestern Agriculture in US Fordism," *Sociologia Ruralis*, 24(2).

McMichael, P., 2009, A food regime analysis of the "world food crisis." *Agriculture and Human Values*, 26.

2장

한국 농업근대화의 사회정치적 기원과 귀결

박동범

들어가며

2015년 초, 빈곤구호단체 옥스팜 인터내셔널에서는 〈부: 다 가지고 더 원한다〉라는 제목의 조사보고서를 발간했다. 이 보고서에 따르면, 지구상의 자산 중 48%가 세계인구 1%의 소유인 것으로 나타났다. 세계인구 중 하위계급 35억 명이 소유한 것과 같은 규모의 자산이 '월드클래스' 80명에게 쏠려 있다는 말이다. 이런 양극화 추세는 최근 몇 년 새 더 악화됐다. 보고서는 이런 추세가 계속될 경우, 소득 상위 1%의 자산소유 비중은 2016년 무렵에는 전체의 절반을 넘어설 것으로 내다봤다. 이런 추세는 사실, 2007/08년 지구적 금융위기로 상황이 나빠지기 훨씬 전부

박동범 고려대 사회학과 박사과정에 재학 중이다. 지역먹거리/로컬푸드의 사회정치적 저변이 두터워짐으로써, 개인과 지역 주민들의 살림살이가 개별 국민국가 사이를 가로질러 광역적·지구적 규모로 어떻게 바뀌고 더 나아질 수 있을지에 관심이 많다. 옮긴 책으로 《시간의 비교사회학》(공역)이 있다.

터 꾸준히 거론돼왔다. 다만 분명한 것은 현재의 추세는 근대에 들어와서뿐만 아니라 역사상 어떤 문명에서도 유례가 없다는 점이다. 그런데도 우리는 곧잘 이런 추세를 자본주의 문명의 발전에 따른 '부수적 피해'쯤으로 여기곤 한다.

지구적으로나 일국적으로 이렇게 첨예해진 양극화의 장기추세 속에서, 만성적 굶주림에 시달리는 사람들의 수는 2011년 현재 10억 명 규모에 이른다. 눈여겨봐야 할 것은 이들 중 대다수가 '낙후'된 옛 식민지의 농촌지역에 살고 있으며, 상당수가 (어린이와) 여성이라는 사실이다. 옛 식민지 농촌지역에서 지금껏 만성화된 빈곤과 '낙후'의 양상들은, 이런 상태를 정치경제적으로 부추겨온 특정한 역사적 사회관계를 다시 고찰할 필요성을 환기한다. 비서구에서 일반화된 근대식민주의 경험이 자본주의 발전의 지정학과 내적으로 어떻게 맞물려 있었는지, 특히 농업부문의 위상과 농촌지역의 살림살이에 장기적으로 어떤 여파를 끼쳤는지 다시 보려는 작업이 '본격화'한 것은 길게 잡아도 20세기 후반부터로, 비교적 최근 일이다. 이론적·분석적 입지에서 그것은 근대식민지라는 역사적 장소 경험 자체를 자본주의적 근대화 과정의 '잔여'나 외부가 아닌 불가결한 내부로 재인식하게 된 과정과 맞닿아 있다.

이 장에서는 이렇듯 한국 같은 옛 식민지권에 제각기 새겨진 근대식민지 경험의 이론적·분석적 위상에 주목한다. 이에 따라 한반도 안팎으로 20세기에 걸쳐 이뤄진 농업근대화의 사회정치적 기원과 귀결들을 세 국면으로 나눠 살펴볼 것이다. 각각 '근대식민주의 체제'와 '발전주의 체제', '세계화 체제'라 불릴 이 세 국면의 '흥망' 속에서, 20세기 한반도의 농업근대화 과정에 내재된 지구적 과정의 성격과 국지적 맥락이 좀더 뚜렷해질 것이다.

근대식민주의 체제의 흥망과 농업의 자본주의적 재조직화

근대식민주의 체제는, 20세기 전환기에 자본주의 경제의 핵심부에 있던 국민국가들이 도시화로 인한 산업적 수요와 관련 통치 저변의 창출에 전력하면서 자리 잡았다. 1846년 영국에서 추진된 곡물법 폐지는 이런 경향을 제도적으로 강화했다. 곡물 수출입의 자유화는, 당시 농업부르주아 계급과 갈등하는 가운데 '세계의 공장'이라는 영국의 지정학적 우위를 다지려는 산업부르주아 계급의 이해를 강력하게 반영하는 한편, 이런 이해를 떠받쳐줄 노동인구와 '국민문화'의 재생산을 가능케 하는 저렴한 먹거리 및 원료 공급선 확보의 필요성을 함축했다. 이런 움직임은 영국 등 중심부 국민국가들의 산업화 과정과 맞물려 이촌향도의 압박을 높이며 농업생산 비중의 상대적 쇠퇴를 부추기는 동시에, 농촌에서 밀려나온 대규모 노동인구의 재생산에 필요한 먹거리와 농업기반 산업용 원료에 대한 잠재수요를 크게 팽창시켰다.

이런 내적 모순을 배경으로, 서유럽에서 발흥한 자본축적 과정은 개별 국가들의 산업화에 불가결한 값싼 먹거리와 농산물 공급선들을 얼마나 원활히 창출하느냐에 그 성패가 좌우됐다. 이에 따라 비서구 권역 대부분은 주로 농산물 및 광물자원 생산에 특화된 자본주의 세계경제의 주변부로 병합, 식민지화돼야 했다. 자본주의적 먹거리순환*이 하나의 '체제'로서 자리 잡게 된 것은 바로 이런 세계사적 맥락에서였다. 근대식민주의를 19세기 당시 제국주의의 선봉장이던 영국의 주도 아래 제도화된 하나의 초국적 통치틀로서 볼 수 있는 이유도 여기에 있다. 식민주의적 통치틀로 (재)조직된 먹거리순환은 서구에서 발흥한 자본축적상의 모순들을 일정하게 '해결'하려는 시도였으며, 이들 모순이 여타 비서구권에서 (종종 의도치 않게) 다양한 경로로 변주되며 지구화하는 데도 한몫

했다. 그럼, 이렇게 일반화된 먹거리순환상의 모순들이 일본제국령 조선 치하의 산업구조에서는 어떤 양상으로 전개되었는지 살펴보자.

농업식민지 체제로의 이행과 특징, 그 조건들

근대식민주의 체제에서 지구적으로 일반화된 먹거리순환상의 모순들은, 1876년 개항 이후 조선에서 일본으로의 쌀수출이 급증하는 와중에 이미 그 조짐을 보였다. 쌀수출량은 해마다 늘어 조선에서 '가장 이문이 남는' 상품으로 급부상했다. 그러나 같은 시기 쌀기근은 더욱 잦아져, 1884~1901년 사이 방곡령이 27회나 발동됐지만 언 발에 오줌누기였다. 조선 쌀이 시장의 수요를 충당하는 데 쏠리자 '안남미'라 불리던 베트남산 쌀까지 수입됐으나 이는 농민대중의 반발만 불렀다. 쌀수입으로 남길 수 있는 이문이 어찌나 쏠쏠했던지, 나중에는 대한제국의 유관 부처마저 재정사업으로 스스로 쌀장사에 뛰어들 정도였다. 이를 두고 《독립신문》 논설은 "흉년이 아니건만 곡가는 고등하여 실업한 백성들이 더구나 살 수가 없게 되니 이것도 또한 개화인가"라고 개탄하기도 했다(독립신문, 1899년 9월 21일).

20세기에 들어 쌀은 식량이 아니라 자본주의적으로 조직·축적될 부

---

* 농지로 쓰이는 땅에서 거둬들인 먹거리가 생산자들의 손을 떠나서 다시 자신들이 마주하는 밥상에 오르기까지, 땅과 먹거리생산자, 그 밖의 다른 행위자들로 상호구성된 사회관계의 총체적 연쇄 과정을 가리킨다. 이 과정의 역사적 성격은, 먹거리생산이 1) 누구에 의해, 2) 무엇을 위해, 3) 어떤 식으로 (재)조직되느냐에 따라 판이해진다. 예컨대 '수익성'(혹은 이윤합리성)을 우선시하는 오늘날의 먹거리순환에서 먹거리는 종종 세계시장기구 특유의 변덕 탓에 먹거리로서의 쓸모마저 박탈당한 채 종종 농민들 스스로의 손으로 불태워지거나 갈아엎이곤 하지만, '살림살이상의 필요 충족'이 먼저인 먹거리순환에서 이런 일은 거의 용납하기 어렵다(여러 역사적 사회체계-문명들의 경우가 그렇다). 오늘날의 먹거리순환이 역사적·사회적으로 어떤 이들의 이해관계에 의해, 무엇을 척도 삼아, 어떻게 조직돼왔느냐는 질문은 매우 실천적인 함축을 띤다. 오늘날의 먹거리순환과는 여러모로 판이한 먹거리순환(들)은 누구의 주도로, 무엇을 준거 삼아, 어떻게 재조직될 수 있겠느냐는 질문과 이어질 수밖에 없기 때문이다.

와 권세의 주된 수단으로 탈바꿈하고 있었다. 그것은 쌀생산이 일본을 공급선으로 삼아 근대식민주의 체제에서 지구화된 먹거리순환에 편입된 데서 기인했다. 농업부르주아 계급으로 거듭나려던 조선인 권세가들에게도 쌀 생산의 자본주의적 재조직화를 합리적으로 지지해줄 국가장치의 통치틀이 필요했다. 그러나 대한제국은 하나의 국가권력으로서 실효적 통치틀이 되기에는 너무나 무능했다. 이때 일본제국령 식민지로의 재편 가능성은 대한제국기의 지배계급 중 일부 분파에게, 비록 가장 유망하지는 않아도 추진가능한 여러 정치적 선택지 중 하나였다. 일본제국령 식민지가 '경제적 자유'와 이를 뒷받침해줄 '사회안전'의 통치틀인 한, 그것은 조선인 지배계급 분파에게 충분히 합리적인 선택지였던 셈이다. 이런 선택지가 대다수 농민 대중의 입지와 생존에 얼마나 불합리한 것인지는 고려되지 않았다. 쌀생산의 자본주의적 재구조화 과정 이후로 지금껏 출몰하는 여러 사회정치적 모순과 계급갈등은, 이렇듯 지정학적으로 구조화된 적대에서 비롯된 것이었다.

그렇다면, 근대식민주의 체제하의 먹거리순환 속에서 특히 일본제국령 조선치하에서 이뤄진 자본주의적 농업생산의 특징은 무엇일까? 첫째, 식민지배의 정치적 정당화 차원에서 보면, 발전 관련 지표들과 연계된 정책조치들이 두드러지게 이뤄졌다. 이 점은 라틴아메리카나 아프리카, 동남아시아의 서구제국령 식민지들에서 시행된 통치기조와는 확실히 다르다. 서구의 제국령 식민지에서는 근대자본주의의 '문명화 효과'가 주로 분리주의 기조에 따라 정당화된 반면, 일본제국령 식민지 조선(과 대만)의 경우 대체로 동화주의 기조에 따라 생산인구의 동향을 부단히 규율하면서 이뤄지곤 했다. 둘째, 서구제국령 식민지에서의 작목이 대개 해당 지역의 생태적 여건이나 사회적 필요와 무관하게 조직·육성된 반면, 일본제국령 조선의 경우 종래의 주요 작목인 쌀이 그대로 수출용 농산물로 전환되었다. 이 두 가지 특징은 일본제국령 조선이 동아시아에서 식민주의 지배연합의 일환으로 제도화됐던 국지적 맥락과 맞닿는다. 즉, 대한제국 시절을 전후해 조선인 권세가들 사이에서 숙성된 농업부르주아로서의 계급적 이해와 요구가 일본제국 내 부르주아 계급의 산업적·지정학적 이해와 일정하게 절충된 결과였던 셈이다. 예컨대 토지조사사업은 일본제국령 식민지의 형태로 절충, 연합된 계급적 이해관계를 법제화하려는 것이었다. 토지조사사업이 '일제에 의한 토지수탈'의 단적인 증거로 거론되지만 이는 실제와는 다르다. 그것은 대한제국 시절부터 조선인 권세가들 사이에서 이미 자행 중이던 바, 소(작)농공동체 기반 공유농지에 대한 사적 소유 움직임이 공공연해지던 상황을 법제상으로 '사후 인증'한 것이었다. 일본제국령 조선의 농업근대화는 바로 이런 사회정치적 조건 속에서 자기정당화의 근거를 끊임없이 찾아내려 했다.

일본제국령 조선의 통치틀은 사실 여러 지표상의 발전과 성장을 이끈 정당화의 제도적 동력이었던 만큼이나, 그 속에서 크고 작게 만성화된 정치적 긴장 및 균열들과 끊임없이 마주해야 했다. 이들 모순과 균열이 생겨나게 한 사회기술적·생태적 조건은 크게 네 가지였다.

첫째, 생산의 단작화다. 1910~20년대에 걸쳐 정책적으로 단작화된 수출산업형 쌀생산 체계는 크게 늘어난 소출 규모에도 불구하고 사실상 '기아수출'이라 평가받을 만큼 대다수 소작농들의 만성적 궁핍화를 초래하며 탈농화 압박을 높였다. 벼품종 개량과 관개시설 개선, 화학비료 투입과 같은 생산 하부구조의 근대화가 아울러 이뤄졌지만, 이런 기술적 조건은 막상 소작농들의 살림살이의 필요와는 늘 겉돌았고 토지의 회복력마저 악화시켰다.

둘째, 수출용 환금작물 생산을 겨냥한 강압적 노동 형태의 공고화다. 일본제국령 조선치하에서 단작화된 농업생산이 광범위한 소작노동에 바탕해 재조직된 것은 주지의 사실이다. 하지만 이를 근거로 일본제국령 조선치하 농산업 구조가 '봉건적'이었다거나 산업자본의 순환 외부에 있었다고 간주해서는 곤란하다. 여기서 주목해야 할 것은 노동통제 과정의 형태상 유사성이 아니라, 그 같은 노동통제 형태를 바탕으로 재조직된 농업생산의 이질적 성격이다. 산업자본의 순환은 이질적인 유래를 가진 생산과정들과 교착한다고 한 마르크스의 통찰대로, 일본제국령 조선치하의 강압적 농업 노동과정 또한 일본제국 안팎으로 세계시장과 연동하는 산업자본의 순환과 교착했기 때문이다. 역사사회학자 이매뉴얼 월러스틴이 강조하는 바, 일본제국령 조선이나 16세기 중반의 동유럽 같은 세계경제의 주변부 혹은 식민지에서 두드러졌던 억압적인 노동과정들은 자본주의적 상품교환 과정과 그저 교착하고 마는 '전근대적 유제'가 아니다. 거꾸로, 그것은 늘상 자본주의 세계경제를 총괄하는 산업자본의 순환 속에서 근대식민지 안팎의 국지적 맥락들에 따라 '선택적 친화성'을 띠며 새롭게 배치된 노동통제 형태다.

셋째, 농업생산과 노동과정이 자본주의적으로 재조직되기 이전까지 단위 농촌과 농민공동체 차원에서 활용·육성되던 각종 '공통자원'의 장기적 불모화다. 여기서 공통자원이란, 각 농촌지역 단위에서 오랜 세월 온축돼온 유·무형의 자원과 영농기술이다. 이들 자원/기술은 일본제국령 조선치하에서 대개 거래가능한 국유지나 사유재산 형태로 사실상 조각나거나 '불법화'됐다. 이로써 지역 단위에서 저마다 조성가능한 자율적 실천 저변은 장기적으로 황폐해졌다.

넷째, 셋째 조건과도 맞물린 것으로, 농업생산과 농촌의 일상 전반을 겨냥한 고도근대주의적 통치술의 강화다. 일본령 조선치하에서 농업부르주아 계급의 '경제적 자유'에 불가결한 '안전'의 통치틀은 농민들의 생활세계와 생산과정상의 '불안요소'들에 관한 세 가지 경향을 강화하며 장기적으로 고착화했다. 1) 규율화·군사화된 행정권력의 개입, 2) 오리엔탈리즘적인 지식권력에 바탕한 타자화, 3) 고도화된 기술관료제적 '처방'이 하나의 통치 경향으로 자리 잡은 것이다. 가령 당시 정町(오늘날의 동)이라 불리며 생활세계 곳곳에 제도화됐던 말단 행정단위를 보자. 이 단위는 경찰 업무가 곧 일반행정 업무와도 같았던 19세기 프랑스식 '무단통치' 제도가 일본을 경유하며 진화한 것이었다. 이런 근대제도의 차용과 맞물린 지식과 권력의 편제 속에서, 농민대중과 그들의 일상세계는 미개함과 열등함, 나태함, 정체됨 같은 사회병리적 속성들의 총체로 타자화되곤 했다. 농민대중은 식민치하에서만이 아니라 그 이후로도 줄곧 전문기술관료제의 '계도'를 거쳐 시정돼야 할 대상으로 뭉뚱그려지게 됐다. 물론, 이들 장치는 식민자본주의치하에서 잠재화된 농민대중의 불만을 '공공적 온정주의'를 통해 개별화하거나, 1920년대에 걸쳐 광범하게 생성된 소작쟁의 투쟁 및 적색농민조합 운동들처럼 농민대중의 조직화된 저항과 봉기를 길들이려는 방편으로 도입됐다. 러시아혁명의 지구적 파장과 세계 농업공황 속에서 1930년대 초반에 적극 추진된 농촌진흥운동은 바로 이런 길들임 효과를 노린 것이었다.

이들 네 가지 사회기술적·생태적 조건은 일본제국령 조선치하에서 농산업부르주아 계급이 주도한 '경제적 자유'와 농업근대화 과정을 사회적으로 떠받치는 '안전'의 물적 토대였다. 하지만 이와 동시에 그들 조건은 정치적 불안과 동요를 만성화하는 것이기도 했다. 일본제국령 조선 주민 절대 다수의 사회적·지역적 필요와는 괴리됐거나 해악적인 사회관계를 조장하기 일쑤였기 때문이다.

일본제국령 조선의 근대적 통치틀에 잠재하는 내적 모순들과 긴장, 균열은 때로는 일상적인 저항의 형태로, 때로는 조직화된 봉기나 해방운동의 형태로 불거지곤 했다. 이처럼 자기조직화된 농민대중의 대항운동들은 수출형 미곡단작체계에서의 착취와 궁핍화, 자본주의적 과잉인구화 압박, 농업공황의 파장에 시달리고 이런 상황과 씨름하는 가운데 생성됐다. 물론 수출형 미곡단작체계에서 농민대중이 겪은 해악적 압박들이 대항적 해방운동들로만 귀결되지는 않았다. 가령 만주국은 1930년대 일본제국령 조선과 '내지'의 농/공업 부문에서 발생한 과잉인구와 자본주의적 적폐를 일소해줄 '기회의 땅'으로 각광받았다. 만주국이 기회의 땅인 것은 일본령 조선치하 농업부르주아의 입지에서도 마찬가지였다. 주력 업종의 사업합리화 차원이 됐든 위험분산을 겨냥한 투자다각화 차원이 됐든, 농산업부르주아 상당수에게 그곳은 일본령 조선에서 그들이 누린 '태평천하'가 다다르게 된 경제적·정치적 궁지를 우회할 출구로 다가왔다.

물론 이런 출구전략만으로 일본제국령 조선(과 다른 일본제국령 식민지 및 '내지')에서 그간 불거진 내적 모순과 긴장, 균열이 해결될 리는 없었다. 1945년 8월 일본의 패전 이후 재편된 한반도의 현실 지형은 근대식민주의 체제질서 아래서 억압, 잠재화된 내적 긴장과 균열이 얼마나 깊고 첨예했는가를 방증한다. 범사회주의 계열의 민족해방운동 세력 및 정당조직이 농민-노동자대중의 광범한 지지를 받고 있었을 뿐 아니라 심지어 중도우파 세력조차 식민치하 자본의 전횡과 '경제적 자유'의 폭력을 문제 삼을 정도였다. 하지만 한국전쟁 와중에 이들 세력/조직은 인적으로나 정치적으로 거의 궤멸되었다. 그 사이 조선인 농업부르주아를 중심으로 일본제국령 조선에서 육성, 제도화된 '경제적 자유'와 '안전'의 통치틀, 그리고 이를 뒷받침한 것으로 앞서 정리한 네 가지 사회기술적·생태적 조건은 지속적인 영향력을 발휘했다. 비유하자면, 20세기 중후반기 한국에서 적극 수용된 발전주의 프로젝트라는 '겉감'은 근대식민주의 체제하에서 조직된 자유와 안전의 통치틀을 '안감'으로 삼은 셈이다. 더

군다나 이런 구분은 지배적 통치세력의 필요와 이해에 따라 종종 뒤집히기도 했다.

이런 사실은 근대자본주의와 국가 간 체계의 역사적 발전 과정에서 '근대(혹은 국민)적인 것'과 '식민적인 것'은 뫼비우스의 띠처럼 안팎이 따로 없다고 지적한 정치철학자 에티엔 발리바르의 통찰과 함께, '권력의 식민성'이라는 개념으로 '식민적인 것'의 오랜 지속을 근대세계의 권력 형식에 깃든 사회조직 원리에서 찾고자 했던 사회학자 아니발 키하노 Anibal Quijano의 통찰을 상기시킨다. 이들 통찰은, 가령 발전주의 체제가 그 시효를 다한 앞선 체제와 대별되는 차이만큼이나 앞선 체제의 속성들과 엮이는 '착종된 관계'에도 주의해야 함을 시사한다.

발전주의 체제의 흥망과 '농업근대화' 구상의 국제적 확산

'발전'이라는 단어는 2차 세계대전 이후 1960년대 후반까지 근대세계를 풍미한 정치적 낙관주의를 상징했다. 특히 1960년을 전후한 시기 아시아와 아프리카를 중심으로 인 탈식민화의 물결 또는 민족해방운동들의 도전 속에서, 발전에 대한 낙관은 더더욱 탄력을 받았다. 발전은 이제, 식민주의 체제 근대제국들의 '문명화 사명' 속에서만이 아니라 탈식민화된 신생 독립국가의 대중들도 누릴 수 있는 보편적 권리로 간주됐다. 발전의 용법에 대한 이 같은 '지구적 합의'는 반식민지 투쟁과 민족해방운동들이 이룬 결실 중 하나로, 이 단어의 사용 주체와 그 용법을 둘러싼 지정학적 도전과 변환을 극적으로 보여줬다. 요컨대 2차 세계대전 이전까지 옛 제국들이 앞세운 '문명화 사명'을 좇거나 옹호하던 세력들에게 식민주의 판본의 발전 담론은 정치적으로 난파된 셈이었다.

발전 담론은 20세기 중반 이후 미국을 주요 거점으로 혁신·정교화됐는데, 이것이 바로 근대화 이론이다. 지정학적으로 이는 당시 사회주의권에서 강력히 부상한 '소비에트적 발전' 구상을 봉쇄, 견제하는 한편, 탈식민지 독립국가들이 누리려는 '민족해방'의 가치를 구제국, 즉 서구와 새롭게 (재)연계하고자 한 것이었다. 근대화 이론은 새로운 보편주의 담론으로 제창됐지만, 여기에는 미국에서 옛 영국령 식민지 시절부터 축적된 '내향적 발전' 경험이 각인돼 있었다. 이 경험은 식민주의 체제하 산업 부문과 농업 부문의 지구적 노동분업구도가 미국이라는 국민경제 단위로 '내부화'된 것이었다. 근대화 이론은 이런 미국에서의 발전 경험이 탈식민지 독립국가들에게 일종의 보편화된 표준임을 함축했다. 2차 세계대전 직후, 미국 대통령 해리 트루먼은 옛 제국령 식민지의 빈곤 퇴치를 주제로 다룬 UN 연설에서 신생독립국들을 '저발전' 국가라고 불렀다. 이는 신생독립국들이 하루 빨리 발전의 보편 궤도에 들어서야 함을 시사했다. 물론 이는 앞서 나간 '근대적 인류'와 뒤따라가야 할 '전근대적 인류'라는, 익숙한 식민주의적 이분법을 전제로 한 것이다. 요컨대, 미국 주도의 세계경제 질서 아래서 근대화 이론에 내걸린 발전의 보편 궤도는 '민족해방'을 추구한 많은 신생독립국들에게 유력한 참조틀이자 (종종 폭력적으로) 강제된 규범이 됐다. 이는 또한 미국 행정부의 국내정치적·지정학적 의도와 고려 속에 국제적으로 구상된 것이라는 점에서 하나의 프로젝트이기도 했다.

1914년부터 1945년 사이 대공황의 후폭풍과 제국주의적 총력전의 참화로 소용돌이친 근대세계에서, 발전(주의) 프로젝트가 원활히 추진될 수 있는 국제적 통치틀은 어떻게 갖춰졌을까? 제도화 차원과 정책적 개입 방향으로 나눠 살펴보자.

우선 제도화 차원에서, 대공황과 세계대전의 자본주의 지정학은 종전후 국가 간 무역의 흐름을 '완전고용'과 '사회안전'에 종속시키려는 지구적 조절장치들을 만들어냈다. 식민주의 체제에서 세계시장의 변덕에 크게 휩쓸렸던 농업 부문에 대한 통제권 역시 국가로 귀속됐다. 이런 세계사적 조건 속에서 고정환율을 유지하는 금-달러 본위제에 바탕해 세계은행과 IMF를 한 짝으로 구성된 브레턴우즈 체제가 출현하는 한편, 관세와 무역에 관한 일반협정GATT 같은 기구가 기존 자유무역질서로의 '질서 있는 귀환'을 목표로 함께 운용되기 시작했다. 발전주의 체제의 부상과 지속을 떠받치는 국제적 통치틀은 이들 장치로 구성된 셈이었다.

정책적 개입 방향의 차원에서, 발전주의 체제는 크게 세 가지 요소로 구성됐다. 첫째, 국민경제의 틀을 전제하는 동시에 이 틀을 국제무역의 활성화 속에서 상호강화해줄 지속적 경제성장, 둘째, (식량원조 프로그램에 기반한 미국의 산업적 농업경영체계의 발전과 상호보완적 관계를 맺게 될) 국민경제의 산업화 전략, 셋째, 녹색혁명형 과학기술-정책 패키지에 기초한 산업적 농업 지향의 '농업근대화' 구상이 바로 그것이다. 이 구상 속에서, 그간 서구에서만 실현됐던 발전의 과실이 비서구로 확산되는 것은 시간 문제였다. 문제는 실제로 이들 3요소가 탈식민화된 개별 국민경제에서 균형을 이뤄낼 수 없다는 것이었다.

특히 서구에 주로 포진한 세계경제의 핵심부 국가들이 한때 그랬던 것처럼 지정학적으로 농업식민지를 새로 만들거나 넓힐 수 없는 한, 둘째와 셋째 요소는 옛 식민지 국가들에게 근본적으로 서로 상충되는 것이었다. 게다가 발전주의 체제의 미덕 중 하나로 상찬되던 '후진성의 이점'은 식민치하의 세계시장 판도를 탈식민지 국가들이 스스로 다시 불러들이는 결과를 낳았다. 그래서, 1955년 인도네시아 반둥회의 이후 결성된 '비동맹운동'이나 1964년에 열린 유엔무역개발회의UNCTAD 같은 형태로, 탈식민지 국가들 사이에서는 서유럽의 계급동학에 따라 조직된 자본주의 세계시장의 구조적 편향을 문제 삼고 이에 대한 '개혁'을 요구할 수밖에 없었다. 이런 조직적 대응은, 비록 제한적인 효과를 낼 수밖에 없었다 해도, 발전주의 체제하에서 보편화된 표준으로서 국가발전 모델이 스스로 앞세운 정당성에 의문을 제기하는 것이었다.

실제로 발전주의 체제에서의 발전의 과실은 고르게 퍼지지 않았다. 발전주의 체제의 국제적 통치틀은 원칙적으로는 비서구의 탈식민지 국가 전체를 상정했으나, 실제로는 매우 소수의 선별된 국가들을 겨냥했다. 미국의 국제원조는 예컨대 한국이나 대만, 남베트남, 이스라엘, 필리핀, 이란 같은 지정학적 접경지대에 집중됐다. 이들 국가는 과거 식민주의적 자본주의 체제의 해악과 씨름하며 그 국가 일대에서 여러 갈래로 생성된 혁명적 해방운동들을 차단하는 군사적 방파제로 세워지고, 육성된 셈이다. 발전주의 체제의 한국에서 이뤘다는 '한강의 기적'은, 그래서 '초대받은 발전'이라고도 불린다. 그런 발전 경험이 근대세계의 비서구에서 무척 드물긴 했어도 고귀한 사례는 아니며, 그때나 지금이나 세계경제 구조 속에서 널리 수용될 수는 없다고 평가받기 때문이다. 따라서 지난 세기 한국 안팎의 농업 현실을 근본적으로 성찰하려 할 때 중요한 것은, 한국에서의 발전 경험이 가진 예외성을 '국민적 자부심'의 근거로 삼거나 다른 국가들이 귀감으로 삼을 만한 '모델'로 치켜세우는 일이 아니다. 오히려 이런 예외성이 실제로 무엇을 대가로 치른 것이었고, 나아가 그 대가는 지금껏 어떻게 치러지고 있는지 철저하게 되새김하는 데 있다.

한국에서의 '녹색혁명'형 농업발전 구상과 그 귀결

그럼 한국의 발전주의 체제에서 농업근대화 구상은 어떻게 이뤄졌고, 그 사회정치적 귀결은 무엇이었을까? 앞서 지적했다시피, 국민경제 단위의 산업과 농업 부문은 발전주의 체제하에서 '균형 잡힌 발전'을 이룰 수 있고 또 그래야 하는 것처럼 간주됐지만 실제로는 그럴 수 없었다. 가령 같은 시기 미국 같은 세계경제의 핵심부 국가들에서 자국 농업에 대한 정책적 주안점은 이미 산업화된 농업 부문의 '고용안정'과 '지구적 유효수요' 창출을 궁리하는 데 있었다. 그러나 한국 같은 주변부 국가에서의 정책적 주안점은 산업화에 불가결한 자본과 노동력을 농업 부문에서 지속적으로 쥐어짜는 데 있었다. 이런 조건에서 1950년대 후반에서야 뒤늦게 이뤄진 농지개혁은 비농업 부문의 산업화를 위한 '본원적 축적'이 보다 원활히 지속되는 데 기여했다. 농지개혁으로 농업 부문에서 지주계급이 사실상 사라진(보다 정확히 말하면 자본축적의 거점을 비농업 부문으로 전환한) 가운데, 이전까지 식민치하 농업부르주아가 준독점적으로 소비, 투자하던 지대地代를 이제는 국가가 장악하게 된 셈이었다. '경자유전'의 원칙에 따라 농민들에게 재분배된 농지는 결과적으로 '시장지향형' 영농활동의 저변이 되는 한편, 국가에게는 지대를 (가령 조세 형태로) 보다 손쉽게 추출할 수 있는 행정상의 토대가 됐다. 이로써 1960년대 이후 산업화 과정에서 외채 의존을 상대적으로 낮추면서 농업 부문을 좀더 체계적으로 쥐어짤 수 있는 법제도적 여건이 마련됐다.

이렇게 농지개혁이 이뤄졌다고는 해도, 한국의 농업 부문은 식민치하 단작체계의 여파에 한국전쟁의 여파까지 겹치며, 1960년대까지 만성적인 식량부족을 겪어야 했다. 지구적 산업화 과정의 '반농업 편향' 자체에서 비롯되는 유무형의 쥐어짜기 효과 말고도, 가뜩이나 취약한 농가소득 저변을 더 악화시킨 생산기반, 그리고 산업 부문에 고용될 노동력의 저임금을 위해 지속된 저곡가정책 기조는 농업 부문의 탈농화 압박을 갈수록 높였다. 1965년에서 1970년 사이 이농자 수는 약 139만 명으로, 1965년 현재 농가인구 대비 11%에 달하는 규모였다. 상황이 이렇다 보니 쌀 부족분은 미국에서 수입했고, 미국 공법 480호에 근거한 식량원조 프로그램이 1971년까지 지속됐다. 1956년부터 시작된 식량원조 프로그램은 지정학적 요충지의 먹거리불안에 대한 안전판 역할을 하는 한편, 미국의 산업적 농업체계에서 생산된 농산품의 잉여분을 국제적으로 순환시켜 지구적 유효수요를 창출하고자 시행된 것이다. 수원국은 원조받은 잉여농산물의 값을 치르되 부족한 달러 대신 자국 통화로 결제할 수 있게 했다. 그리고 결제대금은 수원국의 중앙은행 계좌에 적립됐다. 대충자금counterpart funds이라는 형태로 적립된 대금은, 한국의 군사재정을 조달하는 데뿐 아니라 장기적으로 미국산 농상품의 소비 저변을 넓히고 관련 식단을 장려하고자 주부용 요리강습 등 각종 서비스 프로그램을 추진하는 데도 지출됐다. 1964년 "제3세계의 수많은 이들이 미국산 농산물에 맛을 들이는 곳에 미래의 거대 식품시장이 있다"며 "오늘 우리가 돕는 사람들이 내일이면 우리의 고객이 될 것"이라던 당시 미국 상원의원 조지 맥거번의 전망은, 미국의 식량원조 프로그램이 지정학적 안전과 더불어 어떻게 '경제적 자유'의 지구화와 연루돼 있었는지 명쾌하게 보여준다.

한편 농촌진흥청에서는 1970년 이후 만성적 먹거리부족 문제를 해결하고자 쌀 증산과 자급을 목표로 '통일벼'를 도입했다. 그것은 포드재단·록펠러재단의 지원으로 필리핀에 창설된 국제미작연구소와 서울대학교 농과대학이 합작해 만든 다수확 품종으로, 당시로서는 산업적 농업의 국제적 확산을 겨냥한 녹색혁명형 과학기술의 총아였다. 도입 초기에는 종래의 농정과 통일벼에 대한 농민들의 오랜 불신과 반발 속에서 곡절을 겪었지만, 통치권력의 전면 개입으로 재배면적을 넓혀나간 결과 1976년에는 쌀자급이 마침내 달성됐다. 하지만 쌀 증산의 성공과 대풍에도 불구하고 농민들의 살림살이는 여전히 나아지지 않았다. 쌀 자급 및 증산 구상 자체가 애초 기존 저곡가 농정의 연장선상에서 노임용 먹거리의 자급화를 노렸던 것이기 때문이다. 이 시기 정농회正農會 같은 생산자협동조합 기반의 유기농단체가 생겨나기도 했는데, 이 단체는 1970년대 후반 녹색혁명형 농업의 고투입 농법에 깔린 산업적 농업생산 패러다임을 문제 삼으면서 '무공해 쌀' 재배의 가치를 내세웠다.

다른 한편으로 통일벼 도입과 더불어 통치권력이 전면에 나서 추진된 농촌발전 정책이 있었다. 새마을운동이다. 통일벼가 녹색혁명형 농업근대화 정치의 과학기술적 차원을 표상했다면, 새마을운동은 바로 그 정치의 지정학적 차원을 표상했다. '근면·자조·협동'이라는 표어를 내걸고 1970년대 내내 지속된 이 운동은 미국의 베트남전 패배 이후 동요하는 동아시아 지정학 속에서 '적색혁명'의 조짐들을 사전 차단하려는 '대공전략촌' 조성에 진력했다. 또한 농촌환경개선사업이라는 이름으로 전통가옥들을 일제히 양옥화한 데서 드러나듯, 1970년대 투자 실패로 과잉생산 위기에 처한 중화학공업 부문의 유효수요를 창출하려는 공공사업으로서도 자리매김했다. 1960년대 말까지 농촌인구의 대대적인 감소와 맞물려 영농활동이 갈수록 궁핍해지던 당시 현실에서, 새마을운동으로 추진된 여러 농촌 발전 및 정비 사업을 '재농화'정책의 일환으로 볼 여지도 있다. 실제로 이런 측면은 새마을운동에 대한 농민대중의 '자발적이고도 적극적인 참여'를 일정하게 이끌어내기도 했다. 그러나 막상 새마을운동으로 생긴 재농화 효과는 골병 주고 위약 줬다는 평가도 후할 만큼 피상적·부차적인 것이었다. 탈농화 압박을 치솟게 만든 발전주의적 산업화 과정에서 구조화된 반농업 편향은, 실제로 새마을운동 와중에도 갈수록 '고도화'했다. 새마을운동은 산업화를 떠받치는 '사회안전' 차원에서 시작된 것으로, 농민대중의 문화·정치적 자율성이나 살림살이의 실질적 개선과는 무관했다. 일본령 조선치하에서부터 제도화된 근대 규율권력의 통치 양상은 새마을운동으로 일상적·문화적으로 오히려 뚜렷해졌다.

한국에서 녹색혁명형 농업 패러다임이 쌀자급, 나아가 농업근대화의 동력으로 각광받는 사이, 세계경제는 1970년대 초반 무렵부터 지구적 규모의 장기불황 및 먹거리순환 위기에 휩싸이기 시작했다. 이 무렵 불거진 먹거리순환의 지구적 위기 양상은 이중적이었다. 농상품의 만성적 과잉생산이라는 산업적 차원의 위기와 녹색혁명형 농업의 장기적 지속불가능성이라는 생태적 차원의 위기가 중첩돼 있었다는 점에서다. 녹색혁명형 농업이 실상 산업적 농업의 기술적 조건을 표현하고 있었던 만큼, 이 이중의 위기는 발전주의 체제의 내적 위기를 드러낸 것이기도 했다.

1971년 국제무역수지 개선 및 불황 극복 차원에서 미국 닉슨 행정부가 단행한 달러의 금태환 정지 조치는 이 위기를 타개하려는 것인 동시에, 보다 근본적으로는 발전주의 체제가 사실상 와해됐음을 함축했다 (환율의 변덕을 활용하려는 이런 움직임은 발전주의 체제하에서 미국 달러를 준비통화 삼아 국민경제적 안정성을 꾀했던 비서구권 국가들에게는 재앙이나 다름없었는데, 1980년대 비서구 국가들을 휩쓴 외채위기는 여기서 연원한 것이기도 했다). 실제로 미국은 이후 식량잉여분과 식량원조를 줄이는 한편, 무역수지 개선을 위한 정책기조 변경에 전력하기 시작했다. 농산업 부문은 (운송, 통신, 전기 등과 같은 이른바 기간서비스 부문과 더불어) 당면한 경제침체와 지정학적 위상을 만회하는 데 유망한 첨병이 돼줄 터였다. 이는 당장 발전주의 체제에서 빚어진 모순 중 하나로, 미국 등 서구 국가들에서 과잉생산된 농산품을 판매할 지구적 소비시장의 창출을 겨냥했다. 하지만 보다 길게 봤을 때 그것은, 향후 자본주의적 먹거리순환이 미국의 주도 아래 강화될 초국적 농기업들의 이해와 요구를 중심으로 대폭 재편될 것임을 시사했다. 소위 세계화 체제의 서막이었다.

이제 발전주의 체제에서 녹색혁명형 농업근대화의 귀결을 지구적인 세력판도와 한국에서 경험한 국지적 맥락으로 나눠 짚어보자. 한국에서 경험한 변동들은, 과거 주변부의 농업식민지에서 핵심부 국가를 향하던 먹거리순환의 흐름이 역전됐음을 보여준다. 발전주의적 통치틀의 보호 속에서 발전된 서구의 농산업 부문은 이제, 자신을 발전시킨 바로 그 통치틀을 무너뜨려야 하는 주요 동인 중 하나로 부상했다. 사실 1970년대 초쯤부터 이미 미국은 캐나다·프랑스·호주를 한 그룹으로 해 세계 곡물무역 물량을 서로 양분하고 있었다. 소위 발전도상국가에서 수입하는 밀의 3분의 2가 미국산이었으며, 발전도상국가의 수입농산물이 전체 미국산 농산물에서 차지하는 비중은 40%였다.

국지적 맥락에서, 한국에서의 녹색혁명형 농업은 결코 기술중립적이지 않았다. 한국처럼 농가소득 구조가 산업 부문의 제도적 반농업 편향으로 가뜩이나 취약할 수밖에 없는 조건에서, 그것은 상환부담이 큰 신용거래를 부추기는 경향을 띠었다. 과다한 화학투입재의 사용을 조장해 농민의 건강과 생태적 여건 모두를 악화시킬 공산도 높았다. 한국의 영세농들이 지금까지 부채증대 압박과 그에 따른 이농 압박에 만성적으로 시달리는 데는, 이와 같은 기술적 조건이 농촌지도 기구를 주된 경로로 농민의 영농활동과 생활세계를 좌우한 탓이 크다. 녹색혁명형 농업은 반농업적 편향뿐 아니라 계급적 편향마저 강하게 띠었던 셈이다. 다른 한편으로, 녹색혁명형 농업근대화 구상은 수출주도 및 수입대체 산업화가 상호보완적으로 병행된 따라잡기식 산업화 전략 속에서 도구적으로 추진됐다. 그것은 보통 '경제적 민족주의' 담론과 선택적 친화성을 가졌다. 가령 통일벼의 개발·도입 과정과 새마을운동 관련 '신화'들이 그랬다. 하지만 이 구상은, 영농활동 전반과 이와 맞물린 생산의 하부구조가 오히려 지구적 농식품 교환관계에 편입되는 데 크게 한몫했다. 결국, 통일벼와 쌀자급 프로젝트는 자본주의적 먹거리순환으로의 체계적 종속을 담보로 도입된 트로이의 목마였던 셈이다. 실제로 이는, '자급의 상징'으로 자리매김한 쌀을 제외하고, 또 다른 주식작물인 콩과 밀의 경우 1970년 당시 각각 86.1%와 15.4%였던 자급률이 1995년이 되면 9.9%와 0.3%로 크게 떨어진 데서도 드러난다.

세계화 프로젝트의 흥망과 대안농업의 지구정치

세계화에 대해서는, 1980년대 중반 무렵 '워싱턴 합의'라고 불리는 지구적 통치틀에 관한 구상이 제도화되면서 시작된 것으로 알려져 있다. 하지만 워싱턴 합의에 담긴 내용은 그에 훨씬 앞서 이미 꾸준히 재편 중이던 자본주의 세계경제의 판도를 사후 추인한 쪽에 더 가까웠다. 앞 절 후반부에서 언급했다시피, 미국 행정부는 1970년대 초반부터 제조업 부문의 상대적 쇠퇴 추세를 만회할 목적으로 브레턴우즈-발전주의 체제 하에서는 자유무역 대상이 아니었던 농업과 서비스 부문을 세계시장으로 전면 개방하려 했다. 하지만 그렇다고 이런 재편 움직임이 발전주의 체제를 이루던 요소들과의 급격한 단절이었다고 볼 수는 없다. 농업 부문에 국한해 보자면, 그것은 오히려 발전주의적 농업체제를 미국이 성공적으로 따르다 불거진 내적 모순들과 위기의 산물이었다. 다시 말해 자국의 거시경제적 안정성을 중시해야 한다는 입지와, 자유로운 국제무역 질서를 장기적으로 '복원'해야 한다는 입지 사이에서 끊임없이 발생하던 긴장이, 미국의 지정학적 쇠퇴를 계기로 마침내 후자 쪽으로 급격히 기운 것이다. 요컨대 발전 개념은 폐기됐다기보다 미국 행정부 주도로 기획된 공세적 시장자유화 전략 속에서 대폭 재구성된 셈이었다.

이렇게 재구성된 발전 패러다임에서 개별 국민경제 단위의 거시경제적 안정성은 시장자유화의 적이거나, 최소한 걸림돌이 됐다. 이제 국가가 고용안정이나 사회안전에 노심초사하는 것은 어리석고 불합리한 일이 됐다. 세계시장, 또는 그것의 '귀환'은 이런 기업가적 자유가 지구적 규모에서 확산되게 했다. 이런 시장유토피아적 이상의 지지자들에게 세계화 구상은 19세기 중반 무렵의 '오래된 미래', 즉 식민주의 체제하의 자유무역질서로 귀환하자는 요구이기도 했다. 물론, 20세기 후반기 세계화의 이름으로 추진된 시장자유화는 시장의 보이지 않는 권력이 국민국가들과 생활세계를 규율하는 '초국적 통치틀'로서 조직되리라는 점에서 제국주의적 영토화 경쟁 위주로 조직된 19세기의 자유화와는 분명 달랐다.

농업세계화 체제의 지구적 통치틀과 역사적 제도화 과정

'미래로의 귀환back to the future' 담론을 앞세운 1970년대의 시장자유화 구상이 실제로 노린 효과는 이중적이었다. 그것은 자유시장의 '섭리'에 가해진 제도적 봉인해제로, 당시 미국이 겪게 된 경제적·지정학적 열세를 뒤집는 동시에 발전주의 시기에 일정하게 절충된 계급적 세력관계를 무효로 만들려는 것이었다. 다시 말해 시장자유화 구상은 그간의 발전주의적 해법이 당장의 '경제 위기' 앞에서 더는 반공주의용 '해독제'가 아니라 그 자체 '독'이 됐다는 상황판단의 산물이었다. 사회주의권의 '공세'에 맞서 서유럽과 일본 경제권을 상대로 미국에서 전략적으로 추진된 경제적 후견 기조와 주력산업 부문 노동자조직과의 뉴딜주의적 합의는 어느새 '자유시장경제'의 적폐로 취급됐다. 게다가 베트남전쟁에서의 패배는 '좋았던 옛시절'로의 회귀 열망을 한층 더 부추겼다. 자유시장의 이름으로 주창된 세계화 구상은 금융자본과 통치권력 간의 기술적·조직적 제휴 아래 사회정치적 타자들이 발전주의 시기에서나마 누리게 된 부가 정치경제적 최상위 계급 쪽으로 다시 흘러들게 하고, 이로써 미국에 대한 '국민적 자부심'을 드높이려는 시도였던 셈이다. 미국 농업 부문의 세계화로 지구적 세력판도는 크게 재편되었는데, 미국의 계급적 양극화 또한 심화되었다. 근대세계 핵심부 국가의 산업적 농업기반이 (반)주변부 국가들에 광범하게 이전되는 가운데, 이렇게 이전된 저변은 1980년대 외채의 늪에 빠져든 옛 식민지 국가들에게 긴축재정과 수출형 농업을 강제하면서 이들 국가의 소농 대다수를 쥐어짜게 됐다는 점에서다. 요컨대 농산물 생산연쇄를 둘러싸고 '구상'노동과 '실행'노동 간의 국제적 분리가 이뤄진 셈이었다. 농업생산의 세계화를 둘러싼 노동분업구도 재편은 초국적 농기업들이 포진한 중심부 국가들의 경우 주로 (기술연구개발과 지구적 유통망 및 조직혁신 같은) '구상'노동에, 준주변부 및 주변부 국가들은 주로 (하청-외주화된 형태로 이뤄지는 작물생산 같은) '실행'노동에 주력하는 양상을 띠었다.

이와 같은 국제 농업노동 분업구도를 부추기는 지구적 통치틀의 제도화는 GATT를 통해서 이뤄졌다. 애초 미국은 농업(과 서비스) 부문은 자유무역 대상에서 예외로 다루던 GATT를, 자국의 농업 부문을 세계시장으로 복귀시킬 제도적 장치로 역이용했다. 이런 가운데 1980년대 동안 진행된 GATT의 마지막 무역 협상(우루과이라운드)에서 WTO를 출범시키자는 합의가 이뤄졌다. 여기엔 무엇보다도 농업 부문에 대한 시장자유화의 이점을 놓고 갈수록 커지던 미국 내부로부터의 정치적 압력이 반영돼 있었다. 1995년에 출범한 WTO는 자유무역질서의 영속화에 불가결한 지구적 통치틀을 주권국가의 경계를 가로질러, 바로 그 주권국가를 통해 '지구적 표준'으로 제도화하려는 것이었다. 이로써 자유무역질서는 국민국가 단위의 독자적 정책운용을 그저 위협하거나 힐난하는 것만으로도 비교적 수월하게 '정상화'될 수 있었다. WTO의 이런 의도는 네 개의 기둥으로 지탱됐다. 농업협정AoA과 무역관련투자조치TRIMs, 무역관련지적

재산권TRIPs, 서비스교역관련일반협정TRIPs이 바로 그것이다. 이들 네 기둥은 서로를 보강하면서 세계 먹거리순환의 기술적·조직적 고도화와 초국적 농기업들의 '사업할 권리'를 공고화했다. 특히 발전주의 시기 서구에서 시장규제를 목표로 농산업 부문을 떠받치던 보조금 제도는, 농산업 부문의 기업화·규모화와 먹거리순환의 '탈규제화'를 떠받치는 쪽으로 그 성격을 바꿨다. 이는 서구에서 산업적으로 생산된 농상품의 헐값 유통, 즉 '덤핑'을 통해 옛 식민지 국가들로 먹거리불안을 수출하는 한편으로, 서구 소농들의 영농 입지도 장기적으로 악화시키는 것으로 귀결됐다.

농업사회학자 해리엇 프리드먼이 '기업식량체제'로의 이행이라고 부른 이 지구적 변환 과정은, 1980년대에서 2000년대 후반까지 세계 곳곳의 농업·농촌 현실을 둘러싼 모든 사회정치적 갈등과 긴장, 균열과 저항의 국지적 양상들을 강력하게 조건짓는 것이었다. 이는 농업이 자본주의적 먹거리순환 속으로 재편성된 이래, 전에 없이 새로운 장을 연 것이기도 했다. 세계경제 각 권역의 농민들은 이 체제 아래서 처음으로 세계시장의 가격기구와 '고르게' 적대하게 됐다. 특히 달러의 금태환 정지 이후 옛 식민지 국가들에 대한 해외채무 압박이 강해졌고, 서구 농식품산업 중심의 먹거리순환에 대한 옛 식민지들의 경제적·지정학적 종속이 새로이 공고화됐다. 이 시기 채무위기 국가들을 주요 조달지 삼아 이뤄진 산업적 수출농업의 세계화는 이런 종속의 정치경제적 귀결이자 그 조건이었다. 실제로 이 과정은 IMF-세계은행의 구조조정-재정긴축 패키지에 따라 강제된 정책 '처방'의 일부였다. 19세기 농업식민지를 배후지 삼아 '세계의 공장'을 창출했던 영국 제조업 주도의 자유무역질서는, 20세기 후반기에 이르러 탈식민지 국가들과의 파트너십 속에 '세계의 농장'을 창출하는 초국적 농기업 주도의 자유무역질서로 거듭난 셈이다.

이렇게 재편성된 세계화 체제에서, 초국적 농식품기업들은 시장자유화의 은총을 퍼뜨릴 시장문화의 사도가 됐다. 이들 기업은 옛 식민지 농민들과 하청계약을 맺어 특화된 원예작물, 비수기 과일 및 채소, 과일주스 같은 가공식품, 과일통조림, 냉동채소, 포장쇠고기, 부위별 닭고기를 조달받았다. 이는 시장자유화 기조의 연장선상에서 먹거리순환의 폭과 깊이를 한층 더해줄 유효수요 및 먹거리 소비시장의 지속적 창출 압박과 맞닿아 있었다. 1990년을 전후해 거대 유통체인이 서구와 당시 '동아시아의 용'이라 불리던 동아시아 발전국가들의 소비 부문을 중심으로 활성화된 것은 바로 이런 맥락에서였다. 이에 따라 옛 식민지 국가들에서 초국적 식품기업과 연계된 수출농업 부문은 크게 성장하고 '2차 녹색혁명'으로 발전하기까지 하면서 '신흥농업국의 부상'이라는 말까지 만들어냈지만, 정작 먹거리자급 기반과 대다수 소농들의 영농 저변은 도리어 생태적·문화적·사회적으로 악화되었다.

생태적 불모화와 관련해 주목할 것은, 옛 식민지 국가들이 세계화 체제에 참여할 권리를 (가령 신흥농업국 반열에 오르기 위해) 획득하는 대가로 먹거리에 대한 초국적 농기업의 특허권을 보장했다는 사실이다. 무역관련지적재산권TRIPs 협약에 따라 이뤄진 이 과정은 초국적 농식품기업 중심의 먹거리 생산사슬로의 종속을 강화하는 한편, 옛 식민지 농민들의 먹거리 유전정보와 영농 관련 공통자원들에 대한 자율적 개입 역량을 준영구적으로 박탈하는 효과를 낳았다. 종자개발의 거점이 정부 산하 연구기관에서 초국적 기업 부설 연구소로 이동한 것도 이 과정에서 두드러지는 특징 중 하나였다. 실제로 대량의 먹거리 유전정보가 지구 남반부에서 OECD 회원국 소재 초국적 농기업 부설 연구소로 꾸준히 '이전'됐다. 종자 상품화를 겨냥한 생태적 차원의 '본원적 축적'이 이뤄져온 셈이다. 옛 식민지권에서 '재식민화' 또는 '생물해적질'이 벌어지고 있다는 비판이 나온 이유다. 이 비판을 부른 농업세계화 체제에서 갈등과 적대의 맥락은, 가령 GMO 기술에 기반한 종자와 농산물, 제초제 같은 농업투입재의 안전성과 위험을 둘러싼 논쟁에서 보듯이 여전히 현재 진행형이다.

농업세계화 체제에서 한국의 농정 기조와 농업구조 변동

같은 시기 한국에서는 어땠을까? 1986년 이후 계속된 우루과이라운드 협상을 둘러싸고 농업 부문을 지배한 논리는 '국제경쟁력 강화'였다. "시장개방으로 혜택을 입은 우리나라가 농수산물만 개방하지 않겠다는 것은 타당성이 없다"며 쌀시장 개방의 불가피성을 피력한 1991년 당시 협상 실무대표의 주장은 향후 정부에서 시행될 농업정책 기조를 가늠케 하는 것이었다. 발전주의 체제하에서 수출-하청산업 부문의 집중적인 육성과 급속한 지표성장, 요컨대 '한강의 기적'을 대가로 굳어진 한국 농업 부문의 저발전 양상은, 이로써 한층 더 악화하는 쪽으로 진화해갔다. 이런 흐름은 이른바 민주정부가 출범했다고 해서 크게 달라지지 않았다. 민주정부 치하에서도 농업 부문에서의 역사적 저발전은 자본주의적 시장의 '폭력적 초과'가 아닌 오랜 결핍의 증거로 치부됐다. 국민의 정부 시절이던 2002년, WTO와의 최종 협상 시한을 앞두고 정부가 쌀생산 규모와 쌀의 가치를 시장원리에 맡기겠노라고 공식 선언한 일은, 전통적인 발전-성장 패러다임에 깊게 뿌리내려 있는 시장관과 농업관을 상징적으로 보여준다. 참여정부 시절인 2005년 쌀추곡수매제 폐지와 함께 도입된 쌀소득보전직접지불제와 공공비축제는, 2002년에는 농민들의 반발로 도입에 실패했다가 결국 관철된 것이었다. 이렇듯 세계화 체제로의 전환은 집권세력의 성향과는 무관하게 꾸준히, 일관되게 이뤄지고 있었다.

이런 전반적인 흐름 속에서, 1980~2000년대에 걸쳐 한국 농업 부문 안팎에서 두드러진 변화의 양상은 크게 세 가지였다. 첫째, 농업 부문

전반의 주변화 압박이 '고도화'하는 양상을 띠었다. 이는 세계화 체제에서 영농의 규모화·기업화 압박이 커지면서 석유기반의 고투입형 농업을 차츰 일반화했지만, 구조적으로 불리한 소득 압박의 결과 부채 증가로 귀결되었다. 이는 한국 농업 부문이 초국화된 농식품 생산사슬로 한층 더 말려들어가는 가운데 농민들이 '준노동자'로 쥐어짜이게 되는 국지적 맥락과도 맞닿은 것이었다.

둘째, 같은 농업 부문 내에서도 업종별 차등화와 그에 따른 양극화가 두드러졌다. 규모화·기업화하기가 상대적으로 수월한 업종들에서 초국화된 농식품 가치사슬에서 누릴 수 있는 이점을 보다 적극적으로 추구하게 된 것이다. 축산업종에서 꾀했던 전략이 대표적이다. 축산업에서는 이미 1980년대 중후반부터 '세계화의 이점'을 살리는 데 필요한 기술적·조직적 혁신이 다른 업종에 비해 활발히 이뤄졌다. '축산혁명'이라고도 불리는 이런 변화는, 1980년대 후반 이후 내수시장이 상대적으로 팽창하고 다각화한 데 힘입은 것이기도 했다. 민주화 효과의 자본주의적 귀결이라고도 할 이런 양상은 1990년대 이후 대형 유통체인의 등장 및 꾸준한 증가와 맞물려 한층 더 고도화됐다.

셋째, 두 번째 양상과 맞물린 것으로, 식단의 육류화가 본격적으로 시작됐다. 발전주의 시기의 장시간·저임노동 체제를 폭넓게 떠받치던 노임용 먹거리순환의 틀이 1980년대 후반 노동자-사회운동의 폭발적 조직화 속에서 무너짐에 따라, 동물성 단백질 소비시장도 한층 커진 것이다. 이는 기존까지 대다수 한국 시민과 노동대중에 강제된 내핍형 자본축적 패턴이 소비의 민주화 압박과 마주하게 됐음을 함축한다. 다른 한편, 이는 '유보된 계급적 욕망'의 기호로 일본령 조선치하에서부터 줄곧 선망돼온 '서구식 라이프스타일'이 대중화한 맥락과도 얽혀 있다. 국내 식품가공산업과 초국적 패스트푸드 및 가족형 외식산업의 입지가 상보적으로 강화되는 한편, 관련 유효수요 또한 급속히 늘어난 것은 이런 맥락에서였다.

요컨대, 1980년대 이후 한국 농업 부문은 한국 안팎의 식품가공산업 부문과의 이원화된 관계 속에서, '종속적 발전' 양상이 한층 더 뚜렷해지는 쪽으로 재편, 진화했다. 1997/98년 동아시아 금융위기의 여파로 한국 정부에서 '개혁'의 깃발 아래 추진한 IMF의 구조조정-재정긴축 프로그램은 이런 진화를 한층 가속화했다. 세계화 체제에서 '경쟁력 강화'의 이름으로 농업 부문의 탈농화 압박은 업종별로 차등화된 양상으로 고도화하면서 가중된 반면, 식품가공산업 부문에서는 내수시장의 상대적 팽창을 발전의 발판으로 삼아 '세계의 농장'으로 재편된 지구적 먹거리 순환의 이점을 초국적 농식품자본과 '따로 또 같이' 나누는 경향이 강화됐다. 이런 점에서, 예컨대 쌀과 과일의 브랜드화나 기업화된 방식의 작목전환 및 영농다각화를 장려한 한국 정부의 농업정책 기조는 세계화 체제에서 자본주의적 먹거리순환에 깃든 중장기적 모순과 해악을 토착화하려는 노력의 일환이기도 했다. 참여정부 시절인 2005년 미국과 체결한 것을 시작으로 한국에서 꾸준히 추진돼온 자유무역협정FTA 시리즈는 그 결정체였다. 이로써 '기업하기 좋은' 먹거리순환의 세계화는 제도적으로 완결된다.

농업세계화와 그 불만들: 국지적 대안농업 구상들의 지구정치

그러나 세계화 체제의 자본주의적 먹거리순환은 바로 그 '성공적 확산'으로 인해 생겨난 내적 균열·모순들과 진작부터 마주하고 있었다. 북미자유무역협정NAFTA 발효일인 1994년 1월 1일, 멕시코의 주변부 농업지대인 치아파스 주에서 일어난 농민봉기는 그 균열과 모순의 양상을 상징적으로 드러낸 사건이었다. 네오-사파티스타 운동이라는 이름으로 꾸준히 지속된 이 대항세계화 봉기는, 세계화 체제하에서 특히 비서구권 곳곳에서 벌어질 지구적 저항운동의 구도가 어떤 것일지를 앞질러 보여줬다. 1999년 WTO 각료회의가 열린 미국 시애틀에서 조직적으로 분출된 대항세계화 시위는 이 구도를 돌이킬 수 없는 양상으로 공론화시켰다. '시애틀 전투'라고도 불린 이 시위 이후, WTO는 실제로 사실상 마비 상태가 됐다. 하지만 이런 사실만큼이나 중요한 것은 따로 있었다. 세계화 체제에서 침체를 겪으며 부문별로나 권역별로 조각나 있던 사회운동들 사이의 국제적 상호연대와 구심력을 되살리기 위한 지구 규모의 공론장이 형성, 활성화되기 시작한 것이다. 초국적 자본가들의 공론장 역할을 해온 세계경제포럼WEF에 맞서 대항세계화 관련 실천 의제를 공유하고자 2001년 결성된 세계사회포럼WSF은 그 결실 중 하나다.

앞서 살펴본 바와 같이, 세계화 체제에서 형성된 농업노동의 새로운 국제분업구도는 세계 곡물수출에서 OECD 국가들이 차지하는 몫을 늘리는 한편, 대다수 옛 식민지 국가의 곡물수입 비중과 구조적 예속을 강화하는 가운데 앞선 체제들의 먹거리순환에서 이미 두드러진 불평등 양상들을 한층 심화시켰다. 실제로 1970~96년 사이 서구의 곡물수출 비중은 73%에서 82%로 늘어난 반면, 비서구의 경우 거꾸로 곡물수입 비중이 60%로 늘어났다. FAO에 따르면, 옛 식민지권의 16개 국가들에서 농산물 무역자유화의 여파로 자신이 일구던 땅에서 뿌리 뽑힌 농민은 최소 2000만~3000만 명에 이르는 것으로 추정됐다. 자유무역주의의 총본산이라 할 미국과 영국에서도 중소규모 농가의 수입이 1990년대 50%에서 최대 75%까지 떨어진 가운데, 많은 농민들이 도시로 내몰려야 했다. 다른 한편, 아프리카의 경우 1990년대 후반 농가수입의 60~80%가 농외소득으로, 비정규 일용노동에 대한 의존도가 가장 높은 가운데 아시아에서 그 비중은 30~40%였다. 라틴아메리카 농민들은 이 시기 동안 대부분 준프롤레타리아화한 상태로, 농지 접근과 고용 모두 가 가로막혔다. 세계화 체제를 기획하고 지지해온 이들 사이의 금과옥조는, 이 세계를 '먹여 살리는' 데는 시장이 바로 빛이요 진리라는 것이다. 그러나 이 전망은 앞서 밝힌 수치들에 담긴 여러 모순 및 균열들에서 확인되다시피, 2007/08년 세계 금융위기를 전후해 세계 곳곳에서 크고 작게 불거진 식량폭동과 먹거리위기, 그리고 갈수록 치솟는 빈곤율 앞에서 더는 지속불가능한 것으로 드러났다. 세계화 체제의 몰락이었다.

세계화 체제에서 1990년대 중반을 전후해 지속가능한 대안농업 구상, 또는 '오래된 미래로의 귀환'에 바탕한 대항세계화 운동들이 각 권역이 처한 상황에 걸맞게 생성, 조직되면서도 각 권역을 가로질러 차츰 구심력을 발휘해온 것은 바로 이런 역사적 추이와 마주하면서였다. 예를 들어 한국에서는, 관행농 체계에서 구조적·사회문화적으로 제약받아온 여성농민의 자기결정권 강화에 주안점을 둔 '언니네텃밭' 프로젝트, 세계화된 먹거리순환의 해악을 넘어서 생태·사회적으로 지속가능한 먹거리순환의 저변 강화를 겨냥하는 로컬푸드 운동, 도시-농촌 간 시민연대 차원에서 조직된 도시장터 마르쉐@ 같은 사례가 이들 대안농업운동의 전망을 공유하고 있다. 이런 국지적 실천들을 서로 이어가면서 대안농업 구상을 국제주의적 입지에서 확산시켜온 농민연대운동 단체로 '비아캄페시나'(소농의 길)가 있다. 이 단체는 1990년 초반부터 근대자본주의 농업의 해악과 먹거리순환의 지속가능성을 겨냥하면서 지금 여기서 실천 가능한 대안농업 구상의 윤곽을 그려왔다. 이 단체가 줄곧 강조해온 식량주권 개념은, 대안농업 구상의 지구정치를 가능케 하는 동시에, 바로 이 정치로부터 실제로 가능해지는 실천적 버팀목이다(식량주권 개념에 대해서는 6장에서 상술).

식량주권이 겨냥하는 '다른 농업', '다른 세계'의 지구정치는 산업적 먹거리순환으로 인해 사실상 임계점에 다다른 지 오래인 생활세계의 구조적·생태적 위험과 씨름하는 데 실천적으로 유망하다. 이 정치는 실천적 잠재력 면에서 비교적 높고 광범위한 접근성과 접촉면을 가지기도 한다. 가령 각급 학교나 지역 단위에서 공공급식 체계를 갖추려는 움직임이 잘 보여주듯이, 그것은 지역 단위에서 민주적으로 조직가능한 생태친화적 먹거리순환의 네트워크를 형성해 그 문화적 저변을 두터이 하려는 결사활동들로 구성되곤 한다.

요컨대 식량주권의 지구정치는 도시/농촌에 대한 근대주의적 이분법에서 탈피해 사회를 재조직하는 데 유효한 접근틀이 돼주는 한편, 환경-생태/지역풀뿌리협동조직/노동/교육/복지/보건과 같은 생활세계의 여러 하위영역들을 매개해 '정의로운 전환'을 이끌어낼 실천적 입지로 진화할 잠재력을 가지고 있다. 특히 한국 같은 옛 식민지 권역들에서 그것은, 지난 세기 산업화된 먹거리순환의 식민주의적·발전주의적 통치효과들로 인해 농업 생산과 소비, 유통 영역 할것없이 폭넓게 제도화, 일상화된 근대자본주의 권력의 식민성과 근본적이면서도 착실히 씨름해가는 과정일 수밖에 없다.

나가며: 무엇을, 어떻게 할 것인가

지금까지 지난 20세기 일본제국령 식민지 조선과 한국 안팎에서 벌어진 농업근대화에 관해 살펴봤다. 농업은 근대제국 일본이 제도화한 식민정책학 속에서는 하루속히 '문명화'돼야 할 영역으로, 미국산 근대화 이론이 지지했던 따라잡기식 산업화 속에서는 또 하루속히 '발전'돼야 할 영역으로, 세계화 국면을 풍미한 신지식인 담론 속에서는 또다시 하루속히 '선진화'돼야 할 영역으로 다뤄졌다. 요컨대 그것은 소위 전근대적 '낙후'와 '지체', '후진'의 아이콘이었다. 지금이라고 딱히 다르지는 않아 보인다.

이런 편향이 한국 안팎에서 어떤 국지적이고도 지구적인 모순과 부조리들로 귀결돼왔고, 또 생활세계에 실시간으로 출몰하고 있는지도 앞서 이미 살펴본 대로다. 중요한 것은 이제 각자 선 자리에서부터 무엇을, 어떻게 할 것이냐일 테다. 앞서 살핀 비아캄페시나를 비롯해, 쿠바에서 1991년 소련 붕괴의 여파로 맞게 된 산업적 고투입 농경체계의 위기가 지속가능한 생태농업 저변의 확산 및 제도화, 나아가 농생태적 대안성의 실천적 다각화와 결부된 농촌-도시 간 연대로 귀결된 경우를 주목할 만하다. 급격한 탈농화에 따른 전반적 규모 위축과 만성적인 재생산위기 속에서 농업·농촌 부문이 가공식품-농자재산업 부문의 '내부식민지'로 재편되다시피 한 '반주변부 국가' 한국의 독특한 내적 동학을 감안할 때, 그야말로 '전화위복'을 겪은 쿠바의 사례는 한국에서의 농업과 먹거리 관련 정치와 대항주체 형성의 입지를 새롭게 짜나가는 데 유용한 참조점이 될 만하다. 또한 북한에 만성화된 먹거리위기를 고려할 때, '탈분단' 구상에 불가결한 먹거리정치의 실천틀을 구상하는 데서도 쿠바의 경험은 알차게 다뤄질 수 있다. 중국에서도 원톄쥔溫鐵軍 같은 사회과학자를 필두로 '삼농(농업·농민·농촌) 문제'라는 의제로 도시-농촌 간 이원구조에 바탕한 산업주의적 발전 패러다임을 중국의 사회주의적 근대화와 개혁개방 경험에 비춰 세계사적으로 비판, 성찰하려는 움직임이 꾸준히 이뤄져왔다. 이런 움직임과의 접속은 먹거리정치의 실천틀을 좀더 광역화된 형태로, 즉 동아시아 규모로 짜는 데 효과적인 지렛대가 돼줄 수 있을 것이다.

또 다른 사례로, 2000년대 중반 '좋은 삶buen vivir'을 개정헌법에 명기한 볼리비아와 에콰도르의 경험도 주목할 만하다. 저마다의 사정과 맥락 속에서도 이들 움직임은 모두 역사적 자본주의의 발전을 추동한 비서구 식민화 과정에서 종종 폭력적으로 표출된 산업주의적 반농업 편향에서 탈피해, 선주민문화가 가진 대안적 살림살이의 잠재력을 되살리려는 '탈식민의 정치'가 본격화됐음을 시사하기 때문이다. 다시 말해 그것은 근대세계 안에서, 이 세계의 해악과 씨름하며 이 세계와는 전혀 다른 세계(들)와 마주하려는 '이행'의 정치가, 그리고 그런 정치가 깃든 장소들의 네트워크가 꾸준히 생성 중이었음을 보여준다. 이런 움직임은 국민국가라는 역사적 제도의 통치원리 자체, 즉 시민 다수를 이루는 농민과 자연을 곧잘 타자화·주변화하는 속성을 근본부터 문제 삼으며 진행되었다. 과장을 무릅쓰고 말하자면 자유와 평등, 우애의 가치는 이제, 자본주의 세계경제의 변경邊境들에서 되살아난 '좋은 삶'의 가치와 마주치면서, 보편의 이름으로 사실상 서구적인 경험을 특권화하는 데 연루됐던 '유럽적 보편주의' 담론의 속박에서 비로소 벗어나고 있는지도 모르겠다. 바꿔 말해 프랑스혁명 정신은, 오늘날 근대권력의 식민성으로 말미암아 부당하게 타자화·주변화된 모든 것을 저마다 실질적 변화의 출발점으로 다시 보는 '보편적 보편주의' 정치의 사상·실천자원으로서 이제서야 '제자리'를 찾는 중이라고 할까. 근대세계에서 빛나는 정치적 성취 중 하나였으면서도 바로 그 세계의 자본주의적 보편주의 아래서 빚어진 오랜 적폐를 가리거나 심지어 부추기는 '이데올로기적 금박'으로 전락했던 그간의 용례와는 사뭇 다르게 말이다.

2000년대 들어서 여러 번 반복된 먹거리순환상의 위기는 세계시장 특유의 변덕과 '합리적 무능력' 속에서 이제 예외적 사건이 아닌 '정상적 예외'들로 자리 잡고 있다. 기후변화의 정치경제 비판을 통해 널리 알려졌다시피, 지구화를 거듭해온 산업적 먹거리순환은 경제적 예측가능성과 사회적 지속가능성, 먹거리안전은 물론이고 생태적인 토대마저 스스로 허물고 있다. 그러나 역설적이게도 이는 산업화된 '풍요 속 빈곤'이라는 형태로 농업과 먹거리의 위기를 지구 규모로 거듭 강화할 조건이 되곤 한다. 왜일까? 고도화된 자본주의적 먹거리순환 자체에는 근본적으로 '자가치유' 능력도, 의지도 없는 탓이다. 대안농업 구상과 농생태적 먹거리순환의 실현이 몇몇 굵직한 정책 처방의 꾸러미만으로는 불가능한 이유도 여기에 있다. 정책적 개입의 실효성은 스스로 조직된 시민들의 힘 또는 사회운동의 다채로운 역량들에 좌우되기 때문이다. 각자 선 자리를 일단 출발점 삼아 '다른 세계'로의 이행을 실제로 가능케 할 노동대중-시민의 자기조직적 결사활동, 즉 정치가 그토록 중요한 까닭이다.

요컨대 이 글에서 20세기 한반도에서의 농업근대화 과정을 여러 비서구권 대부분이 겪어야 했던 자본주의적 식민화 압박의 성격과 장기적 효과와 결부시켜 다시 본 것은, 이런 정치의 귀환 가능성을 폭넓게 염두에 둔 것이었다. 과거를 어떻게 다시 해석하고 서술하느냐에 따라 지금 여기서 가능한 집단적 선택의 결도 정치적으로 크게 달라지게 마련이기 때문이다. 그런 만큼 이 장에서의 논의가 아무쪼록 한국의 농업 현실이 처한 복합적 위기를 어떻게 좀더 긴 호흡으로 넘어설지 궁리하는 데 보탬이 됐으면 좋겠다.

참고문헌

김환표, 2006, 《쌀밥전쟁: 아주 낯선 쌀의 역사》, 인물과사상사.

도미야마 이치로, 심정명 옮김, 2015, 《유착의 사상: '오키나와 문제'의 계보학과 새로운 사유의 방법》, 글항아리.

송인주, 2013, 〈농업의 산업화와 한국의 '축산혁명'〉, 《농촌사회》 23집 1호: 143-192, 한국농촌사회학회.

시드니 민츠, 김문호 옮김, 1998, 《설탕과 권력》, 지호.

아네트 아우렐리 데스마레이즈, 박신규 외 옮김, 2011, 《비아캄페시나: 세계화에 맞서는 소농의 힘》, 한티재.

이매뉴얼 월러스틴, 나종일 외 옮김, 1999, 《근대세계체제1: 자본주의적 농업과 유럽 세계경제의 기원》, 까치.

임동근·김종배, 2015, 《메트로폴리스 서울의 탄생》, 반비.

제니퍼 클랩, 정서진 옮김, 2013, 《식량의 제국: 세계식량경제를 움직이는 거대한 음모, 그리고 그 대안》, 이상북스.

케네스 포메란츠·스티븐 토픽, 박광식 옮김, 2012, 《설탕, 커피, 그리고 폭력》, 심산.

필립 맥마이클, 조효제 옮김, 2013, 《거대한 역설: 왜 개발할수록 불평등해지는가》, 이후.

허먼 슈워츠, 장석준 옮김, 2015, 《국가 대 시장: 지구경제의 출현》, 책세상.

허은, 2015, 〈박정희 정부시기 농촌사회 재편과 지역 총력안보체제 구축: 구성면 면정문서 분석을 중심으로〉, 《사총》 84집: 31-75, 고려대학교 역사연구소.

Henry Bernstein(2010), *Class Dynamics of Agrarian Change*, Fernwood Publishing.

Philip McMichael(2013), *Food Regimes & Agrarian Questions*, Fernwood Publishing.

Tony Weis(2013), *Ecological Hoofprint: The Global Burden of Industial Livestock*, Zed Books.

2부

한국 농식품체계의 특징

3장

한국 농업의 전개와 농업·농촌의 변화

송원규

한국 농업의 전개

2장에서 살펴본 것처럼 일제강점기하에서 한국 농업은 일본제국의 동아시아 식민지배와 당시 조선 권세가들(잠재적 농업부르주아)의 필요에 따라 수출형 미곡단작체계로 재편되었다. 즉, 우리가 익히 아는 것처럼 일제 식민지 경영의 필요에 따라 식량 및 원료 공급을 위한 기지로서 재편되었다. 해방 후 미군정기에 들어선 후에도 외형적으로는 농업생산 정책에 큰 변화가 없었다. 미곡 중심의 식량 증산이 기본 방향이었고, 미군정의 농업정책은 생산보다는 분배에 초점이 맞춰져 있었다. 이는 일제강점기 공출로 인한 만성적인 식량부족을 완화하고, 이를 통해 공산화를

송원규 건국대학교 농식품경제학 박사과정에 재학 중이며, 세계 농식품체계의 문제와 식량주권 운동 등 대안적 농업·먹거리 운동에 관심을 가지고 있다. 주요 글로 《먹거리반란》(공역)과 《종자, 세계를 지배하다》(공저), 그리고 논문 〈세계농식품체계의 역사적 전개와 먹거리위기〉 등이 있다.

막을 수 있다고 판단했기 때문이었다. 당시 미군정의 식량정책은 1945년 8월부터 1947년 10월까지 통제 → 자유 → 통제 → 자유 → 통제로 단기간에 수차례 변화되었다(박성진, 2002). 이러한 미군정기의 농업정책 혹은 식량정책*에서 우리가 주목해야 할 중요한 일제강점기와의 차별성은 원조를 통한 식량 문제의 해결이라는 기조의 변화다. 당시 해방된 한국의 입장에서는 식량부족 문제를 해결할 근본적인 대책은 국내생산의 확대였다. 하지만 미군정의 원조식량정책과 이를 이어받은 단독정부 수립 후 정권들의 정책은 한국의 농업과 식량 문제를 해결한 것이 아니라 오히려 황폐화시키고 근본적인 체질을 약화시켰다. 이 시기 미국의 농산물원조가 초래한 농업생산 기반의 약화는 한국 농업에 큰 변화를 가져왔다. 해방 후 미군정기로 시작된 한국의 역사가 현재에 이르기까지 한국 농업의 변화는 크게 세 시기로 구분해볼 수 있다.

첫 번째는 해방 후 미군정기부터 시작되었던 미국의 농산물원조 정책에 의해 국내 농업기반이 황폐화된 시기다. 한국 농업의 쇠퇴를 가져온 미국의 농산물원조는 국내 식량가격의 하락, 농업경시 풍조 조성, 공업원료의 원조농산물 공급으로 인한 국내 농업발전 저해 등의 결과를 가져왔으며, 미래의 미국 농산물 판매시장화 등을 위해 한국의 대미 식량종속을 심화시켰다(김종덕, 1990). 1950년대 말까지 미국의 농산물원조에 의해 도입된 막대한 양의 해외농산물은 농민들에게는 큰 고통을, 한국 농업에는 황폐화를 안겨줬다. 미국 잉여농산물의 도입으로 국내 곡물가격이 급격하게 하락하여 농민들이 수확을 포기하는 일도 벌어졌다.

* 미군정기의 식량정책 변화와 그에 대한 세밀한 분석은 차남희(1997)의 《저항과 순응의 역사 정치학: 미 군정의 농업 정책과 농민》, 박성진(2002)의 〈한국의 국가형성과 미군정기 식량정책〉 등을 참고할 것.

양곡류뿐 아니라 밀, 원면, 원당* 등 농산물원자재의 과도한 도입으로 해당 작물의 자급력이 급속히 줄어들었다(윤병선, 1995)**. 황폐화된 한국 농업은 1960년대까지도 매년 '보릿고개'의 고달픈 시기를 겪었다.

두 번째는 1960년대를 거치며 정부의 수출주도형 공업화 성장전략이 농업의 위상 변화, 생산방식 및 구조의 변화를 가져온 시기다. 당시 박정희 정권은 공업 부문의 성장을 위해 많은 도시노동력을 필요로 했고, 노동자들이 값싼 임금에도 생활을 유지할 수 있도록 낮은 식량가격을 유지할 필요가 있었다. 이를 위해 정부는 주곡인 쌀의 자급을 핵심목표로 하고, 영농 과정에서의 고투입을 특징으로 하는 다수확재배 쌀(통일벼)을 중심으로 녹색혁명형 농업***을 도입하였다. 다른 한편으로 정부는 앞선 시기 미국의 농산물원조로 어려움을 겪는 밭작물 재배농가들에 상품성이 큰 채소류, 과실류 등 경제작물의 재배를 강요했다. 이때에 시작된 것이 주산단지 조성사업으로, 한국 농업은 본격적인 주산지화·단작화의 길로 들어서게 되었다. 이 두 번째 시기는 녹색혁명형 농업으로 통칭되는 농자재·에너지 다투입 농업의 도입으로 인한 한국 농업의 급속한 상업화·산업화를 특징으로 한다. 이로 인해 한국 농업은 다음과 같

---

* 밀, 원면, 원당을 원재료로 가공하는 제분, 방직, 제당업을 '3백산업'이라고 칭하기도 하는데, 이 시기에 이들 산업이 급속히 성장하면서 일부 재벌기업의 기반이 만들어졌다.

** 이와 관련해 재미있는 사연도 하나 있는데, 1970년대 인기를 끌었던 '하사와병장'이라는 듀오의 노래 〈목화밭〉은 목화밭을 배경으로 연인의 사랑을 이야기하는 가사를 가지고 있다. 이에 대해 1960년에 이미 99.9%의 면화를 수입하던 한국 농업의 여건에서 목화밭을 배경으로 한 가사는 말이 안 된다는 내용이 1990년대 대학생들의 농촌활동 자료집에 실리기도 했다.

*** 녹색혁명은 쌀과 밀 등의 곡물류에서 다수확 품종의 개발로 획기적인 농업생산력의 증진을 가져온 일을 통칭한다. 미국은 제3세계 국가들에 녹색혁명의 전파를 통해 빈곤을 완화하고 공산화(적색혁명)을 막고자 했는데, 문제는 녹색혁명이 농업생산력의 증진을 이룬 데에서 끝나지 않았다는 것이다. 종자, 농약, 비료 등 농업의 투입요소들이 자본에 의해 산업화되었기 때문에 녹색혁명은 농가 단위에서 투입재를 외부에 의존하는 결과를 초래했다. 한국에서는 박정희 정권 시기 통일벼로 상징되는 녹색혁명의 도입이 쌀이라는 주곡에만 집중하는 자급정책의 후퇴와 맞물려 있었다.

은 변화를 겪었다. 첫째, 경제적으로 자급형·생계형 농업에서 시장판매를 목적으로 하는 상업적 농업으로의 본격적인 전환을 가져왔다. 둘째, 생태적으로 내부순환이 단절되고 외부의 투입재에 절대적으로 의존하는 산업적 영농방식으로 바뀌었다.

세 번째 시기는 농산물시장 개방의 본격화와 개방농정의 시기다. 한국 농업은 저임금-저곡가 정책의 유지를 위해 전체 식량자급률 하락의 희생을 무릅쓰고 1976년 주곡인 쌀의 자급을 이뤘다. 그러나 한국 농업은 곧이어 1970년대 후반에 시작된 미국의 농산물시장 개방압력, 1980년대 본격화된 개방농정에 의해 또 한 번의 큰 전환기를 맞이하게 되었다. 1986년의 농어촌 종합대책, 1989년의 농어촌발전 종합대책을 시작으로 정부는 농산물시장 개방과 농업 구조조정이 결합된 신자유주의 개방농정을 본격적으로 시행했다(장경호 외, 2007). 경쟁력과 효율성만을 강조하는 신자유주의 개방농정은 식량자급률의 저하와 농산물수입의 급증을 가져왔다(박진도, 1994). 이 과정에서 한국 농업·농촌에는 두 가지 뚜렷한 변화가 나타났다. 첫째, 완전한 상업적 농업으로의 전환, 경제성장과 국민소득 증가에 따라 경종 내에서는 전통적인 식량작물의 재배가 감소하고, 대신 채소, 과수의 재배가 크게 증가했다. 특히 축산물 생산액은 2005년 식량작물 생산액을 넘어선 이후 구제역 파동이 있었던 2010년까지 격차가 계속 확대되었다. 둘째, 1960년대 급속한 공업화, 도시화로 시작된 이농·탈농 현상은 개방농정과 맞물린 농업 구조조정으로 더욱 가속화되었다. 농촌인구는 고령화·여성화가 뚜렷해졌고, 중소가족농의 농업포기가 계속되는 악순환으로 이어지고 있다.

최근 한국 농업에 대한 관심과 논의 속에 가장 눈에 띄는 키워드는 '위기'와 '지속가능성'이 아닐까 싶다. 1990년대 들어, 그리고 우루과이라운드의 타결 이후로 한국 농업에는 '위기'라는 수식어가 떠나지 않는다. 그와 함께 최근에는 특히 2007/08년의 세계 식량위기 이후 국제적인 흐름과 함께 '지속가능성'에 대한 관심이 높아지고 방안에 대한 모색이 활발하게 이루어지고 있다. 한국 농민들이 외치는 "내년에도 농사짓자"라는 구호 속에 묻어나는 위기에 대한 인식과 '한국의 농업은 지속가능한가'라는 질문에 답하기 위해, 이 장에서는 한국 농업의 전개 과정과 농업·농촌의 변화를 구체적인 자료를 통해 확인하고자 한다.

한국 농업의 산업화와 농업·농촌의 변화

녹색혁명형 농업의 도입·확대와 생산방식의 변화

1960년대 이후 산업형 농업으로의 전환, 녹색혁명형 농업의 도입 및 확산을 확인할 수 있는 지표는 농약 및 비료의 사용량 증가 통계다. 국내 농업생산의 과정에서 먼저 확산된 것은 비료였다. FAO의 지원에 의해 1961년에 충주비료공장이 완공된 후 화학비료공업은 가파른 성장을 하며 초기 한국 화학공업 발전을 주도했다. 2000년대 들어 한국의 단위면적(ha)당 화학비료 사용량은 세계 15~20위권을 유지했다. 한국 농업에서 농약이 확산된 것은 비료보다는 늦었지만, 1972년 한국 녹색혁명의 상징인 통일벼의 본격적인 도입과 함께 사용량이 엄청나게 증가했다.

〈표 3.1〉 면적(ha)당 농약 및 화학비료 사용량 추이 (단위 kg)

연도	1970	1975	1980	1985	1990	1995	2000	2005	2010	2013
농약	1.6	2.7	5.8	7	10.4	11.8	12.4	12.8	11.2	10.9
화학비료	162	282	285	311	458	434	382	376	233	262

자료: 국가통계포털(http://kosis.kr)

1970~75년의 불과 5년 사이에 농약 사용량이 57%나 늘어난 것이다. 1970년대 이후 농약 사용량이 가파른 상승세를 보인 것은 농촌노동력의 감소와도 직결되어 있다. 도시로의 이농·탈농이 가속화되면서 부족한 인력의 문제를 제초제 사용을 통해서 해결한 결과이기 때문이다. 한국의 단위면적(ha)당 농약 사용량은 2000년대까지 계속 세계 10위 전후를 유지할 정도로 많은 편이다.

농약 및 비료 사용의 문제는 단순히 사용량이 많다는 것뿐 아니라 농약 및 화학비료 사용량의 감소세가 두드러지지 않는다는 데 있다. 농약의 단위면적당 사용량은 2000년대 헥타르당 12~13kg의 수준에서 오르내리다가 2008년 이후엔 감소세에 있으나 여전히 가파른 상승세에 있던 1990년 수준에 머물러 있다. 지속가능한 농업이 강조되면서, 대부분의 발전한 나라들에서는 화학비료의 사용량이 매우 급속하게 줄어들고 있지만 국내에서는 감소세가 별로 크지 않다. 이는 다른 말로 하면 친환경농업 육성정책이 관행적인 생산방식의 변화를 이끌어내지 못했다는 것이며, 향후에도 농산물 생산과 소비에서 틈새시장에 머무를 가능성도 크다는 것을 의미한다. 2016년 저농약 인증 완전폐지에 대한 정부의 대응이 농산물우수관리제도GAP 농산물의 확대라는 것도 이런 전망에 힘을 실어주고 있다.*

기존에 농가나 공동체에서 자급하던 농업투입재들을 외부에서 구입하

---

* GAP 제도는 실제 친환경적인 생산과는 관계가 없다. 생산에서부터 유통 과정에 이르기까지 끼어들 수 있는 위해요소(위생, 안전의 측면)를 관리하는 것이다. 농약이나 화학비료도 기준에 맞춰 살포하면 아무런 문제가 없다. 먹거리안전은 단순히 과정의 관리만을 통해서 얻어지는 것이 아니기 때문에 GAP을 통해 먹거리안전을 보장한다는 정부의 정책은 매우 심각한 문제가 있다. 그럼에도 정부는 최근 GAP의 명칭을 '농산물안전관리'로 변경하는 등 먹거리안전의 문제와 결부시키려 하고 있다. 또한, GAP이라는 제도의 태생이 기업들의 농산물 유통을 용이하게 하기 위한 표준으로 시작되었다는 것도 생각해봐야 할 문제다.

〈그림 3.1〉 주요 국가의 농약 및 화학비료 사용량 증감 비교

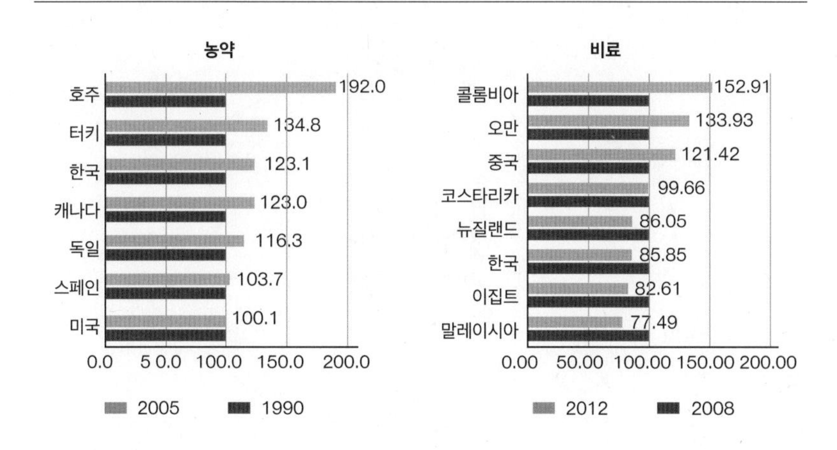

자료: 국가통계포털(http://kosis.kr), FAO, World Bank

게 된 것은 농업생산에서 엄청난 변화를 가져온다. 토지만 있으면 가족의 노동력으로 생산이 가능했던 농민들은 이제 시작단계에서 종자, 농약, 비료 등 생산을 위한 투입재를 구입하느라 빚을 진다. 한 해 농사가 끝나고 나면 이 빚을 갚고 남는 것이 가족의 생계비가 되는데, 투입재에 대한 의존도가 높아질수록 생계비는 줄어드는 결과를 초래한다. 다른 한편으로 판매를 목적으로 하는 농사가 되면서 수확량을 늘리기 위해 다수확 종자를 구입하고 농약·비료의 사용량을 늘리는 것은, 시장경쟁의 격화와 함께 농산물가격의 하락으로 이어진다. 이 때문에 농민들은 "생산비도 건지지 못한다"는 말을 한다. 농민들에게 생산비는 단순히 농사를 짓기 위해 들어간 돈만을 의미하는 것이 아니라 자신과 가족의 노

〈그림 3.2〉 농업의 악순환(agricultural treadmill)

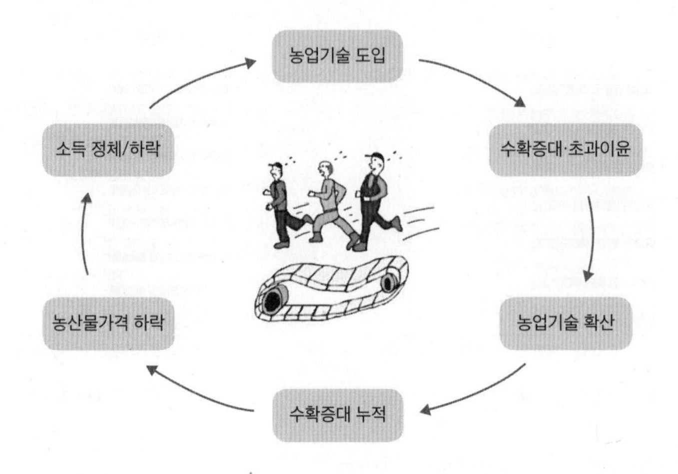

1950년대 미국의 농업경제학자 코크런Willard Cochrane이 만든 개념이다. 농가는 수확증대로 인한 소득의 증가를 목적으로 새로운 기술을 도입하지만 실제로 혜택을 보는 농가는 초기에 신기술을 도입한 소수 농가에 불과하고 그 외에 대부분 농가는 과잉생산으로 인해 많은 생산을 하고도 소득 증가를 얻을 수 없다. 게다가 농산물가격의 하락과 기술도입으로 인한 투입재의 증가로 인해 농가는 더욱 큰 경제적 압박을 받으며, 신기술을 도입하기 힘든 소규모 농가, 고령농가 등은 시장에서 도태될 수밖에 없다.

동에 대한 대가로 한 해의 생계를 유지할 수 있는 비용까지를 포함하는 것이다. 농업생산이 외부의 투입재에 의존하면서 '생산비 보장'은 점점 더 어려운 일이 되고 있다. 당장 한국에서도 2008년 경제위기 이후 생활이 어려운 국민들은 부담스러운 장바구니 물가 때문에 값싼 농산물을 원하고, 정부는 농산물가격의 통제를 통해서 국민들의 불만을 줄이려고 한다. 하지만 외부투입재의 가격은 떨어지지 않고 오히려 물가상승

〈그림 3.3〉 농업생산액 구성의 변화

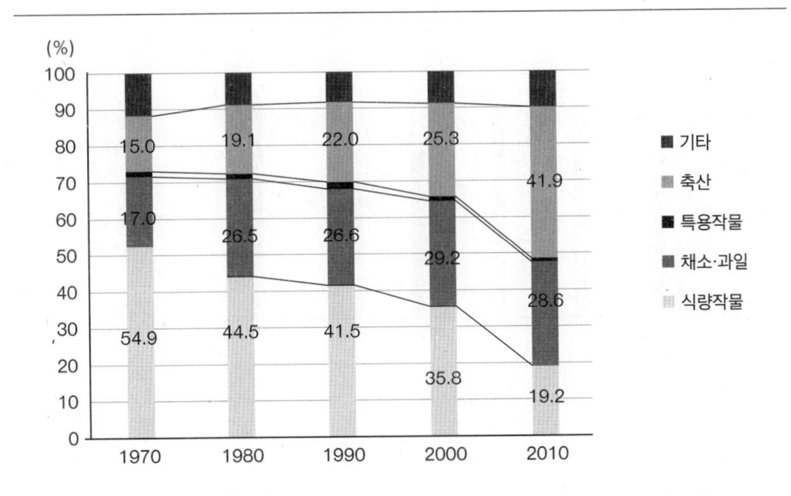

자료: 2014 농림수산식품주요통계(2015)

에 따라 부담이 커진다. 직접생산비 중 외부투입재가 차지하는 비중이 20~30%에 달하는 상황에서 농사짓기는 갈수록 어려울 수밖에 없다.

산업형 농업의 확대, 주산지화, 수입개방과 농업구조의 변화

1960~70년대를 통해 농가의 생산 목적이 상업적 판매로 바뀌고, 경제성장에 따라 식생활이 변화되면서 농업생산의 부문별로 상당한 성장의 격차가 나타났다. 시장에서 농산물을 판매함으로써 수익을 얻어야 하는 농가는 정부의 주산단지 육성과 경제작물 재배 강요정책 속에서 상품성이 강한 채소와 과실의 생산에 눈을 돌릴 수밖에 없었다. 한편으로 농민의 소득증대 사업의 일환으로 출발한 축산정책도 기업축산 중심의 축산장려 정책이 실시되면서 수입사료에 의존하는 가공업형 축산의 형태로 바뀌게 되었고(윤병선, 1995), 농업생산액 중 축산의 비중이 급속히 늘어났다.

〈그림 3.4〉 가락시장 반입 주요 농산물 품목의 상위 출하지 비중

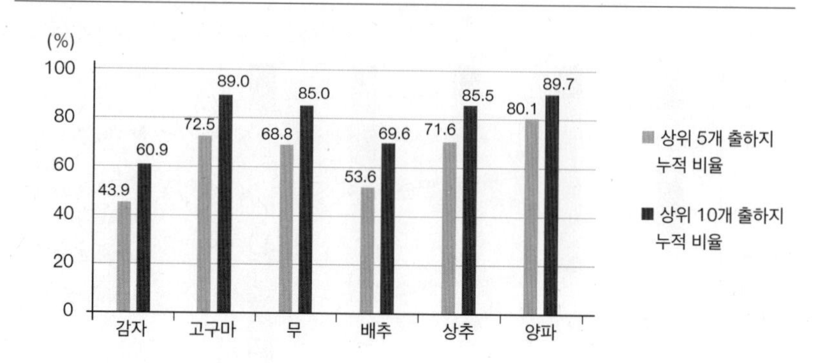

자료: 2012 출하지 분석집(2013)을 바탕으로 필자가 정리

경종 부문의 농업생산액 중심 작물이 식량작물에서 상품성이 큰 채소류, 과실류로 이동한 것은 '주산지화' 현상의 빠른 확산에 의한 것이다. 앞서 언급했지만 주산단지는 미국의 잉여농산물 원조로 타격을 받은 한국의 밭작물 재배농가에게 채소류, 과실류 등의 경제작물 재배를 강요하는 정부정책의 일환으로 조성되기 시작했다. 정부와 지방자치단체에서는 지금까지도 시장경쟁력 강화와 시장에서의 가격교섭력 확보라는 명목으로 주산단지를 조성·지정하고 있다.* 1970년대 이후 이러한 품목별 주산지화는 매우 빠르게 진전되어 우리가 일반적으로 알고 있는 것처럼 주요 과채류는 주산지가 강하게 형성되어 있다. 국내 농산물유통의 40% 정도를 차지하고 있는 가락시장의 출하지 자료를 보면 이런 경향을 구체적으로 파악할 수 있다. 우리가 많이 접하는 주요 품목의 가락시장 주요 출하지를 보면 상위 5개 시·군 출하지가 차지하는 비중이

* 정부와 지자체에서는 '농수산물 유통 및 가격안정에 관한 법률' 제4조에 근거해 주산단지를 지정해 관리하고 있다.

평균 60% 수준에 달하며, 상위 10개 출하지의 비중은 평균 80%에 육박하고 있다. 더욱 심각한 문제는 이러한 주산지화 정책이 농민들에게 시장에서의 가격교섭력을 주기보다는 수입개방의 확대와 함께 농산물가격 폭등락*의 요인이 된다는 사실이다. 또한, 로컬푸드 등 대안적 먹거리 체계의 구상 및 추진에서 가장 큰 걸림돌이 되고 있다.

1980년대 후반부터 시작된 농산물시장 개방과 농업 구조조정 정책은 농업·농촌의 변화에서 가장 핵심적인 역할을 했다. 역대 한국의 정부는 신자유주의 세계화의 흐름 속에서 농산물시장 개방은 불가피한 과정이라고 판단하고, 이를 전제로 농업경쟁력 강화를 위한 구조조정 정책을 수립·시행했다. 구조조정 정책의 핵심은 소수의 규모화된 전업농, 기업농을 농업의 생산주체로 육성한다는 것이었고, 이 과정에서 정부는 비효율을 이유로 중소농가의 은퇴 및 퇴출을 유도했다. 정부에서는 구조조정을 위해 가격지지 정책을 폐기하고 국내보조를 대폭 감축시키는 등 농업에 대한 정부의 정책지원을 포기하는 방향으로 나아가고 있다.

한국 농업구조 변화의 결과: 농업·농촌의 위기

중소농의 위기와 무너진 자급기반

에너지·농자재의 투입에 의존하는 녹색혁명형 농업의 도입과 이를 바탕으로 한 상업적 농업의 규모화는 중소농가의 경제에 커다란 부담을 안겨주었다. 투입재의 가격은 지속적으로 상승하지만 그만큼 올라가지

---

* 2009년 포기당 500원에 불과했던 배추가 2010년 1만 5000원까지 올랐던 사태는 이런 구조적인 문제점을 보여준다.

〈그림 3.5〉 농축산물 판매금액별 농가 현황 (2010, %)

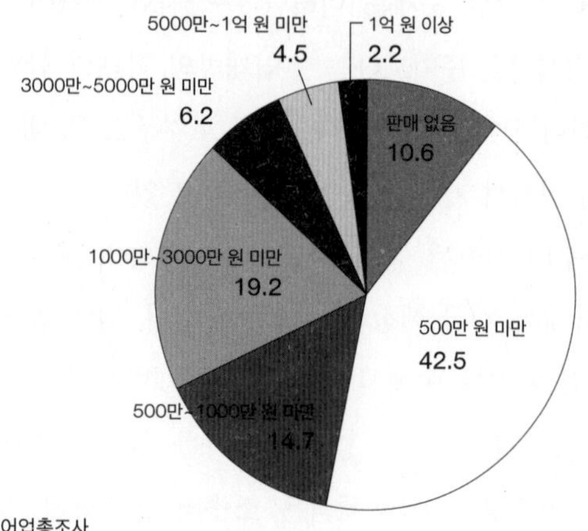

자료: 2010 농림어업총조사

〈그림 3.6〉 경지규모별 농가 현황 (2010, %)

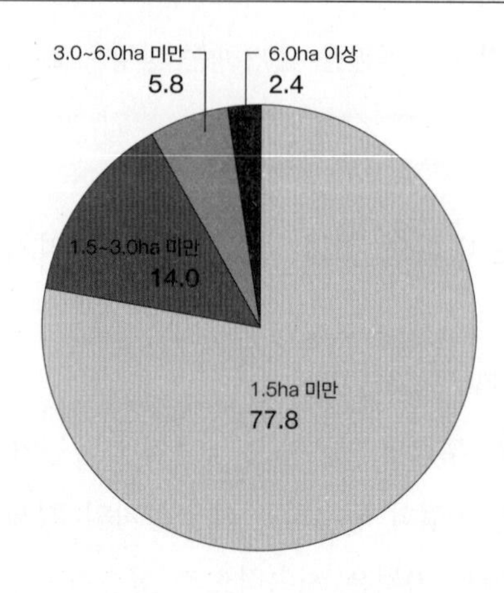

자료: 2010 농림어업총조사

〈그림 3.7〉 연도별 식량자급률, 쌀자급률 추이

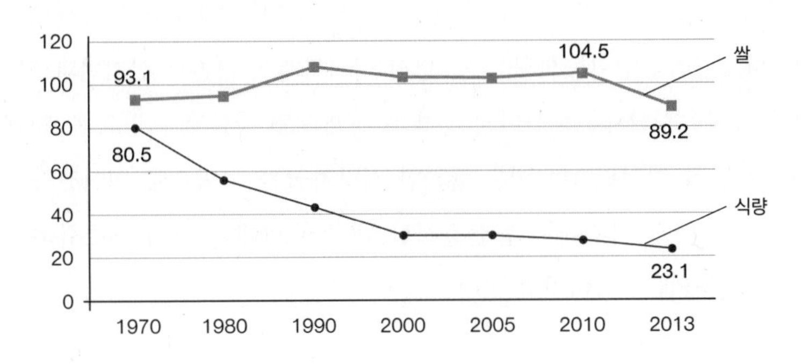

사료용 작물 생산을 포함한 수치임.

자료: 농림수산식품 주요통계(2014)

않는 농산물가격의 간극으로 인해 소규모 농가에서는 경제적인 어려움이 가중된다. 이에 대처하기 위해서는 충분히 규모화하거나 효율화를 위한 기술과 설비를 도입해야 하지만, 이는 중소규모의 농가 자본력으로는 감당하기 어렵다. 그 결과로 중소농가는 농업에서 퇴출되거나 간신히 생계만을 유지하면서 빈곤한 상태로 살아간다. 2010년 농림어업총조사 결과를 살펴보면 연간 농축산물 판매금액이 없는 농가가 10.6%이며, 1000만 원 미만인 농가가 67.8%에 이른다.

정부는 개방농정의 과정에서 농업 구조조정을 통해 규모화된 전업농 위주의 농업이 한국 농업의 경쟁력을 강화하고 지속가능하게 할 것이라 주장했다. 하지만 경지규모별 농가 현황을 보면 정부정책의 정당성을 의심하게 된다. 정부의 꾸준한 규모화 정책에도 불구하고 국내 농업의 평균 경작규모인 1.5ha 이상 농가는 거의 늘어나지 않고, 0.5~1.0ha 미만의 농가 비중이 빠르게 늘어나고 있다. 연간 판매액 1000만 원 미만의 농가 67.8%, 1.5ha 미만 농가가 77.8%라는 수치는 한국 농업의 주축을 이루는 중소농가의 위기를 여실히 보여준다.

한국 농업의 주축을 이루는 중소농가의 위기는 자급력의 약화로 이어졌다. 미국의 잉여농산물 도입 당시 급격하게 무너진 생산기반과 자급력의 약화는 정부의 주산단지 정책과 경제작물 강요로 식량작물에서의 추가 이탈을 가져왔으며 이는 급격한 식량자급률 하락으로 이어졌다. 그리고 1990년대 이후에는 농산물시장 개방의 확대와 함께 채소류와 과실류의 자급률도 떨어지고 있다.

농가경제의 위기

가계비 중에서 농업소득이 차지하는 비중인 '농업소득의 가계비 충족도'를 살펴보면, 2000년 이후에는 전 경지면적 규모에서 농업소득만으로는 가계비를 감당할 수 없는 상황임을 알 수 있다. 1975년의 경우에는 경지규모가 0.5ha 이상이면 농업소득만으로 가계비를 충족시킬 수 있었지만, 1980년대에 접어들어서는 그 기준이 1.5ha 이상으로 높아졌고, 2000년 이후에는 2.0ha 이상에서도 농업소득으로 가계비를 충당할 수 없게 되었다. 이는 중소농의 어려움을 보여주는 또 하나의 자료임과

〈표 3.2〉 농업소득의 가계비 충족도

연도	0.5ha 미만	0.5~1.0ha	1.0~1.5ha	1.5~2.0ha	2.0ha 이상
1970	54.3	88.3	103.6	119.3	112.4
1980	39.6	75.1	**89.9**	101.5	124.4
1990	33.5	56.3	84.3	**96.5**	105.5
2000	17.2	42.8	69.4	77.8	**93.3**
2010	9.6	31.6	38.2	36.5	41.2
2013	7.3	17.1	40.7	63.1	57.2

농업소득 가계비충족도 = (농업소득/가계비)×100

자료: 국가통계포털(http://kosis.kr)

〈그림 3.8〉 도시-농촌 간 소득격차 추이

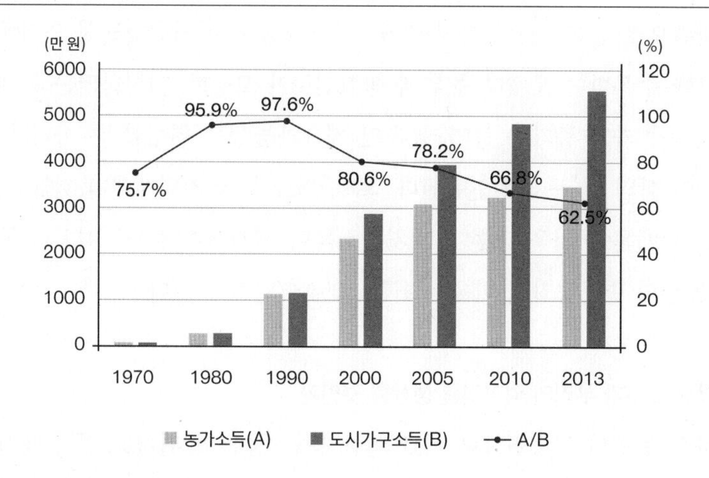

자료: 국가통계포털(http://kosis.kr)

동시에 아무리 규모화를 해도 농업만으로는 생계를 유지할 수 없게 되었다는 것을 보여준다.

농업소득의 감소와 이에 따른 농가소득의 정체로 인해서 도시근로자 가구소득과 농가소득의 격차가 확대되고 있다. 이론적인 측면에서 도시근로자 가구소득과 농가소득의 비교가 문제를 갖고 있다. 농가소득은 농업소득, 농외소득, 이전수입 등의 총계이고, 영농에 참가한 가족 전체의 현금소득과 현물소득이 포함되어 있는 데 반해서, 도시근로자 가구소득은 근로소득, 기타소득 등 현금소득만을 계상하고 있다. 더욱이 영농을 위해서 노동력뿐만 아니라 생산수단을 제공·지출하는 농가와 '노동력'을 제공하고 임금을 받는 근로자가구의 소득비교는 농가소득이 과다하게 계상될 우려가 있다. 그럼에도 불구하고 농가소득은 도시근로자 가구소득에 비해서 격차가 계속 확대되고 있어 2013년 소득 기준으로 농가소득은 도시가구소득의 62.5%에 불과하다.

한편으로 농촌 빈곤농가의 증가는 농업·농촌의 지속가능성 측면에서 최근에 주목받는 문제다. 농촌과 농가인구가 고령화·여성화되는 추세에서 빈곤농가의 증가는 농업·농촌의 지속가능성을 위협할 뿐 아니라 기본적인 삶의 질 문제와 연관된다. 복지, 의료 등의 전달체계가 취약한 농촌이기 때문에 더욱 그렇다. 가처분소득이 최저생계비에도 미치지 못하는 농촌의 빈곤농가의 비율은 최근 20%에 달하고 있다.

앞으로 누가 우리의 먹거리를 생산할 것인가

한국 농업의 구조변화와 이로 인한 농업·농촌의 위기는 결국 생산의 주체인 농민의 위기로 귀결되고 있다. 우리나라의 농가인구는 1970년대 후반에 급격하게 감소하기 시작했는데, 총인구 중 농가인구가 차지하는 비중은 1970년 44.7%에서 1980년에는 28.5%로 감소했고, 그 후 더욱 급속하게 감소하여 2010년에는 6.2%인 306만 명으로 지난 25년 만에 농가인구는 3분의 1 수준으로 줄어들게 되었다. 이러한 농가인구의 급격

〈그림 3.9〉 농가인구 비중 및 65세 이상 고령농가 비중

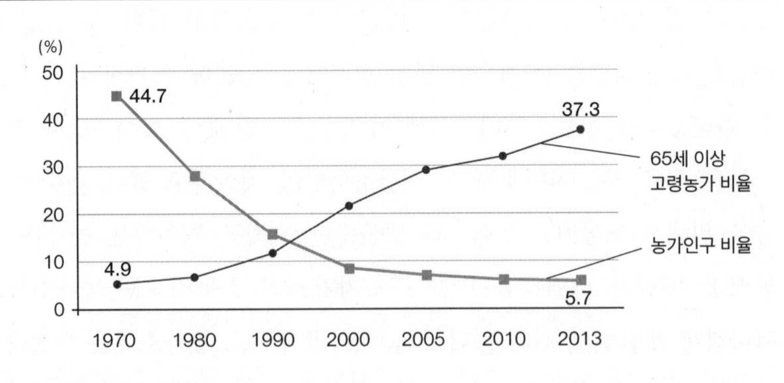

자료: 농림수산식품 주요통계(2014)

한 감소는 농업노동력의 양적 감소뿐만 아니라, 농업노동력의 질적 저하를 가져왔다.

농가인구의 감소가 계속되는 상황에서 젊은 연령대의 농촌 유입은 없기 때문에 농가인구의 고령화는 매우 급속하게 진행되고 있다. 농가인구 중 65세 이상 인구의 비율을 보여주는 고령화율은 2010년 30%를 넘어선 후 2013년 37.3%로 40%에 근접하고 있다. 농가인구는 급속히 줄어들고 고령화가 빠르게 진전되는 한국 농업, 앞으로 우리의 먹거리는 누가 생산할 것인가?

농업·농촌의 새로운 움직임

귀농·귀촌

대내적으로는 신자유주의적인 개방농정, 수입개방의 지속적인 추진을 전제로 국제경쟁력 강화를 위한 규모화·전업농화의 방향이 수정되지 않고 있다. 또한, 대외적으로도 2007/08년의 세계 식량위기와 금융위기 및 경제위기 후에도 WTO 무역규범은 견고하고 FTA, 환태평양경제동반자협정TPP 등 자유무역협정은 확산되고 있다. 이렇듯 한국 농업을 둘러싼 여건에서 단기간에 큰 변화를 기대하기는 어려운 상황에서 귀농·귀촌의 흐름이 주목받고 있다.

1997년 IMF 외환위기 후 1998년 6,409가구, 1999년 4,118가구로 급속히 늘어났던 귀농은 다시 줄어들었다가 2008년 세계 식량위기, 금융위기 이후에 2009년부터 연간 4,000가구 이상으로 늘어났다. 특히 최근 3년간은 2011년(1만 75가구) → 2012년(1만 1220가구) → 2013년(1만 923가구)로 매년 1만 가구 이상이 귀농한 것으로 나타났다. 위의 귀농가

〈그림 3.10〉 연도별 귀농가구 및 가구주 40대 이하 귀농가구 추이 (2001~13)

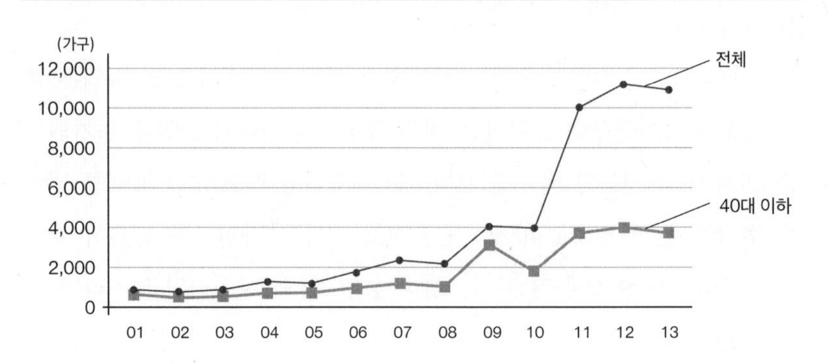

자료: 농림수산식품부 보도자료(2011, 2012, 2013)

구를 포함한 전체 귀촌가구를 보면 2012년 1만 5788가구, 2013년 2만 1501가구로 농사를 짓지 않는 귀촌가구도 상당히 많다. 전문가들은 이러한 귀농·귀촌의 흐름이 당분간 유지될 것이라고 전망하고 있다.

최근의 귀농이 주목받는 이유는 귀농인들이 지속적인 농촌거주와 농업생산에의 참여로 농업·농촌의 새로운 활력이 될 가능성이 높기 때문이다. 과거 IMF 금융위기 이후 일시적으로 늘어났던 귀농은 경제적인 목적이 주를 이루는 생계형 귀농이 많았고, 이들은 농촌에 적응하지 못하고 도시로 다시 이동하는 경우가 많았다. 2008년 이후 늘어난 귀농은 생계형 귀농뿐 아니라 자발적인 선택에 의한 귀농도 많다는 특징을 갖고 있다. 30~40대 젊은 층은 대안적 삶을 추구하는 경향이 있으며, 60대 이상은 은퇴 후 전원생활을 추구하는 경향이 있다(김홍주, 2011).

최근 3년간 귀농가구들의 특징을 살펴보면 40~50대 가구주를 중심으로 1~2인 가구의 귀농이 주를 이루고 있으며, 평균 재배면적 0.5ha의 내외의 크지 않은 농사 규모를 보이고 있다. 다양한 동기와 목적의 귀농가구들을 통계적인 평균수치만으로 판단할 수는 없다. 하지만 0.5ha의 크지 않은 농사 규모를 가족(주로 부부)의 힘으로 짓는 경우에 기존의 경쟁적인 시장유통보다는 로컬푸드 등 대안적인 유통의 방식을 적극적으로 모색할 가능성이 있다. 2008년 이후 한국 로컬푸드의 대표적인 사례 중 하나가 된 제철농산물 꾸러미 사례 중 귀농농가가 참여하거나 주도하는 경우가 많은 것도 이런 가능성을 보여준다.

대안적 생산-소비 운동

최근에 국내에서 '로컬푸드 열풍'이라 부를 정도로 직판장을 통한 지역 농산물의 판매 및 소비가 활성화되고 있다. 이와 관련해서 로컬푸드를 중심으로 최근의 대안적 생산-소비 운동은 참여하는 생산농민들이 단순한 판로의 확보나 농산물 판매의 확대에 대한 관심을 넘어 지역 내 생산의 조직화를 통한 공동체의 회복 및 생산체계의 변화 등을 함께 모색하기 시작했다는 점을 주목할 필요가 있다. 대안운동에 대해서는 마지막 장에서 자세하게 다룬다.

참고문헌

김종덕, 1990, 〈식량 종속의 정치경제학〉, 《노동계급의 형성이론과 한국사회》, 한국사회사연구회.
김흥주, 2011, 〈한국 농촌에서 새로운 희망 만들기", 《지역사회학》: 12(2).
박진도, 1994, 《한국자본주의와 농업구조》, 한길사.
윤병선, 1995, 《세계경제와 한국농업》, 과학과사상.
장경호 외, 2007, 《지속가능한 국민농업·통일농업 연구》, 국회사무처.
정호근, 2009, 《농촌경제사회 발전사》, 한국농업 근현대사 제4권, 농촌진흥청.

4장

식품산업과 한국의 기업식량체계

송인주

자본주의와 식품산업

모든 사회는 구성원들이 생활을 영위할 수 있도록 그들에게 먹거리를 공급하는 농식품체계를 갖는다. 오랜 역사에 걸쳐서 농업은 그러한 식량 공급의 토대가 되어왔다. 그러나 현대사회에서는 농업뿐만 아니라 식품 산업이 농식품체계의 또 다른 축으로 부상했다. 식품산업은 식용 농산물의 가공을 담당하면서 땅에서 유래하는 먹거리 동식물을 다양한 방식으로 우리의 식탁에 올려놓는다. 오늘 우리의 식생활은 거리 상점의 절반을 차지하는 수많은 음식점, 대형마트나 편의점 같은 슈퍼마켓, 그리고 그들에게 자재나 상품을 공급하는 수많은 식품제조·유통업체에

송인주 사회학박사로 원광대학교 지역발전연구소에 있으며, 시간강사를 겸하고 있다. 현대 농업/생태/기술체계의 역사적 변화를 이론적으로 설명하는 데 관심이 있으며, 논문으로 〈농업의 산업화와 한국의 '축산혁명'〉, 〈한국의 쇠고기 등급제: 쟁점과 성격〉, 〈소비주의 식생활양식의 형성: 미국의 대량육식 문화를 중심으로〉 등이 있다.

의해 뒷받침되는 것이다.

'총체적 위기'로 평가되어온 오늘 한국 농업·농촌의 현실도 식품산업과 따로 떼어놓고 생각할 수 없다. 현대 농식품체계에서 농업은 식품산업에 원료를 제공하고 식품산업은 농장 생산물을 대량구매하기 때문에 두 부문은 긴밀한 상호의존 관계에 있다. 그러나 많은 식량빈곤국처럼 농장 생산물을 주로 해외시장에 판매한다면, 또는 한국처럼 식품산업이 주로 외국농산물을 활용한다면, 두 부문은 형식적으로만 민족경제national economy의 일부일 뿐 사실상 서로를 배제하거나 나아가 구축驅逐하는 경쟁관계일 수 있다.

농업과 식품산업이 보완관계를 이루며 잘 통합되어 민족경제 내에서 '동반성장'을 하는 경우에도 긴장이 없지는 않다. 양 부문의 대표적 생산주체로서 농가와 식품기업은 각각의 고유한 구성원리와 활동방식을 갖는데, 무엇보다 조직과 생산의 규모라는 측면에서 차이가 있다. 양자가 농식품의 생산·유통 방식에 미치는 영향력도 상이한데, 특히 식품기업이 대기업으로 성장할수록 식품산업은 점차 농업을 지배하게 된다. 예컨대 비싼 기계·설비를 많이 갖춘 거대 식품공장은 저렴하고 균질적인 원료를 대량으로, 또 안정적으로 공급받아야만 수익성 있게 가동될 수 있으며, 대규모 '바이어'가 요구하는 그런 부문 간 교역조건terms of trade은 농업의 산업화를 촉진한다.

농업에 뿌리를 두고 있지만 결국 농업을 압도하는 식품산업의 발전 과정은, 곧 농업이 자본주의화되는 과정이기도 하다. 농업은 공업원료와 공산품의 시장을 제공할 뿐 아니라 무엇보다 저렴한 식량공급을 통해 도시노동자의 저임금을 지지함으로써 자본주의 경제가 '이륙'take-off하는 발판이 된다. 식품산업은 농촌의 농업과 도시의 공업을 직접 연계해서 도시노동자에게 먹거리를 공급하는 활동에서 연원한다. 그것은 특히, 재래의 상인과 달리 '부가가치'를 더하는 먹거리의 대량 가공·제조를 통해 산업자본주의를 지지한다. 밀을 주곡으로 하는 서양에서 제분소mill가 재래식 '공장', 즉 매뉴팩처(공장제수공업) 작업장을 대표하게 된 이유다.

물론 기계제 대공장factory이 선도하는 현대적인 식품산업은 영국에서 시작된 산업혁명이 19세기 중반부터 세계적으로 확산되며 등장한다. 특히 19세기 말, 20세기 초 구미에서 본격화된 철강·기계·석유 등 중화학공업의 발전과 교통·통신과 관련된 산업인프라의 확충은 농식품체계 전반이 산업화될 조건을 제공한다. 냉장·포장 등 물류체계가 혁신되면서 통조림 같은 전형적 가공식품뿐만 아니라 육류·과일 같은 신선농식품에 대해서도 진정한 전국시장national market, 나아가 세계시장이 형성된 것이다. 여기에 20세기 중반부터 '녹색혁명'이 본격화되고 기술혁신에 기초한 식품공장의 추가적 현대화가 더해져서 이른바 '포드주의적 농식품체계'가 완성된다.

굿맨 등(Goodman et al., 1987)은 이 같은 맥락에서 농업의 산업화를 농장 단위의 생산방식 변화뿐 아니라 농장에서 쓸 투입재를 대량으로 생산·공급하고 농장의 생산물을 대량으로 구매·활용하는 농업 관련 산업(agribusiness 또는 agricultural industry)의 성장으로 규정한다. 농업의 현대화 과정에서 발생하는 농업소득과 농민의 감소는 농약·비료·농기계 산업이나 식품산업의 급속한 성장과 쌍을 이루며, 따라서 농업을 대신한 농업 관련 산업의 발전은 농식품체계 전반의 현대화를 알려주는 지표가 된다(Goodman and Redclift, 1991). 실제로 자연의 변덕에 구애받지 않는 산업자본의 논리가 농업과 먹거리의 영역을 지배하게 되면서 먹거리공급의 수량과 안정성이 개선되며 인류는 역사상 처음으로 기근에서 해방된다.

그러나 현대 자본주의가 가져온 역사적 진보는 최근 심각한 교란 국면에 처해 있다. 산업적 농식품체계는 현대인의 식생활을 풍요롭게 만들었지만 오늘날 그들이 제공하는 먹거리는 질적 안전성에서 심각한 문제가 있는 것으로 드러나고 있다. 굶주림이 과거사가 된 산업사회의 사람들도 여전히 먹는 것과 관련된 보건 문제를 겪고 있는 것이다. 나아가 농업과 먹거리의 지속가능성이라는 측면에서 현재의 농식품체계가 장기적 식량 사정을 악화시킬 수 있다는 진단도 제기된다. 그리고 그 모든 사태는 한국사회에서도 예외가 아니다. 농업보다 더 가까이에서 우리의 일상을 에워싼 식품산업의 숱한 면면에 대체 어떤 비밀이 들어 있기에 오늘 한국 사회는 배고픔과는 전혀 다른 새로운 먹거리 문제를 갖게 된 것인가?

현재의 농업 및 먹거리와 관련된 사회문제를 제대로 이해하려면 한국 식품산업의 구조적 특징과 성격을 먼저 이해할 필요가 있다. 이 장에서는 주로 식품안전 문제와 관련하여 '기업식량체계'로서 한국 식품산업의 특징과 현황을 짚어보고, 그 구조적 원인을 한국 식품산업의 역사적·제도적 발전 과정 속에서 찾아본다. 이어 식품산업의 최근 동향을 중심으로 한국 농식품체계에서 제기되는 주요 사회·생태적 쟁점을 검토하고 그것이 향후 한국의 먹거리 사정에 어떤 함의를 가질 것인가를 생각해 본다.

기업식량체계와 식품안전 문제

한국 식품산업의 현황

현대적인 농식품체계는 농업과 식품산업을 중심으로 조직된다. 특히 현대농식품체계의 중심축으로서 식품산업은 일반적으로 가공·조제식품을 생산하는 식품제조업, 수출입을 포함하여 먹거리상품 전체를 도·

〈그림 4.1〉 한국 농식품체계의 규모와 흐름도 (2008년 기준)

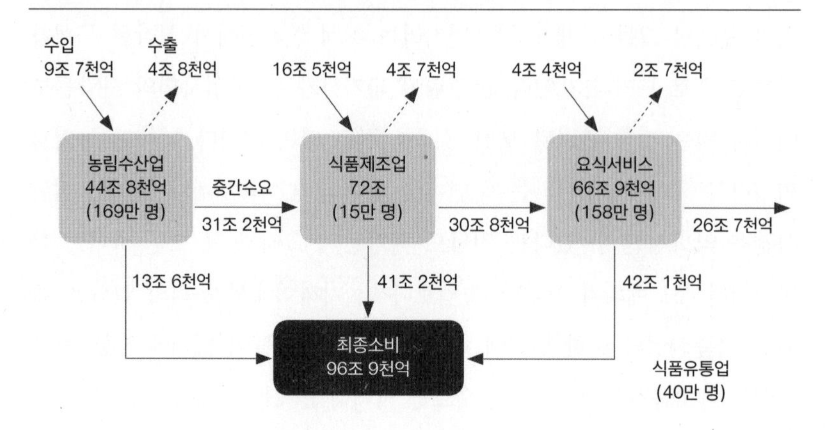

식품제조업의 경우 종사자 수 10인 이상 사업체만 포함. 또 사료제조업 빠짐.

출처: 한국식품정보원, 《2010 식품통계》(2011: 14)에서 재구성

소매하는 식품유통업, 그리고 가정을 대신하여 농식품의 최종 가공·조리와 식탁 서비스를 제공하는 요식서비스업으로 구성된다.

〈그림 4.1〉은 한국 농식품체계의 전반적 현황을 각 구성 부문의 생산액과 고용규모, 그리고 산업연관의 흐름도로 요약하고 있다. 2008년 현재 한국경제의 연간 총생산GDP은 약 1026조 원 또는 1조 달러 정도 되는데, 식품제조업과 요식서비스업은 100조 원의 시장규모로 그중 10분의 1을 차지한다.* 각 산업 부문을 이어주는 농식품유통업의 시장규모

---

* 단, 이 수치가 한국 농식품체계의 전모라고 할 수는 없다. 농식품 통계는 조사대상 품목·사업체 등에 제약이 있어 대체로 실제보다 과소 추산되는 편이다. 또, 가장 포괄적인 의미에서 농식품체계는 농업투입재 산업과 농업서비스는 물론, 기구·용기·포장지 등 식품산업에 필요한 각종 공산품 제조업까지 포괄한다. 이 경우 2006년 기준 농림수산 관련 산업 전체의 생산액은 GDP 대비 11%, 부가가치 비중으로는 10%, 취업자 수로는 23%를 차지한다(김철민 외, 2008).

〈그림 4.2〉 식품제조업의 업종별 생산(매출)액 구성 (2008년)

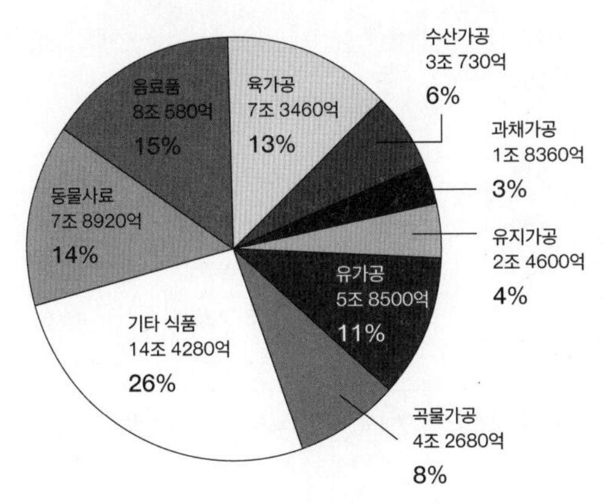

10인 이상 사업체 대상

자료: 통계청, 〈광업·제조업 조사〉, FIS(식품산업통계정보)

는 세 부문 시장규모의 1~2배 수준이다. 농식품체계의 전체 종사자 수는 거의 400만 명에 육박하여 전체 취업자 2360만 명의 6분의 1을 차지한다. 생산액의 비중에 비해 종사자 수의 비중이 더 큰 것은 농식품체계 내 산업이 여타 산업에 비해 더 노동집약적이며 따라서 수익성이나 소득수준은 상대적으로 떨어지는 분야임을 시사한다.

식품산업 내부로 들어가 보면 생산품목별 구성은 〈그림 4.2〉와 같다. 55조 원 규모의 식품제조업에서 가장 큰 비중을 차지하는 것은 일반적인 의미에서의 '가공식품', 즉 빵·면·과자류와 조미료·식품첨가물 및 각종 즉석식품을 포함하는 기타식품류(26.1%)이다. 이어 음료(주류 포함)(14.6%), 동물사료(14.3%), 육가공(도축 포함)(13.3%), 유가공(빙과류 포함)(10.6%) 순이다. 제분·전분·당류 등의 곡물가공품과 사료, 기타식품류 등 곡물이 주원료가 되는 제조품이 전체의 40% 이상을 차지한다.

〈표 4.1〉 2009년 식품제조업 종업원 규모별 사업체 및 매출 현황

	업체 수		매출액		업체당 평균 매출
	(개)	비중(%)	(억 원)	비중(%)	(억 원/개)
1~10인	13398	77.3	26118	7.5	1.9
11~50인	3262	18.8	64771	18.7	19.9
51~100인	377	2.2	31627	9.1	83.9
101~300인	244	1.4	65546	18.9	268.6
301~1000인	51	0.3	100966	29.1	1979.7
1001인 이상	9	0.1	57735	16.6	6415.0
계	17341	100.0	346763	100.0	20.0

자료: 식품의약품안전청, 〈식품 및 식품첨가물 생산실적〉(수치는 《2010 식품통계》)

〈표 4.2〉 2009년 식품유통 및 외식업의 종업원 규모별 현황

	식품유통(도매+소매)			외식업(음식점+주점)		
	업체 수의 비중(%)	매출액의 비중(%)	업체당 평균매출 (억 원/개)	업체 수의 비중(%)	매출액의 비중(%)	업체당 평균매출 (억 원/개)
전체	77만 개소	196.2조		52만 개소	38.7조	120
1~4명	89.2	29.4	255	89.6	55.4	74
5~9명	7.2	18.3	1951	8.4	23.7	340
10~19명	2.3	12.9	4355	1.5	10.6	848
20~49명	0.9	11.1	9120	0.4	6.4	1919
50명 이상	0.3	28.3	65897	0.1	3.8	5593
계	100.0	100.0		100.0	100.0	

자료: 통계청, 〈도소매업조사〉(수치는 《2010 식품통계》)

〈표 4.1〉과 〈표 4.2〉는 식품산업 내 사업체 구성과 사업실적을 보여준다. 식품제조업의 경우(표 4.1) 종업원 50인 이하의 소기업이 전체 사업체의 대다수(96%)를 이루지만, 전체 매출액에서 이들이 차지하는 비중은 26%에 불과하다. 반면 300인 이상의 대기업 60개는 전체 매출의 거의 절반을 차지한다. 농식품의 유통 및 요식서비스에서는 중소업체의 비

중이 더 크다. 도소매업의 경우 종업원 20인 미만의 중소기업이 업체 수의 99%를 차지하고 매출에서는 60%를 차지한다. 외식업의 영세성은 더 커서 종업원 10인 미만 사업체가 전체의 98%를 이루고 매출의 80%를 차지한다. 그러나 도소매와 외식에서 각각 2,800여 개, 480개 정도가 되는 50명 이상 사업체의 평균 매출규모가 그 이하 수준 사업체와 상당한 격차를 보인다는 것은 주목할 만하다.

한편 중소규모의 농식품 관련 사업체와 그 종사자 수는 지속적으로 증가하는 추세인데, 이는 식품산업의 성장세와 관련된다. 1992년 이후 식품제조업의 생산액 추이를 담고 있는 〈그림 4.3〉이 그것을 보여준다. 한국의 식품제조업은 매출액 성장률로는 1970~80년대에 연평균 20%(명목가치 기준)에 육박하는 최고의 성장기를 누리고, 1997년과 2003년 등 심한 경제충격이 있었던 해를 제외하면 1990년대 이후에

〈그림 4.3〉 식품제조업의 생산액과 GDP 대비 비중 추이 (단위: 조 원, %)

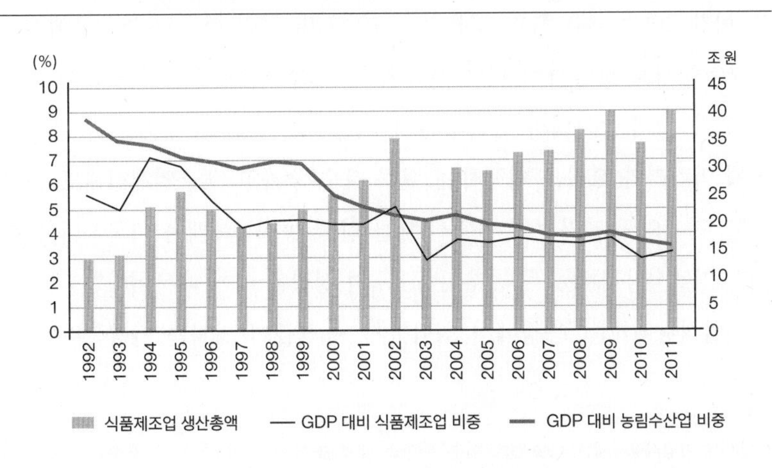

주1) 2003년, 2010~11년 식품제조업 생산액에는 축산물가공품 미포함.
주2) 1999년 이후 GDP 산정방식 변경.

자료: 식품의약품안전처, 〈식품및식품첨가물생산실적〉, KOSIS(국가통계포털)

도 연간 8~10%씩 꾸준한 성장세를 보여왔다. 그러나 GDP 대비 비중은 1994년 7%를 정점으로 꾸준히 낮아져서 2011년 3% 수준에 이르는데, 이는 한국 자본주의의 '성숙'을 보여주는 지표일 수 있다.

〈그림 4.3〉에서 주목할 또 다른 주요 추세는 국민총생산에 대한 기여도에서 식품제조업과 농업의 차이가 점점 좁혀지고 있다는 사실이다. 식품통계의 복잡함 때문에 이 그림에는 나타나지 않지만 사실 식품제조업은 절대 생산액에서도 2005년부터는 농업을 추월했다. 따라서 식품유통업이나 요식서비스업을 고려하면 한국 농식품체계의 무게중심은 적어도 1990년대 중반부터는 여타 선진국과 유사하게 농업에서 식품산업으로 이동했다고 할 수 있다.

한국의 기업식량체계

앞에서 살펴본 현황은 식품제조업을 제외하면 한국의 식품산업이 전반적으로 중소기업 중심으로 구성되어 있다는 사실을 보여준다(성락춘·이철, 2007: 334). 특히 고용의 측면에서만 보면 한국의 농식품체계는 170만 농가를 포함하여 거의 전적으로 중소 사업체에 근거를 둔다고 할 수 있다. 그러나 사태의 진실은 대개 외관과는 다른 법이다. 오늘 한국인에게 먹거리와 요리를 제공하는 절대 다수가 자영·중소업체임에도 불구하고, 전체의 구조라는 측면에서 오늘 한국 농식품체계는 미국이나 유럽처럼 기업식량체계corporate food system의 성격을 띠기 때문이다.*

기업식량체계는 '농장에서 식탁까지' 농식품이 거치는 가공·유통·요

* 여기서 기업식량체계는 1980년대 이후 부상한 세계 농식품체계의 성격, 즉 소수의 초국적 기업이 지배하는 새로운 정치경제적 식량질서를 가리키는 글로벌 기업식량체제corporate food regime(Friedmann and McMichael, 1989; McMichael, 2013)의 하위체계로서 국민국가 단위의 농식품체계를 분석하는 개념이다.

리·서비스의 전체 과정을 소수의 대기업, 더 정확히 말해 식품산업 부문의 거대 법인자본corporate capital(이하 식품자본)이 지배한다는 것을 말한다.* 사업의 운영단위로서 기업은 형식적으로 산업·업종·업태별로 다양하게 설립될 수 있지만 그 기업들을 실질적으로 소유하고 경영·통제하는 자본은 하나일 수 있다. 한국 자본주의의 고유한 특징으로 지적되는 '재벌'도 그런 자본 형태의 하나다. 예컨대 포브스가 선정한 세계 주요 식품기업 중 100위 안에 든 한국의 1위 식품재벌 CJ의 경우 2012년 현재 계열사가 70여 개에 이른다(FIS). 따라서 CJ의 지배력은 이들 계열사뿐만 아니라 그 각각과 거래하는 모든 하위 파트너 업체를 포괄한다.

농식품체계에서 주요 식품자본이 발휘하는 직간접적 영향관계를 더 잘 이해하려면 먹거리상품의 생산연쇄commodity chain 또는 공급사슬supply chain/value chain이라는 개념이 필요하다. 현대적 농식품체계는 원료에서 최종 완성재에 이르기까지 다양한 사업체가 관여하는 다양한 상품사슬들의 복합체다. 각각의 상품사슬은 상류의 계곡 물줄기가 모여 하천을 거쳐 하류의 바다에 이르는 과정에 유비될 수 있다. 자본주의에서 모든 상품은 후방의 원료·투입재 생산에서 제조·유통의 중간단계를 경유하여 무수한 개인소비자라는 전방을 향해 나아간다. 〈그림 4.4〉는 2000년대에 국민간식으로 자리 잡은 치킨 같은 축산식품의 사례로 그 과정을 도해한 것이다.

현대 농식품체계에서 축산물은 곡물을 대량생산하는 녹색혁명식 경종농업을 전제로 하기 때문에 가장 긴 생산연쇄를 갖는 농식품이다. 중

---

* '포드주의적 농식품체계'가 농식품의 주된 생산방법으로서 기계제 대공장의 생산력 구성을 강조하는 개념이라면, '기업식량체계'는 그런 생산방법을 개발·영위하는 주체로서 법인기업들의 활동, 즉 농식품 부문의 주요 산업자본을 중심으로 하는 노자간·자본간 생산관계에 더 주목하는 개념이다.

〈그림 4.4〉 축산식품의 일반적 생산연쇄

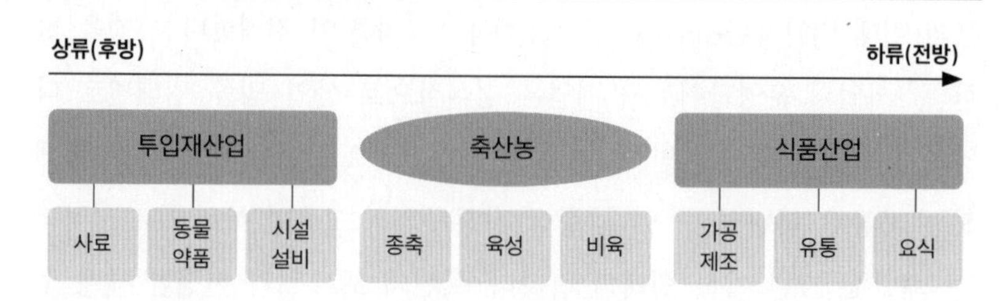

출처: 송인주(2013: 28)

요한 것은 보통 농촌 내부의 분업으로 이뤄지는 축산농 단계를 제외하면 전·후방에 위치한 모든 산업이 대자본의 직접적 활동영역이라는 사실이다. 예컨대 이른바 '공장식 축산'에서 종축과 함께 가장 중요한 투입재인 배합사료의 경우, 한국에서는 연간 1600만 톤의 생산물을 불과 40여 기업의 70개 공장이 공급하는데, CJ 같은 식품기업이 그 다수를 이룬다. 이들은 불과 3~20개의 곡물가공기업으로부터 배합사료의 주원료인 곡물가공 부산물을 공급받고, 10~20개의 중소기업으로부터 여타 동물성 사료원료나 약품·사료첨가제 등을 공급받는다. 물론 그들 납품업체의 상당수는 계열사이거나 보통 '협력업체'로 지칭되는 하청계열업체다.

일반 식품대기업이나 기업형 외식업체의 공급사슬을 이루는 업체는 사료기업의 경우보다 더 많아서 보통 50~60여 개, 백화점이나 대형마트 같은 거대 소매업체의 경우에는 수백에서 수천 개에 달할 수도 있다. 식품자본과 하청계열업체의 관계는 몇 가지 유형으로 구별될 수 있다. 비교적 협력에 가까운 '규칙적 계약거래형'도 있고, 좀더 위계적인 '전속계약형'도 있다. 그리고 심한 경우 납품업체가 전적으로 종속되는 '포획계약형'도 있는데, 하림 같은 닭고기 가공기업이 육계농가와 맺는 위탁사육 계약이 그 대표적인 사례다. 그러나 어느 경우든 상품사슬의 전·후방에 위치한 두 사업체가 대칭적인 파트너 관계를 맺는다고 말하기는 어려운데, 자본과 조직에서 여력이 큰 기업일수록 더 유리한 조건에서 협상할 수 있기 때문이다. 예컨대 수요독점 업체인 대자본은 중소 공급업체의 납품가격뿐 아니라 공급품의 품질요건, 물품의 양도조건 등을 일방적으로 규정하기가 쉽다. 이른바 '슈퍼-갑'이 되는 것이다.

기업식량체계에서 대기업의 지배력은 해당 식품자본이 속한 생산연쇄를 넘어 전체 농식품체계에도 파급효과를 가질 수 있다. 가공·제조 부문이든 유통 부문이든 이른바 '1등' 기업은 가격, 품질, 생산관행 등에서 해당 업계의 '표준'설정자로 기능할 수 있기 때문이다. 2004년의 만두파동처럼 식품위생 사고에 대기업이 끼어 있으면 소비자들이 더 크게 분개하는 것도 식품자본의 그런 역할과 무관하지 않다.

나아가 기업식량체계에서는 주요 식품자본의 지배력이 농식품의 공급을 넘어 소비의 영역에 이를 수도 있다. 식품자본은 무엇을 어떻게 먹는가가 나와 다른 사람을 구별하는 중요한 기준이 되는 시대에 '라이프스타일'과 자기정체성에 상당한 영향을 미친다. 식품자본의 광고비 지출이 연구개발비를 압도하는 데는 이유가 있는 것이다. 게다가 CJ 같은 재벌자본은 식품산업뿐 아니라 미디어·문화산업을 통해서도 소비자의 미감味感에 호소할 수 있다. 밥 같이 먹자고 남에게 아쉬운 소리를 할 바에는 CJ제일제당이 제공하는 '햇반'과 '스팸'으로 CJ엔터테인먼트가 제공하는 '한류' 영화를 보며 '혼밥'하는 것이 더 '쿨'해 보이는 것이다. 즉 기업식량체계는 농식품의 생산과 유통뿐 아니라 식생활양식으로서 음식문화에서도 일종의 '사회적' 표준을 제시한다.

식품안전 문제와 기업식량체계

오늘의 기업식량체계는 공장제의 대량생산·유통·서비스를 통해 다양한 먹거리를 더 저렴하고 풍족하게 공급할 뿐 아니라 다채로운 이미지와 상징적 메시지들로 음식에 대해 더 많이 생각하게 만들기도 한다. 그러나 다른 한편으로 기업식량체계는 먹거리가 갖춰야 할 가장 기본적인 '자질', 즉 안전성food safety과 관련하여 중요한 사회적 갈등의 원천이 되기도 한다. 굶주리는 사회의 식량폭동만큼은 아니지만 먹거리의 질에 대한 극심한 불안으로 사회 전체가 일시적으로 '마비'되는 식품공황food scares이 대표적 사례다.

이 같은 '풍요 속의 불안'을 상존시키는 현대 농식품체계의 모순은 일차적으로 '대규모'라는 기업식량체계의 특징에서 연원한다. 필요하다면 지구 어디에서건 원료를 조달하여 첨단의 설비를 갖춘 대공장에서 더 싸게, 대량으로 제품을 생산하여 전국적으로 공급한다는 바로 그 이점, 즉 대기업일수록 유리한 '규모의 경제'라는 이점이 때로는 역효과를 낳는다. 제조·유통 과정상의 약간의 실수·오류가 다수의 대중에게 치명적인 위험을 야기할 수 있기 때문이다. 당사자가 대기업일수록 규모가 큰 식품리콜 사태나 2006년 발생한 집단식중독 사태가 대표적이다. 위탁급식업체가 여러 기관을 관할하는 CJ푸드시스템이었기 때문에 당시 1,500여 명이 한꺼번에 식중독에 걸렸고 7만여 명의 학생에게 급식이 중단됐다. 물론 CJ푸드시스템은 '1등 기업'답게 사태의 책임을 지고 폐업했지만 한국 재벌이 으레 그러하듯 이후 CJ프레시웨이로 이름을 바꿔 달고 다시 급식사업을 하고 있다.

그러나 기업식량체계에는 위해요소hazards의 대량 확산보다 더 근원적인 안전성 문제가 존재한다. 과학기술을 체계적으로 활용하는 식품산업의 '현대적' 성격으로 인해 먹거리위험food risk이 산업적으로 대량 '제조'될 수 있기 때문이다. 가공식품의 생산공정에서 오남용되는 화학첨가물이나 용기·포장재의 환경호르몬 용출 위험은 일상사가 된 지 오래다. 20세기 문명의 편리한 일상생활을 가능케 했던 '화학'이 오늘날 먹거리와 관련해서는 공포를 불러일으키는 단어가 되고 있다.

더 중요한 것은 식료 자체의 변조다. 굿맨 등이 지적한 것처럼 식품자본의 현대적 생산력은 자연을 인공으로 대체하는 '대체형substitutionism' 기술혁신을 특징으로 한다(Goodman et al., 1987). 비용이나 가공공정상의 이점 때문에 식품자본은 농장에서 바로 공급되는 자연적 산물보다는 다른 산업에서 공급하는 인공적 산물을 원자재나 중간재로 더 선호한다. 따라서 식품산업이 발전할수록 농과 식, 농촌과 도시, 자연과 생활의 거리는 점점 더 멀어진다. 게다가 식품산업에 활용되는 현대 과학은 대개 농식품이나 그 원료 동·식물의 유기적 특성을 부정하고 무기물처럼 주요 성분·요소를 따로 분리·추출·가공하여 재조합하는 방식의 환원주의적reductionist 기술을 지지한다. 그 결과 비록 치명적 위해는 아니더라도 중장기적으로 건강을 해칠 수 있는 먹거리가 증가하는데, 아동비만의 주범 중 하나로 지적되는 음료의 액상과당이 대표적이다.

액상과당의 실체인 고과당옥수수시럽HFCS은 현대 농식품기술의 총아로서 옥수수전분을 가수분해한 후 이성화효소를 작용시켜 얻는 당료다. 커피점의 각설탕·막대설탕이 어느 순간부터 '시럽'으로 바뀐 것에서 알 수 있듯이, 그것은 설탕의 대체재로 활용된다. 또 설탕보다 더 적은 양으로 더 강한 단맛을 내고 가공에 편리한 물성으로 인해 거의 모든 식품제조업에 사용되는 '인프라 식품'의 하나다. 게다가 이 시럽은 꿀과 같은 과당으로서 그 자체로는 위험이 없는 천연물질이다. 그렇지만 인간이라는 유기체 내에서 그것이 작용할 때에는 그 고유한 생화학적 특성이 과잉섭취를 유발하여 비만과 고혈압, 대사증후군 등을 야기한다.

한국의 농식품체계는 기업식량체계에 일반적인 이 같은 불안과 위험 요소 외에도 추가적인 위험을 안고 있다. 먹거리위험으로 유럽인이 유전자조작GM 농식품을 가장 걱정하고, 미국인이 병원균 감염을 가장 걱정하는 데 반해 한국인은 농약이나 화학첨가물의 잔류를 가장 우려한다. 1980년대 내내 신문 사회면을 장식했던 '농약 콩나물'의 계보가 이후 각종 수입산 먹거리로 '세계화'된 사실을 고려하면 이는 당연한 반응이다. 식품가공 과정의 비위생성이나 조악한 가공기술이 주로 문제가 됐던 1980년대 이전의 식품사고와 달리, 농약 밀·과일, 다이옥신 육류, 불량 만두소·고춧가루, 기생충 알 김치, 납 꽃게, 광우병 쇠고기, 방사능 수산물 등 1990년대 이후부터 한국사회를 크게 휘저은 주요 먹거리파동은 거의 모두 수입농산물과 관련된다.

외국산 농산물의 유통상태나 생산방법은 한국 정부의 규제나 시민사회의 감시망에서 멀 수밖에 없다. 다른 선진국에 비해 상당히 부실한 편인 한국의 수입농식품 검역 과정도 문제의 발생소지를 높인다(김종덕, 2001). 그러나 가장 중요한 점은 한국의 농식품체계가 구조적으로 그런 수입농산물에 기댈 수밖에 없다는 사실이다. 국내 농업과 무관하게 해외 농업에 의존하여 발전해온 식품산업으로 인해 그 구조적 약점은 더욱 치명적인 결과를 낳을 수 있다. 2012년 현재 한국의 식품산업은 전체 원료 물량의 30%만을 국산 농산물로 사용한다. 사료, 비료, 비누 등 비식용 제조품을 포함하면 원료의 자급률은 20%로 더 낮아진다(KOSIS).

그렇다면 한국의 식품산업은 기업식량체계로 진화한 농식품체계의 현대화 과정을 똑같이 거치면서도 어쩌다가 이처럼 해외 농업에 지극히 의존적인 생산체계를 갖추게 되었는가? 그것은 단순히 한국의 식품산업만이 아니라 주로 미국·일본의 영향을 매개로 한국사회에 자본주의 경제가 이식되고 발전해온 과정과도 밀접히 관련된다.

한국 식품산업의 발전 과정

한국 식품산업의 발전 과정은 통상적으로 1950~60년대의 태동기, 1970~80년대의 고도성장기, 1990년대 이후의 성숙기로 구분된다(김재수, 2007; 성락춘·이철, 2007; 신인식, 2009). 이런 구분은 식품산업의 외형적 성장률을 근거로 하는데, 그것은 대체로 1인당 국민소득의 성장을 반영한다. 그러나 더 중요한 것은 각 시기 식품산업의 발전 양상이 한국 농식품체계의 현대화에서 어떤 의미를 갖는가라는 문제다. 이런 관점에서 볼 때, 1950~60년대는 미국의 식량원조에 기반하여 한국의 주요 식품자본이 형성되는 시기로 이해될 수 있다. 1970~80년대에는 제조업을 중심으로 식품자본의 축적기반이 확립되면서 기업식량체계의 기틀이 마련된다. 그리고 1990~2000년대는 유통과 요식서비스로도 진출한 식품자본이 농식품체계 전반에서 지배력을 갖추며 명실상부한 기업식량체계가 완성되는 시기다.

1950~60년대 식품산업의 태동: 식품자본의 형성

한반도에 재래식 식품공장은 일제강점기 초에 들어선다. 그러나 당시 식품제조업은 소수 일본인을 위한 장류와 간식류 공급에 한정되었다. 해방 후 미군정기에는 미군의 군수물자가 시중에 유통되면서 그것을 모방한 주류, 청량음료, 과자류의 공장식 생산이 시작되지만, 영세한 가내수공업 수준에 머물렀다. 물량과 유통범위도 미미했을 뿐 아니라 그나마도 한국전쟁 시기에 대부분 파괴된다.

현대적인 식품제조업은 전후 경제재건과 함께 시작된다. 잘 알려진 것처럼 1950년대는 미국의 군사·식량 원조를 배경으로 적산불하, 외자통제, 특혜적 은행신용 같은 정부의 비호에 힘입어서 이후 재벌로 성장하는 기업들이 탄생하는 시기다. 밀가루, 설탕 같은 소재식품을 중심으로 식품산업에서도 그런 기업이 출현하는데, 오늘날 삼성의 모태가 된 제일제당이 대표적이다. 그런 식품기업들은 가공공정이나 기업경영에서 규모의 경제를 누릴 만한 어떤 '경쟁력'도 없이 사실상 정부가 배분해준 원조곡물과 국내 판로에 대한 인위적 독점을 통해 급성장한다(김양화, 1990). 당시 밀가루는 쌀에 비해 수요도 작고 저가의 '열등' 식량으로 간주되었지만 원료인 밀이 거의 공짜나 다름없었기 때문에 그 가공사업의 수익은 컸다.

그러나 1950년대 말이면 식품산업은 이미 불황에 직면한다. 국내의 다른 경공업과 마찬가지로 당시 식품기업들은 시장 상황과 무관하게 그저 정부의 지원을 더 많이 받기 위해 시설에 과잉투자를 해왔다. 그런 상황에서 1957년을 정점으로 무상원조가 감소하기 시작하자 한국경제 전체가 위기에 처하게 되는데, 식품산업도 위기를 피하지 못한다. 단적인 예로 1961년 제당업과 제분업의 공장가동률은 23~26%에 불과했다(이헌창, 2014: 463).

식품자본은 불황을 타개하기 위해 인수합병, 외국기술 도입, 곡물의 하역·운반·저장시설 설치, 경영다각화 등을 시도하고, 특히 유휴시설의 활용 차원에서 사료와 조미료 등으로 사업을 확장한다. 그 결과 기존의 3백산업(제면製綿, 제분製粉, 제당製糖)을 넘어서 제과, 제빵, 라면류, 전분·전분당, 조미료, 첨가물, 청량음료, 통조림 등 식품제조업의 주 진용이 갖춰진다. 1940~50년대에 사업을 시작한 삼양, 두산, 삼립식품(현 SPC), 동양(오리온), 해태, 칠성, 1960년대 초의 미원(현 대상), 삼양식품, 샤니 그리고 한일국교 정상화 이후 일본 자본의 국내 진출 또는 일본 수출을 계기로 설립되는 롯데·농심이나 동원·사조 등 오늘의 주요 식품기업이 모두 이 시기에 그들의 주요 업종을 개시한다.

물론 1960년대 식품자본의 형성과 식품제조업의 성장은 이 시기 한국 경제의 전반적 성장에 기인한다. 한일국교 정상화를 전후로 박정희 정부의 수출주도형 공업화가 본격화되었을 뿐 아니라 베트남전쟁에 따른 해외수요 증가 등으로 국민소득도 상승했다. 그 결과 1960년대 중반부터 열등재 곡물인 보리의 소비가 감소하고 쌀소비가 증가하는 '영양전환'의 예비단계가 개시되면서 대도시 중산층을 중심으로 서구식 가공품에 대한 수요가 형성된다. 식품제조업은 1960년대 내내 전체 제조업 부가가치의 5분의 1 이상을 혼자 담당하면서 전성기를 맞는다(신동원, 1983; 이헌창, 2014).

하지만 한국의 농식품체계에서 식품산업의 역할은 여전히 제한적이었다. 경공업 소비재와 함께 한국의 농수산업이 외화벌이에 일익을 담당하고 있을 때, 식품자본은 내수시장에서 자신의 덩치만 불리고 있었다. 그나마 1960년대 대일수출의 40%를 차지했던 수산물가공은 중소기업이 담당했다. 각종 부정불량식품 사건의 빈발로 식품제조산업에 대한 대중의 신뢰도 아직은 미약했다(한국경제60년사, 2010b; 이헌창, 2014; 한국식품공업협회, 2000).

반면 농식품의 생산 영역에서 이 시기는 지울 수 없는 족적을 남겼다. 미국의 농산물원조가 한국 농업에 파괴적인 영향을 미쳤기 때문이다. 1952년 60%를 상회했던 밀자급률이 1960년 25%대로 감소한 사실이 보여주듯(김양화, 1990), 특히 1950년대 원조경제는 밀과 면화 등 공업원료 작물의 생산을 궤멸시키면서 국내 농업구조의 미맥단작화, 식품산업의 대외의존성, 나아가 공업과 농업, 도시와 농촌 간 심각한 불균등 발전을 예비했다.

1970~80년대의 고도성장: 수입개방과 기업식량체계의 형성

1970년대에는 외자와 관치금융에 의존하여 중화학공업화가 본격적으로 추진되면서 현대와 대우 등 한국경제 현대화의 주역으로 꼽히는 재벌이 급성장한다. 식품산업에서도 다르지 않았다. 녹색혁명이 본격적으로 시작되기 직전인 1970년대 초 박정희 정부는 농민소득 향상 정책으로 농산물가공산업을 부분적으로 지원하는데, 이후에 그것은 대기업에 불하된다(신동원, 1983). 동시에 1960년대 말경 더욱 증가한 식품기업들은 정부의 경제개발계획에 발맞추어 외국자본과의 합작을 통한 성장을 추진한다. '자판기커피'(커피믹스)의 개척자인 동서식품은 미국의 제네럴 푸즈와, 야쿠르트 아줌마로 친숙한 한국야쿠르트는 일본야쿠르트와 합작한다. 원료뿐 아니라 새로운 자본과 기술을 들여오면서 기호품을 포함하는 더 넓은 영역으로 가공식품 시장이 개척되는 것이다.

그 결과 식품제조업의 영역이 1960년대의 제빵, 제과, 제면, 제당, 조미료, 장류 중심에서 유가공, 육가공, 식용유, 과채가공 등으로 확대된다. 기존 품목의 증산을 위한 설비투자도 매년 30~40%로 증가하고, 새우깡, 초코파이, 브라보콘 같은 신제품도 출시되면서, 1970년대 중반에는 가공식품 내수시장이 정착된다(전재근, 2008). 실제로 가공식품의 총매출은 1970년대 내내 연평균 15%로 고속성장하면서 1975년에 1조 원 규모를 돌파한다. 1980년대 초가 되면 주요 가공식품의 독과점 구도도 정착되어 2000억 규모의 라면 시장은 2개 회사가, 4000억 규모의 청량음료 시장은 3~4개 회사가, 그리고 제과 시장은 4개 회사가 전체의 90% 이상을 점유한다(신동원, 1983). 외연적 축적의 1970년대를 거치며 식품자본이 한국인의 식생활에 확고히 뿌리내린 것이다.

1980년대에 들어오면 식품산업은 농식품체계 전반을 포위하기 시작한다. 1979년 파국으로 끝난 박정희 정부의 중화학공업화는 전두환 정부의 신자유주의적 구조조정을 거쳐 1980년대 후반 '3저'(저금리, 저달러, 저유가)의 대외적 조건을 만나 빛을 보게 된다. 자동차, 조선, 전자 같은 현재 한국의 주요 수출산업이 성장하면서 이른바 '재벌체제'가 확고히 자리를 잡는 것이다(이헌창, 2014). 거시경제 전반의 호조건 속에서 식품산업도 유사한 발전 과정을 밟는다. 1980년대 중후반 녹색혁명이 완성되고 노동자의 실질임금이 대폭 상승하면서 더 이상 배고픔의 해결이 아니라 질적으로 더 나은 식생활에 대한 대중의 욕구가 개방되는데, 식품자본은 그 기회를 잘 활용하여 식품산업 전반에서 재벌기업의 주도권을 확립한다.

변화의 출발점은 1970년대 말에 나타난다. 1977년 최초의 무역수지 흑자와 함께 1인당 국민소득이 처음으로 1,000달러를 넘어서자, 사업분야의 대폭 확장을 꾀하던 식품자본은 기존 설비의 증설과 새로운 사업 영역 개척을 모색한다. 때마침 정부는 수입자유화 조치(1978년)와 경제안정화 종합시책(1979년)을 발표하여 수출 확대를 위한 국내 농식품시장 개방을 결정한다(한국경제60년사, 2010a). 한국 농업구조의 거대한 전환을 야기한 이 같은 '개방농정'으로의 전환은 그간 외환 사정에 묶여 있던 원료·기술·자본 도입의 제약을 풀어줌으로써 국내 식품자본의 본격적인 다각경영 기회를 열어준다.

그 결과 1977년부터 1980년대 초까지 기계화·자동화된 현대적 식품공장이 대거 들어서면서 한국의 식품산업은 대규모 장치산업의 특징을 갖추게 된다(한국식품공업협회, 2000). 해외상표와 신기술의 도입이 확산되면서 냉동만두나 유지방아이스크림, 프레스햄 같은 새로운 가공식품도 대폭 출시되는데, 여기에는 제일제당, 롯데 같은 재벌자본이 육가공 같은 신규 분야로 대거 진출한 것이 결정적인 영향을 미친다(송인주, 2013). 그것은 1980년대 식품산업의 인프라 역할을 하는 포장·설비·물류산업의 현대화와 함께 식품산업 내부의 분화를 촉진하는 동시에, 이들 업종 사이의 체계적인 통합을 가져오는 계기가 되는데(이한호, 1992), 사료산업이 대표적이다.

도시소비자로서는 알기 어렵지만, 통계청의 산업분류기준이 보여주는 것처럼 1980년대 한국 식품제조업에서 가장 성장세와 규모가 컸던 업종은 사료, 즉 가축용 가공식품 제조업이었다.* 현대의 공장식 축산업은 가축을 빨리 살찌우는 고효율 '영양사료'를 전제로 하는데, 그런 배합사료는 곡물을 주원료로 해서 공장에서 생산된다. 밀, 옥수수, 콩 같은 '산업작물'은 또한 제분, 유지/가공, 전분/당, 주정 등 여러 소재식품 분야의 주원료이며, 이들 분야의 가공부산물—예를 들면 콩깻묵—은 다시 사료산업의 원료가 된다. 예를 들어, 제일제당은 기존의 설탕·조미료가 아니라 식용유와 배합사료 같은 '필수' 식품군의 대량생산을 통해 현재와 같은 1위 식품기업으로 발돋움한다. 또 그에 기반하여 자체 축산(양돈) 농장과 그 생산물가공 부문을 키움으로써 이후 롯데햄과 함께 육가공업 내 양강구도를 확립한다(제일제당, 2003).

요컨대 1970년대 말 시작된 수입개방은 산업작물 원료의 대량수입을 가능케 하여 곡물가공에 기반한 식품제조업 내부의 주요 산업적·기술적 연관과 규모의 경제를 실현하는 계기가 되는데(이경미, 1999), 〈그림 4.5〉가 그 대략의 추이를 짐작하게 해준다.

이 같은 변화는, 해외 곡물농업에 구조적으로 의존하지만 대내적으로는 시장지배력을 갖는 독과점적 '수입곡물복합체'(McMichael, 2000)가 형성되었다는 것을 의미한다. 1980년대 중반 기업 난립을 막기 위해 진

---

* 통계청은 1975년까지 식품제조업 업종을 낙농제품, 통조림, 제분, 제당, 과자, 인조빙, 장류, 조미료, 기타로 분류했으나 1978년부터 1991년 사이에는 사료제조업을 별도의 항목으로 독립시킨다.

〈그림 4.5〉 1962~08년 주요 산업작물의 수입량 및 국내 생산량 추이

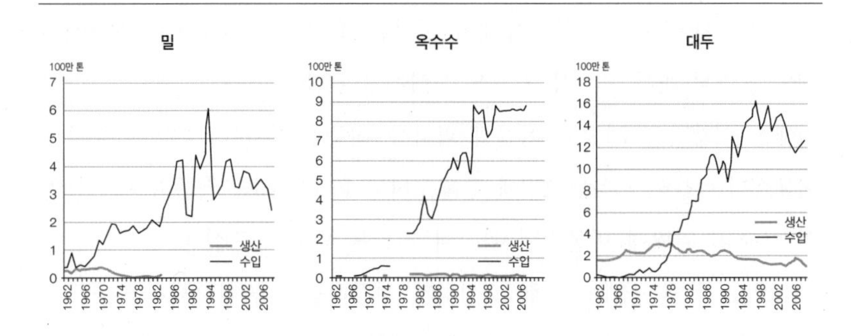

출처: 송인주(2013: 117)

입장벽을 세운 정부 규제도 여기에 기여한다. 이 시기 1인당 국민소득이 3,000달러대로 증가하며 축산식품 수요가 증가하자 현대화된 설비를 갖춘 중소기업도 다수 등장하지만, 기업 간 '출혈경쟁'은 거의 항상 자금력에서 여유가 있는 대기업의 지위를 강화했다. 1984년부터 본격 실시된 가공식품 시장의 점진적 개방도 마찬가지였는데, 종합상사를 거느린 재벌은 외제 가공식품의 수입과 도매유통을 주도하면서 수익원천을 더 확대했기 때문이다.

1980년대에 한국인의 식생활은 녹색혁명의 완성 및 식품산업의 발전에 힘입어 급격하게 현대화된다. 현대적 공정을 갖춘 새로운 업종이 등장·분화하는 동시에 소비증대가 이뤄지면서, 식품산업 전반이 확대재생산되는 구조가 확립된다. 컬러TV의 보급과 함께 1970년대부터 출시된 많은 과자·라면·음료 등이 이 시기에 지금까지도 한국의 식품산업을 대표하는 '국민상품National Brand'으로 자리 잡는다. 소재식품류를 제외하면 주 시장이 음료수, 과자, 라면 등 아동식·간식에 한정되었던 식품자본의 영향력이 육가공품을 중심으로 한국적 일상식에 침투하기 시작

한 것도 이때다.

그러나 한국 수입곡물복합체의 성장은 핵심적인 원료라는 측면에서 해외 농업에 대한 구조적 종속을 심화시켰다(권영근, 1990). 게다가 이 시기에는 식품가공 기술도 여전히 외국산 제품을 단순 모방하는 수준에 머물렀다(이한호, 1992). 그럼에도 불구하고 1980년대에 식품자본은 농업의 보조적 역할에 머물렀던 과거의 지위를 벗어나 축산물 상품사슬을 중심으로 국내 농업을 직접 포섭하기 시작하면서 농식품체계를 주도하는 위치에 서게 된다. 기업식량체계의 기틀이 마련된 것이다.

1990~2000년대의 성숙: 기업식량체계의 확립과 긴장

1989년 우루과이라운드 타결을 전후로 1990년대 초부터 시장개방이 전면화되면서 한국의 식품산업계는 일시적으로 동요를 겪지만, 곧 자체 역량을 강화하며 전성기를 맞이한다. WTO 체제의 농식품 자유무역은 이전과 달리 상품시장보다 자본·서비스시장 개방이라는 특성을 가졌고 이는 원료뿐 아니라 외국 기술이나 브랜드 등 식품자본이 활용할 수 있는 경영자원의 확대를 의미했다. 무엇보다 1990년대 중반 재벌체제의 안정적 성장은 물류 인프라의 개선에서 가계의 구매력 향상까지 내수시장의 확대를 가능하게 했는데, 식품자본은 이에 발맞추어 자체 연구·개발과 시설·마케팅 투자 등을 대폭 확대한다. 시장지배력 유지를 위한 단순한 저가경쟁만이 아니라 자본주의적 생산의 본래 특징인 제품, 공정 등의 기술혁신에 기초한 자본 간 경쟁이 일상화된 것이다.

그 결과 1990년대에 식품제조업에서는 동그랑땡, 돈가스, 햇반, 생수, 녹차, 커피음료 등 주·부식은 물론 기호품과 관련된 새로운 가공식품군이 대거 등장한다. 식용유나 과자·라면류, 즉석식품 등 기존 제품군은 고급화되고 가공기술 수준도 상당히 향상·토착화된다. 이 과정에서 마요네즈 세계 1위 업체인 미국 CPC인터내셔널의 크노르와 케첩 세계 1위 업체인 하인즈가 오뚜기에게 패배하고 철수한 것이나 맥도널드가 세계에서 유일하게 시장점유율 1위를 롯데리아에 내주는 등 한국 식품업계의 '전설'이 만들어진다. 외국 식품기업의 국내 진출이 본격화된 1990년대에 한국의 주요 식품기업은 '민족자본'처럼 국내 가공식품 시장을 지켜낸 셈이다.

일부 업종·품목에서는 1980년대에 확립된 독과점구도가 약화되기도 한다. 시장개방으로 원료·기술 도입이나 중간재·완제품 수입이 용이해지자 다양한 중소업체들이 등장하여 시장경쟁이 활성화된 것인데, 특히 1990년대 초에 시장포화 상태에 도달한 제분·제유나 제품 다변화의 여지가 큰 육가공에서 그런 경향이 두드러진다. 동시에 가공식품 수출은 물론이고 해외 유지·사료 공장 설립 등 해외직접진출도 시작된다(한국식품공업협회, 2000).

유통·요식서비스로의 사업다각화도 가속된다. 제일제당과 신세계가 삼성에서 독립하는 등 재벌기업 내 전반적인 소유구조 개편을 배경으로 식품자본은 식품산업 내 전·후방 관련 산업으로 대거 진출하는데, 편의점, 대형마트, 단체급식 같은 새로운 소매유통업태가 대표적이다. 예컨대 아워홈(범 LG계열), 삼성에버랜드, CJ푸드시스템, 신세계푸드 등 재벌계열 업체는 1990년대 초 계열사 내 사업체급식에서 시작하여 학교급식을 거쳐 외국 브랜드를 인수하거나 자체 브랜드를 만들어 패밀리레스토랑 같은 외식업체로 성장한다. 외국 식품자본과의 합작이나 재벌기업의 해외 브랜드 도입으로 1980년대 중반부터 본격화된 햄버거, 치킨, 피자, 도넛 등 패스트푸드업체들도 1990년대 중반이면 안정적인 수익을 내며 성장하면서 기업형 프랜차이즈업태를 정착시킨다(롯데리아, 2009). 이들은 국수류나 보쌈·족발·만두 등 한식으로 확대된 프랜차이즈들과 함께 한국인의 입맛을 전국적 수준에서 균질화하고 음식점의 외관과 문화를 '현대화'하는 데 기여한다.

그 결과 1998년을 제외하면 2000년까지 식품산업의 총매출 성장률은 연평균 10% 수준을 상회하고, 설비능력도 연평균 3.0%로 증가하는 등 식품산업은 경쟁 속의 안정 성장기를 맞이한다. 농업과 달리 한국의 식품산업은 시장개방이 제도화된 이후 오히려 "활짝 열린 흑자시대"(제일제당, 2003)를 맞이하면서 "국민과 함께하는" 산업(한국식품공업협회, 2000: 73)으로 정착한 것이다. 동시에 재벌자본이 원료·소재 공급에서 가공·제조, 완제품의 수입·유통과 외식업에 이르기까지 상품사슬 각 단계마다 다종의 사업부 또는 사업체를 보유한 농식품 거대복합기업 conglomerate 형태를 완비하면서 식품자본의 전방위적 지배가 시작된다.

수익성보다 외형적 성장에 몰두한 재벌체제의 한국 경제는 1997년 외환위기 이후 국부의 해외매각과 신자유주의적 구조조정을 거쳐 2000년대 중반부터 저성장이 일상화되는 새로운 국면에 진입한다. 또한 WTO에 이어 자유무역협정FTAs이라는 새로운 개방체제하에서 한국 농식품체계도 더욱 '세계화'되지만, 동시에 광우병 파동으로 대표되는 식품안전성 문제가 국내에서도 중요한 사회적 의제로 부상한다. 이 같은 상황에 대처하여 식품자본은 '웰빙'과 '안전'을 내세우며 전반적인 제품고급화에 주력하는 한편, 건강기능식품이나 즉석조리식품 등 '고부가가치'의 새로운 제품시장을 개척한다. 해외 유명업체 상품의 탐색과 수입 및 독점유통뿐만 아니라 외국 브랜드·기술의 도입이나 자체 브랜드 개발을 통한 새로운 업태 개척도 지속·확대된다. 대상 계열의 '초록마을' 같은 유기농식품 전문점이나 신세계의 스타벅스를 필두로 2000년대 후반 급속히 성장한 커피전문점 시장이 대표적이다. 그 결과 2000년대 중반 이후에도 한국 식품산업은 꾸준히 성장하는데, 제조업 GDP에서 식품제조업의 비중이 과거보다 3~4%포인트가량 증가한 것이 그 하나의 지표다.

한국 경제 전체의 흐름에 비해 상대적으로 더 활성화되는 식품산업의 이 같은 성장은 주로 소매유통과 요식서비스 등 식품사슬 하류 부문에 대한 재벌자본의 진출 확대에 기인한다. 세계적 추세와 마찬가지로 한국의 농식품체계에서도 1990년대에 시작되는 '유통혁명'은 소비자를 직접 대면하는 하류 부문이 구매자권력buying power에 기초하여 상류의 상품사슬 전반을 재편하는 변화를 야기한다. 1990년대 초 시작되어 IMF 외환위기를 전후로 대중적 인지도를 얻은 대형마트가 대표적인 사례로서, 이들은 2003년경 신선식품류를 취급하기 시작하면서 백화점을 제치고 종합소매업의 최강자로 자리 잡는다. 한국의 대형마트는 초기에는 저가 경쟁에만 몰두했지만 이후 상품다변화와 매장차별화를 통해 월마트, 카르푸 등 시장 선점 외국업체를 몰아낸다. 또 2000년대 중반 1등 제조업체들과의 격렬한 힘겨루기를 거쳐 농식품의 최종 가격설정자로 입지를 굳히고 농식품체계 내에서 소비자요구의 대변자로 자리 잡으면서 식품산업 트렌드의 주도자로 부상한다.

유통혁명은 소매 부문에만 국한되지 않는다. 2000년대에 들어와서 더욱 전문화·대형화·고급화되는 식당의 변화 경향에 맞추어 프랜차이즈 외식업도 더욱 다각화·활성화된다. 예컨대 식품자본의 외식업 진출은 패스트푸드, 피자, 치킨, 패밀리레스토랑뿐만 아니라 정육식당, 한식당, 분식당 등 다양한 업종으로 확산된다. 동시에 편의점은 물론이고 홈쇼핑, 인터넷쇼핑 등 1990년대 등장하여 2000년대에 폭발적으로 성장한 새로운 소매업태들에서도 신선·조리식품류 취급이 확대된다. 이런 변화는 냉장유통체계cold-chain system를 완비한 더 대형화된 물류와 식자재 도매유통의 현대화를 전제한다. 산업적으로 처리·가공·포장되어 적정한 조건에서 적시에 배송·공급되는 표준화된 식자재는 제조와 소매를 겸하는 기업형 프랜차이즈의 핵심이다. 대규모 설비투자가 필요한 이런 사업 분야가 재벌자본에게 적격일 것은 당연하다. 예컨대 2000년대 초 시작되는 롯데리아의 신선채소류 전국 '1일 배송 시스템'은 계열사인 롯데로지스틱스가 담당한다(롯데리아, 2009). 롯데백화점과 롯데마트, 롯데슈퍼, 롯데홈쇼핑, 롯데마트몰, 롯데닷컴, 세븐일레븐과 바이더웨이, 엔젤리너스 등 롯데재벌이 거느린 다양한 농식품 소매채널을 고려하면 식자재 도매유통업의 규모는 더욱 클 것임을 짐작할 수 있다.

요컨대 시장개방이 제도화된 1990~2000년대에 한국의 농식품체계는 농업을 압도하는 식품산업을 중심으로 완전히 재편된다. 특히 농식품의 전·후방 생산연쇄를 모두 포괄하는 재벌자본의 복합기업화는 먹거리의 가공·제조, 유통, 요식서비스의 모든 면에서 대자본의 지배력과 주도권을 지지한다. 게다가 2000년대 중반부터 먹거리사슬의 주도권이 하류의 소매유통 부분으로 이동하면서 한국의 식품산업은 안전과 웰빙 등 소비자의 요구에 더욱 민감하게 부응하게 되었다. 이는 식품산업뿐 아니라 문화·오락·휴양산업으로도 진출한 재벌자본을 중심으로 대중문화에 대한 식품자본의 영향력을 증진시키는 데 기여한다.

그러나 이 같은 '성숙' 과정이 아무런 마찰 없이 순탄하게 전개된 것만은 아니다. 부가가치가 높은 제조업을 넘어 소매유통과 요식서비스 등으로 식품자본이 진출한다는 것은 사실 가공식품류의 시장 포화를 드러내는 지표에 다름 아니다(식품저널, 2011). 인간의 식사량에는 본래 한계가 있고, 한국 자본주의의 성숙에 따라 인구 증가율도 크게 하락한 상태다. 주요 식품기업이 매출의 95% 이상을 내수시장에 의존하는데, 그들 제품의 생산총량은 더 이상 늘어날 여지가 없는 것이다. 실제로 국내 식품제조업은 IMF 외환위기 이후 매출 증가율이나 유형자산 증가율이 크게 하락하며 이후 거의 정체 수준을 유지하고 있다(송인주, 2013).

식품산업의 '성장의 한계'는 곧 자본 간 경쟁의 심화를 의미한다. 이 시기에 식품산업에서 인수합병은 물론, 담합 같은 불공정행태나 기업 간 분쟁이 증가한 것도 이와 무관치 않다. 식용유·사료에 지배력이 큰 대두 3사(CJ, 삼양식품, 신동방)가 인수합병을 거쳐 2사(CJ, 사조해표)로 축소되었고, 제분·제당 3사(대한, CJ, 삼양)와 제빵 3사(삼립, 샤니, 파리크라상: 현 SPC)가 설탕과 밀가루의 가격담합을 놓고 소송을 벌였으며, 라면 '빅4'(농심, 삼양식품, 오뚜기, 한국야쿠르트)는 라면가격을 담합했다는 혐의로 고발되었다. 2000년대 말 롯데마트가 시작한 '통큰치킨' 사태처럼 전국적으로 450여 개를 돌파한 대형마트 간의 출혈경쟁도 빼놓을 수 없다. 상품사슬의 중간단계에 있는 대형 제조업체들이 그나마 대형 유통업체에의 납품가를 두고 담합이라도 할 수 있는 반면, 소비자를 직접 상대하는 최전선의 소매업체에게 가격경쟁은 피할 수 없는 숙명이다.

이런 측면에서 근래 심각한 사회문제로 부상한 생산연쇄 이익갈등에 주목할 수 있다. 물류산업에 가까운 도매유통을 제외하면 소매·서비스업은 사실 부가가치의 생산보다는 분배에 가까운 활동이다. 그 결과 하나의 상품사슬 내에서 한정된 파이를 두고 누가 더 많이 먹을 것인가의 격렬한 이해갈등이 전개되는데, 기업식량체계에서 대자본은 상대적으로 유리한 지위를 누린다. 재벌기업의 골목상권 진출을 둘러싼 법적 논란은 물론이고, 재벌 제조업체나 대형 유통업체와 그 납품업체 간의 거래관행, 특히 최근 널리 알려진 프랜차이즈 본사와 가맹점 간의 불공정거래는 이런 경향을 잘 보여준다. 이른바 '갑을'관계 문제인데, 실제로 2000년대 동안 대기업-중소기업의 수익격차는 점점 확대되고 있는 추세다(송인주, 2013). 대단한 기술력이 필요치 않기 때문에 소매·요식서비스에서는 여전히 경쟁력 있는 중소·자영업체가 등장하고 재벌업체가 고전하는 경우도 드물지 않지만, 새우 등에 올라탄 고래들의 싸움이 지속될수록 새우들이 더 고단해질 것은 명약관화하다. 기업식량체계의 확립은 한국 농식품체계의 현대화가 완료되었음을 알리는 동시에 그 내적 긴장도 한층 '성숙'시키고 있는 것이다.

기업식량체계와 한국사회의 먹거리불안

한국사회는 20세기 중반 이후의 특수한 역사적·지정학적 조건 속에서 특정한 구조적 성격을 띤 식품산업을 발전시켜왔고 그 결과 오늘날 한국인은 한편으로는 풍족하고 편리한 식생활을 누리지만 동시에 다른 한편으로는 구조적 먹거리불안food insecurity에 처하고 있다. 그것은 크게 두 측면으로 나눠볼 수 있는데, 2000년대 들어 세계적 이슈가 된 식품안전 문제가 하나라면, 2007/08년 세계 식량위기 이후 만성화될 조짐을 보이는 애그플레이션agflation, 즉 전통적인 먹거리보장 문제가 다른 하나다. 물론 이런 문제들에 대해 정부뿐만 아니라 기업식량체계도 나름의 자체적인 대응책을 모색하고 있다. 그럼에도 그런 노력들은 오늘 먹거리불안 문제의 궁극적 원인으로서 기업식량체계 자체를 문제 삼지는 않기 때문에 근원적인 한계를 내재하고 있다.

먼저 식품안전 문제에 관한 기업식량체계의 주된 대응방식을 보자. 빈발하는 식품안전 문제에 대해 식품자본은 우선 더 안전한 고급 농식품의 공급을 시도한다. 그 과정에서 한편으로는 가공원료가 되는 유기농산물 또는 완성재 유기식품의 수입이 증가하고, 부분적으로는 국내 유기농생산이 촉진되기도 한다. 그러나 식품자본은 대량생산과 대량소비, 즉 규모의 경제를 제1원칙으로 하기 때문에 유기농산물에 대한 식품기업의 대량구매는 녹색혁명식 농법의 근원적 결함 중 하나인 대규모 단작체계를 강화한다. '유기농의 관행화' 문제가 제기되는 것이다.

소비자가 더 안전하고 건강한 먹거리를 선택할 수 있도록 정보를 제공하는 것도 중요한데, 이는 보통 국가와 식품자본의 '협력'으로 실행된다. 2001년 시작된 유전자조작 식품 표시제나 2006년의 식품첨가물 완전표시제가 대표적이다. 그러나 표시제 자체의 한계와 더불어 소비자의 무지를 활용하는 기업의 소소한 '눈속임'은 여전하다. 혼합첨가물을 용도 하나로만 일괄표기하거나 성분의 함량·가공정도 등에 따라 표기 면제를 폭넓게 허용하는 첨가물 표시제가 전자의 사례라면, 열량을 실제 소비량(봉지)이 아니라 단위무게로 표시하거나 설탕 아닌 다른 가당제를 쓰면서 '무가당'으로, 또 소금 대신 혼합첨가물을 쓰면서 '저염'으로 표기하는 것이 후자의 사례다. 물론 시민·소비자단체의 적극적 개입 등으로 인해 지난 10여 년간 기업의 이런 관행은 많이 개선된 편이다(장임숙, 2005). 그러나 그와 별도로, 가공·조리식품의 복잡한 물리·화학적 제조과정 관련 정보를 한정된 지면·시간 내에 제대로 알리고 또 소비자가 그것을 제대로 활용하기란 사실 쉬운 일은 아니다.

한편 소비자를 직접 만나는 대형 소매업체를 중심으로 최근 식품자본은 전체 생산공정에 걸친 품질관리 체계로서 공급사슬 관리Supply Chain Management를 강화하고 있는데, 여기에는 대개 국제·국가·기업 수준의 다양한 안전 표준·인증제가 활용된다. 한국에서는 2000년부터 전체 가공식품에 의무적으로 적용되고 있는 위해요소중점관리기준HACCP이 인증제의 대표주자다. 재벌기업은 그 외에도 주요 대공장을 중심으로 국제표준기구의 ISO 시리즈를 채택해왔으며, SQF처럼 더 강화된 민간인증제의 활용도 늘고 있다. 최근에는 소비자중심경영CCM 인증도 등장했다. 일반 소비자로서는 사실 이해하기 쉽지 않은 수다한 인증과 라벨은 식품기업에게는 산업경쟁력 수단이자 마케팅 수단이기도 하다.

그러나 HACCP이 대표하듯 식품안전 인증제는 많은 경우 시설·설비의 구색과 상태를 주요 평가대상으로 하기 때문에 식품가공장의 '소프트웨어' 측면은 잘 반영되지 않는다. 또 대부분의 국가규제와 마찬가지로 인증제의 확산은 설비 여력이나 인증 절차와 관련된 정보 수집·처리 등 비용부담이라는 측면에서 대자본에 더 우호적이다. 이 때문에 농산물가공업에서 일찌감치 배제되었던 농민뿐만 아니라 중소기업도 의무적 인증제는 대개 꺼리는 경향이 있다(윤병선, 2008). 인증제 일변도의 식품안전 관리는 기존의 기업식량체계를 더 강화할 가능성이 높은 것이다.

식품안전 문제에 대한 또 하나의 주요한 대처법은 기술혁신이다. 자본이 기술혁신을 통해 일상의 위험을 이윤추구의 기회로 만드는 것은 자본주의 경제에서는 지극히 자연스러운 현상이다. 물론 입맛의 고착성 때문에 식품기업의 기술혁신은 상대적으로 보수적인 편이지만, 현재 먹거리위험의 일반화는 그 부작용을 완화 또는 예방할 수 있는 또 다른 먹거리상품이라는 전망을 열어놓았다. 일종의 유사-약제로 이해되는 건강기능식품이 대표적 사례다. CJ나 LG 같은 재벌기업이 의약사업과 식음료사업을 병행하는 데는 이유가 있다. 나아가 생명공학BT 같은 첨단기술을 활용하여 '고부가가치' 상품을 개발하자는 바이오산업이 널리 장려되고 있다. 건강·생태적 효과의 장기적 불확실성과 무관하게 그런 신기술은 적어도 신상품의 '정당한' 가격인상을 가능하게 해준다. 경제적 효과는 확실한 것이다.

문제는 그런 혁신의 유인incentive이 장기적으로 식품안전 문제를 더 키울 가능성이다. 현재의 생물·의약 기술은 '농약의 악순환'처럼 이 병을 저 병으로 덮을 뿐인 '기술의 악순환'을 초래할 수 있다. 몸에 좋으라고 먹은 기능성식품이 예상치 못한 생리성분의 결핍을 낳고, 다시 그것을 해결하기 위해 또 다른 식품약을 챙겨 먹게 된다. 그 결과 개인적·사회적 지출이 상승하면서 보건의료의 고비용구조가 고착될 수 있다. 기업식량체계에서 거의 정언명령이 되다시피 한 규모의 경제가 그런 위험을 체계적으로 '제조'해낼 수 있다는 것은 또 다른 문제다. 효과는 비슷하면서 조금이라도 더 싼 투입재, 에너지비용이 조금이라도 더 싼 가공공정은 공장의 규모가 클수록 엄청난 비용절감으로 이어진다. 일례로 1980년대 초 영국에서 처음으로 발병한 광우병의 직접적 발생 원인은 '대처노믹스' 하에서 연료비용을 줄이고자 동물성 사료원료의 살균공정을 하나 바꾼 것이었다.

대기업일수록 잠재적으로 위험하거나 위험성이 불확실한 신기술을 더 빨리 채택할 유인이 큰데, 사실 농식품체계에서 논란의 중심에 있는 많은 '선진'기술이 이런 과정에서 개발되었다. 덜 쓰고 더 맛있게 만들지만, 먹으면 먹을수록 허기가 져서 결국 '중독'되고 만다는 과잉정제의 '3백' 식품이나 농산물의 증산효과는 불확실하지만 재배나 가공에서는 확실히 더 편리한 유전자조작 작물GMO이 대표적이다. 게다가 기업식량체계에서 대자본은 '산업적 표준'의 설정자인 만큼 거대기업이 채택하는 신기술은 전체 농식품체계로 확산될 가능성이 높다. 또 경쟁관계를 통해서든 하청관계를 통해서든 그런 확산 과정은 동시에 상품사슬 내 수익의 집중과 비용의 분산을 수반한다. 신기술은 결국 대자본에게 더 유리하게 작용함으로써 기업식량체계를 더 강화하는 것이다.

그리고 장기적으로는 어쩌면 한국 농식품체계에 대한 가장 큰 위협이 될 전통적인 먹거리보장 문제가 존재한다. 오래전부터 지적되어온 것처럼, 그런 우려의 핵심은 주요 곡물의 대외의존성이 지나치게 높다는 사실에 있다. 한국에서 연간 소비되는 곡물 총량 2000만 톤 중 1500만 톤—1100만 톤의 GMO 포함—이 수입되고, 그중 4분의 3이 밀과 옥수수다. 두 작물은 식품산업의 토대를 이루지만 국내 자급률은 1%에도 못 미친다. 소비량이 연간 100만 톤에 이르는 대두 역시 자급률은 10%에 이르지 못한다. 반면 한국인의 쌀 소비량은 500만 톤으로 1인당 연간 소비량이 65kg까지 떨어진 상태다. 물론 농업의 자연조건과 한국 경제의 산업화 과정을 고려할 때 대량의 곡물수입은 필연적인 측면도 없지 않다. 그러나 문제는 낮은 곡물자급률이 단순한 대외 '의존'이 아니라 '종속'의 한 고리라는 데 있다.

대부분의 수입농산물을 해외 산지나 시장에서 직접 구매·조달하는 일본과도 달리 한국의 식품자본은 곡물수입량의 60~80%를 전적으로 초국적 곡물 메이저에 의존한다. 엄청난 수입량에도 불구하고 교역조건에 대해 사실상 어떤 결정력도 행사하지 못하고 있는 것이다. 따라서 국제적 '소매가'로 곡물을 수입하는 한국이 세계 곡물시장의 가격변동에 매우 취약할 것은 당연하다. 농협을 제외하면 한국의 1위 사료기업이자 1위 축산재벌인 하림이 최근 팬오션을 인수하며 한국의 '카길'이 되겠다고 나선 것도 이 같은 상황을 반증한다. "미국이 재채기를 하면 한국은 독감에 걸린다"는 말이 식품산업만큼 즉각 증명되는 곳도 없을 것이다. 한국의 기업식량체계는 한국인이 먹는 모든 가공먹거리의 '인프라'에서는 어떤 실질적 역량도 갖추지 못하고 있는 셈이다.

농식품의 대외의존성은 비단 곡물만의 문제가 아니다. 한-미 FTA나 한-EU FTA가 체결된 2000년대 말부터 대형 소매유통업체를 중심으로 원료뿐만 아니라 중간재나 완성재 가공식품은 물론이고 신선식품의 수입도 크게 늘고 있다. 이른바 해외조달global sourcing이 확산되는 것이다. 현재 대형마트에서 취급하는 10만여 종의 먹거리 중 3분의 1 정도가 지구 곳곳에서 들어온다. 미국산 오렌지는 물론, 노르웨이산 고등어, 인도네시아·베트남산 새우, 페루산 오징어도 이제는 한국의 '서민적' 먹거리가 되었다. 그 결과 한국인 1인당 푸드마일food mile은 2001년 5,172t·km

에서 2010년 7,085t·km로 증가하여 일본(5,500t·km)보다 더 긴, 거의 세계 최장 수준을 자랑한다(농민신문, 2014. 11. 14).

수입먹거리의 증가는 무역적자 같은 경제 문제에 국한되지 않는다. 원거리운송에 필요한 사전처리 과정으로 농약·첨가제 등을 더 많이 먹게 된다는 식품안전 문제만도 아니다. 중요한 것은 해외조달망을 통해 한국의 농식품체계가 글로벌 기업식량체제에 더욱 깊숙이 편입되고, 또 그만큼 국내 기업식량체계가 현재의 산업화된 세계 농식품체계를 지지하게 된다는 사실이다. 산업적 농식품체계의 토대가 대규모의 공장식 농수산업이라는 것을 고려하면, 한국인도 세계의 환경·생태 파괴에 더욱 직접 기여하게 된 것이다.

국내 차원에서든 세계적 차원에서든 기업식량체계는 인류의 생존기반으로서 농업의 지속가능성에 큰 영향을 미친다. 따라서 해외 곡물농업에 구조적으로 종속된 한국의 기업식량체계는 그만큼 해외 농업조건의 악화 또는 개선에서도 책임을 공유한다고 볼 수 있다. 물론 근래 소비자행동이 증가하면서 녹색혁명식 관행농법이 아닌, 보다 친환경적인 농업을 지지하는 식품기업도 출현하고 있다. 국내 식품자본도 부분적으로는 유기농을 지지한다. 그럼에도 기업식량체계의 본질이 변하는 것은 아니다. 자본주의적 생산은 어떤 방법으로든 많이 만들어 많이 쓰고 많이 버리는 것을 지향한다. 아무리 친환경적 상품이라도 소비 총량이 적절한 수준에서 제어되지 않는다면 그 생산·공급·폐기 과정은 결국 지구 자연의 '노화', 즉 농업생태적 조건의 악화를 가져올 것이다.

마지막으로, 이 모든 문제의 장·단기적 해결 가능성과 관련하여 기업식량체계가 사회적 주체, 즉 시민적 개인들에게 미치는 영향에 대해 지적하지 않을 수 없다. 식품안전 문제 해결책의 기조가 인증제인 데서도 알 수 있듯, 기업식량체계는 원리상 소비자주의consumerism에 기반한다.

문제의 인식도, 대책도 궁극적으로는 소비자 개인의 선택과 책임이다. 그러나 '착한 소비'가 아무리 확산되어도 그것은 사회적 문제에 대한 '사회적' 해결책이 되기에는 한계가 있다. 소비라는 활동은 본래 주관적 개인주의에 기초하기 때문이다.

한국의 농식품체계에서 식품산업의 성장은 당분간 더 지속되고 그에 따라 기업식량체계도 더욱 강화될 것으로 보인다. 대중적인 고급식당가로 변신하고 있는 백화점·대형마트의 최근 변화가 보여주듯, 특히 '편리한 식도락'이 그 선도자가 될 것이다. 한국 경제의 장기침체가 가시화된 상황에서 재벌기업은 작지만 꾸준한 캐시카우cash cow인 외식업과 그 관련 사업을 포기할 수 없을 것이고, 그에 따라 '먹고' 사는 문제를 둘러싼 크고 작은 집단 간 사회·경제적 갈등은 더욱 복잡·심화될 것이다. 이 과정에서 농업·먹거리와 관련된 사회적·생태적 문제는 뒷전으로 밀리거나 오용될 가능성이 높다. 덜 쓰지만 그래서 더 오래가고 유익한 식생활이 시민적 사회성을 통해 확산될 수 있도록 모두의 노력과 지혜가 필요한 시점이다.

참고문헌

권영근, 1990, 〈농축산물 수입개방의 현황과 그 영향〉, 한국농어촌사회연구소 편, 《수입개방과 한국농업》, 비봉출판사.
김양화, 1990, 《1950년대 제조업 대자본의 자본축적에 관한 연구》, 서울대학교 박사학위논문.
김재수, 2007, 《식품산업의 현재와 미래》, 백산출판사.
김종덕, 2001, 〈한국의 식품안전문제와 비정부기구(NGO)의 대응방향〉, 《농촌사회》, 제11집 2호.
김철민·이명기·한호석, 2008, 《농림수산 관련산업의 부가가치 및 종사자수 추정》, 한국농촌경제연구원.
롯데리아, 2009, 《롯데리아 30년사》.
송인주, 2013, 《세계화 시대 한국의 농업 산업화에 관한 연구: 축산 부문을 중심으로》, 서울대학교 박사학위논문.

성락춘·이철, 2007,《인간과 식량》, 고려대학교출판부.
식품저널, 2011,《2011 식품유통연감》.
신동원, 1983,《한국 식품산업에 관한 연구: 가공식품을 중심으로》, 고려대학교 석사학위논문.
신인식, 2009,《농식품산업론》, 청목출판사.
윤병선, 2008,〈로컬푸드 관점에서 본 농산가공산업의 활성화 방안〉,《산업경제연구》, 제21권 2호.
이성훈·박진성·홍석인·안두현, 2010,〈우리나라 식품산업의 R&D 현황〉,《식품과학과 산업》, 제43권 제1호(2010년 3월호).
이경미, 1999,《한국 식료시스템의 구조변화 연구》, 서울대학교 박사학위논문.
이한호, 1992,《농민단체의 식품가공산업 참여방안을 위한 연구》, 서울대학교 석사학위논문.
이헌창, 2014,《한국경제통사》, 제6판, 해남.
장임숙, 2005,〈NGO와 기업간 관계의 유형화: 식품안전사고를 둘러싼 환경운동연합과 CJ(주)의 관계를 중심으로〉,《한국행정논집》 제17권 3호.
전재근, 2008,〈농산가공식품〉, 농촌진흥청 편,《농업관련산업 발달사》, 한국농업근현대사 제10권.
제일제당, 2003,《CJ 50년사》.
한국경제60년사 편찬위원회, 2010a,《한국경제 60년사 Ⅰ: 총론》, 한국개발연구원.
______________________, 2010b,《한국경제 60년사 Ⅱ: 산업》, 한국개발연구원.
한국식품공업협회, 2000,《식품공업 30년사: 1969-1999》.
Friedmann, Harriet and Philip McMichael (1989), "Agriculture and the State System: The Rise and Decline of National Agriculture, 1870 to the Present," *Sociologia Ruralis*, 29(2).
Goodman, David and Michael Redclift (1991), *Refashioning Nature: Food, Ecology and Culture*, Routledge.
Goodman, David, Bernardo Sorj and John Wilkinson (1987), *From Farming to Biotechnology: A Theory of Agro-Industrial Development*, Basil Blackwell.
McMichael, Philip (2013), *Food Regimes and Agrarian Questions*, Fernwood Publishing.
______________, (2000), "A Global Interpretation of the Rise of the East Asian Food Import Complex," *World Development*, 28(3).

5장

한국사회의 먹거리아노미와 한식문화

정혜경

음식과 문화

21세기, 지구화globalization 시대에 다양한 문화 중에서도 음식문화가 가지는 의미는 커지고 있다. 현대에 와서 음식은 지역음식이나 민족음식으로 지역이나 민족을 상징하는 문화 표상일 뿐 아니라 경제적·문화적 전략상품이 되고 있다. 지구화되는 과정에서 인적·물적 자원의 교류가 자유로워지면서, 국경의 의미는 점차 사라지고 민족의 정체성도 모호해졌다. 이런 지구화 현상에서 오히려 각 민족의 정체성을 찾기 위한 자민족의 역사와 문화 찾기를 가져오게 된 측면이 있다. 현재 세계의 각 나라는 문화를 통해 민족의 정체성을 찾고 우수하고 독창적인 자국 문화

정혜경 호서대학교 바이오산업학부 식품영양전공 교수이다. 한국의 식생활교육과 음식문화에 관심이 있으며, 저서로 《밥의 인문학》, 《천년한식견문록》, 《한국음식오디세이》, 《지역사회영양학》(공저) 등이 있다.

의 가치를 확인하고 미래의 새로운 전망을 제시하는 문화교육에 집중하고 있다. 이러한 국가별 전통문화 중에서도 음식문화는 그 민족의 생활문화를 가장 잘 보여준다고 생각된다. 그런데 한국은 5,000년의 전통 음식문화 역사를 가지고 있는 나라이지만, 현재 전통 먹거리의 위기에 봉착해 있다.

한국사회는 1960년대 초반 이래 급속한 경제성장을 이루어왔고, 1980년대 후반 이후 정치적 변화와 더불어 사회 전반에 걸쳐 안정된 경제기반을 다져왔다. 이런 시대의 한국인들에게 음식이란 더 이상 주린 배를 채우기 위한 수단으로서의 의미를 지니지 않게 된다. 사람들은 음식을 그 자체로 즐기며 포만감보다는 미각적 쾌락에 더 가치를 두는 경향을 나타내고 있다. 양보다는 질을 생각하며 먹거리를 소비하는 시대가 온 지 이미 오래다. 다시 말해 사람들은 음식을 통해 생존을 보장받는 것보다 맛, 영양 그리고 미각을 생각하고 문화를 소비하는 것을 더 중시하는 시대가 되었다.

반면, 현대의 한국사회는 먹거리불안이 심각한 시대다. 안전성이 확보되지 않은 식재료, 외국에서 수입된 값싼 식품, 거대 초국적 외식기업 진출로 인한 다국적 먹거리가 외식시장을 지배하고 있다. 또한 경제적 풍요로 먹거리가 넘쳐나지만 심각한 영양불량이 동시에 존재한다. 영양과잉과 결핍이 공존하는 영양양극화 현상이 심각하다. 현재 노인과 어린이 같은 영양취약 계층 및 저소득 계층에서 주로 나타나는 영양결핍률은 20%에 이르고, 영양과잉으로 인한 비만 또한 30%에 달하는데, 주로 저소득층에서 발병률이 더 높다(국민건강영양조사, 2014). 여기에 외모를 중시하는 사회적 분위기가 만들어낸 다이어트로 영양결핍이 만성화되고, 거식증과 같은 식이장애 문제도 심각한 실정이다. 이런 먹거리불안의 시대에 음식문화 또한 어지럽다. 국적 불명의 음식이 판치고, 서구 미식취향 따라하기에서 시작된 미디어의 먹거리열풍까지, 현재 한국사회에서는 음식문화 혼돈 양상이 나타나고 있다.

따라서 그간 한국사회에서 일어난 각종 크고 작은 사회경제적 변화가 음식문화 양상에 어떻게 반영되었는가와 더불어, 현재 한국사회의 먹거리를 둘러싼 과도기적 혼란 상태에 대해 고찰할 필요가 있다고 생각된다. 이를 위해서 한국의 전통적 식생활이 가진 사회문화적 가치와 현재 한국 음식문화 사이의 관계를 이해해야 한다. 급속하게 현대화·세계화하는 사회에서, 개인은 음식문화의 전통을 어떻게 이해하고 실천하는가, 현대인의 식생활은 전통 식생활과 어떤 면에서 지속과 변화 수용을 보여주는가, 그리고 이러한 식생활의 내용과 끊임없이 상호작용을 거듭하는 사회 전반의 모습은 어떠한가를 따져보아야 한다. 이를 위해 이 장에서는 현재 한국사회에서 음식문화에 부여하는 의미와 음식문화의 변화 과정을 살펴보고, 이에 대한 대안으로 한식의 미래가치를 제안해보고자 한다.

현대의 음식문화 아노미

현재 한국사회에서 음식은 단지 생존을 위한 수단이 아니라, 사람들의 사회생활에 있어서 빠져서는 안 될 중요한 부분의 하나가 되었다. 다양한 사회구성원들의 다양한 생활양식을 상징하는, 다시 말해 자아정체성을 표현하는 수단으로 다양한 의미의 실천을 매개하게 되었다. 한국은 세계에서 라면을 가장 많이 소비하는 국가이고, 어린 아이들이 가장 많이 찾는 음식은 단연 피자나 햄버거이며, 서구음식의 상징인 치킨과 맥주의 조합어인 '치맥'이 대표적인 국민간식이다. 또한 비만하지 않으면서도 다이어트 음식을 골라 먹는 여성들이 다수 있고, 수많은 건강보조 식품 소비가 증가하고 있으며, 또 한편에서는 꽁보리밥에 열무김치 그리고 된장찌개가 여전히 중년들에게 소울푸드로 회자된다.

이렇게 음식은 특정한 사회구성원과 의미의 차원에서 연결되고 또 소비된다. 이 시대 사람들의 음식소비는, 문화를 이해함으로써 설명할 수 있다. 사람들이 음식의 생산과 소비를 통해 어떤 의미를 생산, 재생산하는가를 규명할 필요가 있는 것이다. 예를 들어 우리 민족의 주식인 쌀의 경우를 살펴보자. 실제로 1901년 외국 쌀이 국내에 처음으로 들어왔을 때 저잣거리에는 "외국 쌀 먹인 자식은 에미 애비도 몰라본다"라는 소문이 돌았다(김환표, 2006). 이토록 쌀수입에 격렬하게 저항한 근본적인 이유는 쌀에 대한 한국인들의 전통적인 문화관념 때문이었다. 현재는 쌀이 남아돌아 쌀소비 증대를 위한 온갖 정책이 만들어지고 있지만, 지금으로부터 불과 100여 년 전의 한국인들은 쌀을 음식 이전에 '민족의 혼'이자 '생명줄'로 인식하고 있었기 때문이다. 또한 동물과 식물성 식재료를 사육·경작하고 세척·가공·조리하여 사람이 먹기까지의 여러 단계에도 각기 다른 문화적 상징이 내포되어 있다. '음식'은 어떤 문화이든 그 문화를 이해하는 중심에 놓여 있기 때문이다(정혜경, 1996). 즉 음식을 위주로 인간의 문화 변천을 가늠할 수 있을 정도로, 인간의 역사에서 음식이 차지하는 위치는 매우 컸다. 이렇게 중요한 '음식'은 자연생태계와 같은 물리적 환경과 더불어 문화의 바탕이 되어 공동체의 성격을 결정하기도 한다.

현재 한국사회의 다양한 먹거리문화를 살피는 것은 바로 현재의 한국을 이해하는 지름길이 될 것이다.

새로운 미식의 시대?

2000년대 이후 한국에서는 미식추구 현상이 두드러지고 있다. 물론 조선시대에도 사대부들의 미식추구 현상이 있었다(정혜경, 2012). 현대에 들어, 경제적인 풍요를 처음 누리게 된 1980년대에도 새로운 미식의 대상으로 세련된 서구음식을 추구하는 경향이 일부 계층에서 나타났다. 그러나 이러한 소수 계층의 취향이 아닌, 우리 사회 전반에 걸쳐 미식이 새로운 트렌드로 나타나고 있는 것이 요 몇 년 사이의 현상이다.

미식이 사회학적 분석 대상이 되기 시작한 것은 20세기 들어와서인데, 특히 사회학자인 엘리아스Elias와 부르디외Bourdieu는 미각이 사회적 지위를 형성하는 잠재요인이라고 보았다(캐롤란, 2012). 그들의 관점에 따르면, 미각은 사람들을 집단으로 조직화하며, 따라서 계급과 개인이 지닌 정체성의 핵심을 이룬다. 특히 사회학자 피에르 부르디외는 자신의 책《구별 짓기》에서 예술, 문학, 영화, 음식 등에 대한 취향이 계급 차이를 생성하고 유지하는 중요한 수단이라고 보았다. 그는 이를 경제자본, 사회자본과 대비해 '문화자본'이라고 정의했다. 상류계급과 결합된 유행, 즉 고급문화는 고가의 문화적 산물과 연결되어 있다고 보았는데, 음식의 예로는 오래된 와인과 캐비어 등을 들고 있다. 이런 현상은 이미 한국사회의 음식소비 취향과 연결해 보아도 나타나고 있다. 명절이면 수천만 원 대의 와인 선물을 주고받으며, 와인 아카데미에서 고급 와인문화를 배우고, 고급음식에 돈을 쓰는 것이 상층계급으로 진입하기 위한 필수조건이 되었다. 강남을 중심으로 재벌가 며느리만을 대상으로 요리를 가르치는 '요리 선생'들이 존재하고 그들만의 고급 음식문화를 형성하고 있다. 이런 상류층의 미식문화는 현재 중산층으로까지 퍼지고 있지만, 부르디외는 이런 (음식)문화취향이 상류계급에 진출하는 것은 가로막는 장애로 작용한다고 보았다.

한국사회에서 먹거리취향은 단지 소득에 의해서만 나뉘지는 않는다. 먹거리선호의 계층·계급적 분화를 분석한 연구(김선업, 2012)에 의하면, 먹거리선택에서 고려하는 대표 속성인 안전성, 취향, 맛, 기능성의 선호를 다중대응 분석한 결과, 교육수준에 따른 취향의 분화가 계급이나 소득에 비해 더 크다고 나타났다. 교육수준을 공유하는 집단들이 비슷한 먹거리습관이나 취향을 형성하고, 이에 근거하여 문화자본을 재형성할 가능성이 크다는 것이다. 현재는 교육수준이 계층보다 문화자본에 끼치는 영향력이 더 크다고 나타났으나, 교육수준이 소득과 연동되는 경향이 커지는 것을 고려하면, 가까운 미래에는 또 다른 결과가 나올지도 모른다.

분명한 것은, 한국사회에서 미식과 미각, 더 나아가 음식취향의 문제가 이제 계급문화의 문제로 대두되고 있다는 점이다. 세계적으로 값비싼 와인이 소비되기 시작한 것은 이미 오래전이고, 한 호텔에는 1인당 식사가격이 50만 원을 호가하는 프랑스 미슐랭 3스타 레스토랑의 분점이 성업 중이다. 강남에서는 외국 유학의 경험을 가진 요리사들이 부모의 재력을 바탕으로 레스토랑을 개업하고, 1인당 10만 원 이상의 고급음식을 파는 레스토랑이 많아진 것도 한국 음식문화의 일반적인 풍경이 되었다. 고급한 취향을 드러내는 값비싼 레스토랑이 생겨나는 한편에는, 젊은이들이 다양한 맛집 탐방 등의 방식으로 자신들의 먹거리취향을 드러내고 있다.

먹거리아노미 현상

현재 한국에서 나타나고 있는 음식문화를 한마디로 정의하기는 어렵다. 그러나 지금의 음식문화가 비규범적이고 심각한 상태라고 진단할 수는 있다. 이러한 한국의 먹거리문화는 혼돈, 즉 아노미 상태라 볼 수 있다. 이 아노미는 먹거리불안과 위험을 포함하고 있는데, 한국적 상황의 먹거리불안과 위험은 먹거리보장과 식품안전의 측면에서 연구(김철규 외, 2012)된 바 있다. 이 연구에서의 사회학적 논의와는 달리, 이 글에서는 먹거리아노미를 문화적인 틀 안에서 살펴보려 한다.

'아노미anomie'는 프랑스의 고전사회학자 뒤르껭의 유명한 개념으로, '무규범' 상태를 의미한다. 19세기 말 전통적인 농업사회에서 분업이 심화된 산업사회로 변화했는데, 사람들의 생활과 사고방식은 아직 산업사회에 맞는 새로운 도덕적 질서를 갖추지 못했다. 이런 무규범 상태에서 방황과 혼란이 심화되고 자살이 늘어났는데, 뒤르껭은 이를 '아노미적 자살'이라고 정의했다. 즉 문화의 변화가 경제수준의 변화를 따라가지 못하는 일종의 '문화 지체cultural lag' 또는 사회 전체의 변화에서 부문별 속도 차이에 따른 과도기적 혼란 상태를 가리키는 개념이 아노미다.

이 개념은 프랑스 사회학자 피슐러(Fischler, 1988)에 의해 음식문화에 적용되었다. 그는 중국, 프랑스, 멕시코 등 유서 깊은 나라 또는 문명권의 요리관습이 고유한 메뉴구성 원리, 조미 원리 및 요리체계를 가지고 있다고 주장한다. 나아가 그런 먹거리와 먹기를 지지하는 전통적인 사유양식은 비록 과학적이지 않고 단순한 이분법적 사고양식*에 입각한 것이지만, 그 융통성과 탄력성을 통해 식생활에 대한 질서·규범을 부여해 왔다고 보았다. 이런 질서와 규범은 또한 먹거리와 관련된 불안을 제어하고 일상적인 먹기의 유용함을 확보해주었다. 다시 말하면, 문명화된 곳이면 어디나 먹기와 관계된 사회적 규칙이나 양식이 있다는 것이다. 그런데 현대 먹거리체계의 구조적·이데올로기적 특성은 음식과 먹기의

---

* 예를 들어, 한국에서 찬 음식과 더운 음식 또는 음과 양으로 분류하는 체계로, 과학적으로 완전히 해명되지는 않는 전통적 먹거리 설명방식이 이에 속한다.

역설적 성격*을 가시화하는 효과를 갖는다(Fischler, 1988: 288-290). 이른바 '현대 정체성의 동요'로, 현대사회는 전통사회에서 먹거리를 규제하고 그것에 대해 안심시키는 규칙을 붕괴시켜 미식-아노미gastro-anomie 상태를 초래하는 요리법의 위기를 낳는다는 것이다. 예컨대 음식과 관련해 의사, 영양학자, 생리학자 등의 전문가집단이 저마다 이런 음식이 좋다는 식으로 서로 상이한, 때로 대립되는 처방과 조언을 내린다는 것이다. 최근 한국사회의 음식·건강과 관련된 프로그램에 다양한 전문가들이 출연자로 나서서 각각 다른 정보를 주는 것이 그 예다.

이런 먹거리아노미 상태가 초래된 것은 공동체의 붕괴와 관련 있다. 가족이나 공동체의 부양네트워크에 이전보다 한층 덜 속해 있는 현대의 개인들은, 집단적 권위도 보증해주지 않는 문화적 진공 상태에서 자신의 음식에 대해 더 많은 결정을 혼자서 내려야 하게 되었기 때문이다. 즉, 먹거리에 대한 전통적인 불안관리 양식은 더 이상 작동하지 않으나 새로운 질서와 관리양식은 아직 만들어지지 않은 상태라고 볼 수 있다.

매스컴이 이끄는 음식문화, 먹방과 쿡방

이런 먹거리아노미 상태에서 전통적인 먹거리양식을 대체하는 것이 매스컴이다. 현재 한국사회에서는 먹거리와 관련된 방송의 폭발적인 증가를 볼 수 있다. 이는 2011년 미디어법에 의해 시작된 종합편성채널 방송의 시작과 더불어 극명하게 드러나고 있다. 현재 종편을 지배하는 주 프로그램은 드라마나 연예오락이라기보다는 먹거리방송이라고 보아도

---

* 첫째, 쾌감과 불쾌감의 역설로, 음식은 미각적 만족/만족감 등 좋은 느낌을 줄 수도 있지만 불쾌함에서 괴로움까지 다양한 느낌을 낳을 수도 있다, 둘째, 건강과 질병의 역설로, 음식은 약이 되기도, 독이 되기도 한다. 셋째, 삶과 죽음의 역설로, 음식은 생명 유지에 절대적으로 필요하지만 다른 유기체의 죽음과 소멸을 수반한다.

될 정도다.

예전의 먹거리 관련 방송은 주부를 대상으로 한 요리 프로그램이 주류였다. 그러나 요즈음 먹거리 관련 방송은 국수나 고추 같은 하나의 식품을 역사적으로 조명하는 다큐멘터리부터, 세계 각국의 유명한 음식을 찾아다니는 맛기행 프로그램, 연예인들이 요리하고 음식에 대한 입담을 과시하는 프로그램까지 매우 다양하다. 거기다 '먹방', 즉 먹거리를 다루는 방송이라는 말, 그리고 출연자들이 맛있게 먹는 행위를 뜻하는 '폭풍흡입'이라는 말까지 먹거리와 관련된 신조어도 탄생하고 있다.

매스컴의 먹거리 프로그램 중 위험한 것도 있다. 건강과 관련된 먹거리 문제를 다루는 프로그램이다. 의사, 한의사, 영양학자 같은 전문가 그룹이 등장해 파, 마늘, 생강부터 브로콜리, 생선류 등 온갖 음식재료를 건강과 관련해 분석하는데, 모든 음식이 마치 만병통치의 묘약인 듯 소개하고 있다. 또한 이러한 건강 관련 프로그램이 끝난 후에는 출현했던 전문가가 등장해 건강식품을 판매하는 광고, 홈쇼핑 방송으로 연결된다.

음식에 대한 국민들의 뜨거운 관심은 먹방에서 이제 '쿡방'으로 바뀌고 있다. 쿡방은 쿠킹, 즉 요리하는 방송이라는 뜻이다. 남들이 먹는 것을 지켜보거나 맛집을 찾아가 요리를 맛보는 것이 아니라, 유명 요리사, 아니면 요리와는 인연이 없었던 연예인 등이 나와서 요리를 하는 프로그램이다. 이런 쿡방은 현재 가히 최고의 방송 아이템이라 할 수 있을 것이다. 요리로 인기를 끈 요리사들은 연예인 못지않은 인기를 누린다.

어떻게 이런 일이 가능해진 것일까? 정말 새로운 미식의 시대가 열린 것일까, 아니면 일시적인 유행일까? 아직 판단유보의 상태지만, 정치·경제 같은 거대담론보다는 개인의 취향이 중시되는 시대적 특성이 반영된 것으로 보이기도 한다. 예를 들어 개인의 문화적 취향이 중시된 이 시대에 추구할 수 있는 취향 중에서는 음식이 가장 저렴하기 때문에 경제적 상황으로 인해 '88만원 세대'나 IMF 이후 몰락한 중산층의 새로운 취향으로 자리 잡았다고 볼 수도 있다. 혹은 정치의 시대를 살아왔던 586세대가 나이를 먹으면서 가장 손쉽게 추구할 수 있는 '취미활동'이 요리로 나타났다고도 할 수 있다. 반면 자본적 성격으로 또 먹방, 쿡방을 주도하는 방송사가 한국 제일의 식품기업인 CJ의 계열 방송인 걸 통해 볼 때, 가공식품을 팔기 위한 식품산업의 전략이 주효한 것으로 볼 수도 있다. 아무튼 지금 한국사회는 '요리의 시대'다. 유명 요리사뿐 아니라 일반인 중에서도 요리하는 남성이 증가했다. 요리는 새로운 취미이자 능력이 되어, 요리하는 남자가 섹시하다고까지 불리는 시대다.

어지러운 한국 음식문화

먹방과 쿡방으로 대표되는 음식문화가 미식취향의 음식문화를 이끌고 있지만, 한편으로 우리 사회의 실제 식생활은 수준을 논할 수 있는 상태가 아니다. 여느 문명권의 음식문화처럼, 한국 역시 오랜 전통의 고유한 요리들을 가지고 있다. 그에 따른 먹거리질서도 엄연했다. 그러나 현재 한국 음식문화는 차마 이러한 것들을 음식문화라고 부를 수 있을까 할 정도로 부끄러울 때가 많다.

우리 음식문화의 문제점을 따져보기 전에, 음식문화와 민족/국가 정체성의 관계를 한번 살펴보자. 미식전통의 상징이라 할 만한 프랑스인들은 음식을 중요한 예술이나 문화의 일부로 생각하는데, 이는 프랑스의 오랜 요리역사 전통에서 만들어진 것이다. 반면 짧은 역사와 이민국가라는 특성으로 인해 고유한 음식문화 전통이 없었던 미국은 어떨까? 미국의 엘리트들은 자신의 고유한 요리가 없다는 사실에 실망한다고 한다.

그러나 지금 그들은 나름대로의 음식문화를 가꾸기 위한 노력을 하고 있다.

> 하나의 문화로서, 공유된 요리로부터 우리가 얻는 것은 아주 많다. 요리는 우리가 끝없이 우리의 개인성을 표출시킴으로써 분리되는 시대에 우리를 하나로 묶어주는 역할을 한다. 우리는 추수감사절의 교훈을 곰곰이 생각해보아야 한다. 우리만의 음식에 감사드리자. 우리 음식의 과거가 지닌 실용적 유산을 되새겨보자. 그리고 다음 세기를 위해 미국요리를 재정비하도록 하자. 다만, 다 함께 그 일을 해야 한다. 우리는 지금 공통의 근거가 절실히 필요하다(민츠, 1998).

인류학자인 민츠가 보기에, 공동체의 유지와 공통의 가치를 공유하기 위해서는 음식을 통한 유대감, 사랑, 소속감 등이 매우 중요하다. 그렇기 때문에 비록 내세울 만한 변변한 요리가 없는 미국인들이지만 지금부터라도 고유한 음식문화를 재조명하고 새롭게 만들어나가는 노력이 중요하다는 것이다.

그런데 우리는 어떠한가? 오천년의 역사 속에서 전통의 고유한 요리들을 가지고 있으면서 왜 이렇게 정신없고 어지러운 음식문화를 갖게 되었을까? 아마도 급속한 산업화 과정을 겪으면서 사회 전반에 나타난 전통 생활문화의 붕괴와 관련이 깊다고 보인다. 유교적 가치관에 의한 격식과 예절을 중시하던 전통 식생활은 더 이상 중요하지 않고 부의 축적과 과시가 중요한 가치가 되었기 때문일 것이다. 복잡한 식사예절은 지킬 필요가 없었으며, 이는 음식문화 전반에 드러난다. 그런 맥락을 고려하며, 현 한국사회 식생활의 문제점들을 개인, 가족 그리고 사회 차원에서 따져보려 한다.

먼저, 개인의 차원에서 살펴보면, 불규칙한 식사, 짧은 시간 안의 급한 식사, 정력·보신음식의 선호, 비만, 불필요한 다이어트 등을 꼽을 수 있다. 이런 현상은 모두 해방 이후, 특히 1970년대 이후 생겨난 것으로, 한국사회의 급속한 산업화, 서양화 같은 사회변동과 관련 있다.

일에 쫓기다 보니 마파람에 게 눈 감추듯 식사하는 버릇이 들었다. 거기다 군대에서 빠른 식사 훈련을 받아온 것도 한 요인이 된다. 해방 이후의 격변기 동안 사회가 안정되어 있지 않은 데서 불규칙한 식사습관이 생겼다. 1980년대 후반기부터 물질적 부가 어느 정도 축적되자 먹거리소비의 전체적인 증가가 일어나는데, 이는 정력·보신음식의 선호로 이어졌다. 건강한 생활습관을 가질 시간적 여유가 없자 이를 보신음식을 사 먹는 것으로 해결하려 한 것이다. 먹거리소비의 증가는 비만의 문제도 낳았다. 그런데 비만이 사회문제가 되면서 오히려 비만하지 않은 사람들까지 지나치게 다이어트에 집중하는 현상을 낳았다.

둘째, 가족 차원에서는 가족 공동식사 전통의 약화, 주부들의 음식담당 전통의 약화, 인스턴트식품의 남용, 전통조리법의 단절(김치, 장, 젓갈 등을 담그지 않게 된 것), 외식 시 패스트푸드 선호, 가정 접대문화의 단절, 관혼상제 등 잔치음식의 변질과 단절 등을 지적할 수 있다.

가족들이 밥상이나 식탁에 둘러앉아 함께 식사하던 전통은 심히 약화되어 있다. 가족 형태 자체가 핵가족화한데다 식구들이 자기 배움터로, 일터로 뿔뿔이 흩어지고 또한 생활리듬이 바빠져서 가족끼리의 공동식사는 쉬운 일이 아니게 되었다. 현재 1인 가구가 전체 가구의 20%를 넘을 정도로 증가하여 혼자 하는 식사인 '고식孤食' 또한 증가하였다. 이러하니 손님을 집에 초대하거나 접대하는 문화며 관혼상제 등의 잔치문화는 당연히 사라지고 있다.

셋째, 사회 조직 차원에서는 전통 음식예절의 상실로 인한 과음·폭음의 음주문화, 유원지에서의 취사행위나 음식물쓰레기 증가 현상이 자리 잡았고, 계절음식의 개념이 없어지고 향토음식의 부재 및 변질이 나타나면서 오히려 불량식품 및 보신식품이 횡행하게 된 것을 들 수 있다. 많은 음식점이 생겨나지만 서비스 부재, 지역적·문화적 맥락을 무시하고 곳곳에 무질서하게 들어서고 있는 이른바 '먹자골목'의 문제가 심각하며, 재래시장의 변질도 드러났다. 특히, 주로 기업논리에 의해 좌우되는 음식 관련 언론 및 광고가 제공하는 잘못된 정보 또한 이 시대의 중요한 사회문제로 자리 잡게 된다.

한국 음식문화의 변화와 먹거리정책의 대응

오천년의 유구한 역사를 지닌 전통 식생활은 현재 한국인의 실제 생활에서 자리를 잡지 못하고 있는 반면, 서구음식, 일본음식 또는 국적불명의 퓨전음식 속에서 한국음식의 정체성이 모호해지고 있다. 우리 전통 먹거리의 변천을 통해 이와 같은 상황이 된 맥락을 짚어볼 필요가 있다. 여기서는 한국 식생활의 변화 과정을 조선 말기 이후부터 간단히 살펴본다.

한국 음식문화의 변화 과정

현재와 같은 밥과 국 들을 중심으로 하는 한식전통이 확립된 것은 조선시대에 들어와서다. 조선 후기로 오면서 신분사회가 점차 붕괴되고 부富의 소유 여하에 따라 식생활 형태가 달라졌다. 특히 1876년 개항과 더불어 근대화가 식생활에 미친 영향은 상당히 컸다. 양식洋食이 이때부터 전래되기 시작하며, 커피와 양과자 같은 식품이 소개되었다. 비록 일부 계층에 국한되었지만, 다양한 외래 식재료와 조리법의 도입되어 전통적 식생활과 공존했다. 일제강점기에는 일본음식 및 식습관이 전래되기도 하였으나 가혹한 식민지 수탈정책으로 대부분 농민들의 식생활은 초근목피로 연명하는 등 궁핍하였다.

이런 식생활 사정은 해방 이후부터 점차 나아지기 시작하나 1962년 경제개발계획이 시작될 때까지도 보릿고개가 존재하는 어려운 형편이었다. 즉, 식량의 절대적 부족에 시달려야 했던 조선 후기, 개항기, 일제강점기에는 쌀밥과 고기반찬은 오직 상류층에서만 먹을 수 있었고, 대부분의 사람들에게는 동경의 대상일 뿐인 상징적인 음식이었다. 이후 소득수준이 향상하면서 식생활은 급격히 달라진다. 특히, 식품산업의 발달은 식생활 양상을 크게 바꾸어놓았다. 이 기간 동안 진행된 도시화 및 산업화는 외식 증가를 가져왔는데, 특히 햄버거나 피자, 치킨 같은 초국적 패스트푸드 외식업이 증가하게 된다. 1980년 후반 초국적 식품기업인 코카콜라, 맥도날드, KFC, 네슬레 등이 국내에 진출하고, 한국 음식문화 변화에 결정적인 영향을 미치게 된다.

이런 사회변화를 거치며, 식생활은 배고픔을 해결하는 수준을 넘어 건강 추구의 수단으로 인식되기 시작하였다. 1960년대부터 1970년대 중반까지는 많이 잘 먹는 것이 건강에 좋은 양 위주의 식사였으나 1970년대 이후부터 증가하기 시작한 식원성 만성질환으로 인해 건강을 위한 질 위주의 식사로 바뀌게 되었다. 그러다가 1990년대를 지나 2000년대 이후에는 미각, 즉 맛과 개인의 취향을 중시하는 소위 '미각의 시대'가 열리게 된다.

그런데 이와 같은 변화 과정에서 주목할 점은 한국 음식문화에 미친 외국의 영향이다. 음식문화가 타국의 영향을 받아 변화를 겪고 다양해지는 것은 물론 고대사회로부터 존재했던 현상이다. 그러나 일제강점기 일본의 영향과 해방 이후 미국의 영향은 교류의 차원이 아니라 지배적이라 할 수 있다. 두 나라의 영향이 한국 음식문화에 남긴 흔적은 양상을 조금 달리한다. 일본의 경우 35년의 긴 기간 동안 지속적이고 절대적인 영향을 미쳤음에도, 일본인에 대한 민족감정 및 적대감으로 인해 식생활에 미친 영향은 적었다(정혜경, 1996). 오늘날 일본음식점의 폭발적 증가와 비교하면 오히려 미미했다고 볼 수 있을 정도다.

반면, 해방 이후 미국이 한국 음식문화에 끼친 영향은 매우 컸다. 특히, 서구 식생활의 대명사로 불리는 빵식이 우리 사회에서 자리 잡은 것은 무엇보다 미국의 영향으로 볼 수 있다. 서구사회에 대한 동경은 서구 음식에 대한 선호로 이어졌고, 실제 토스트와 커피를 먹는 아침식사가 유행하며 한때 상류층의 식사패턴으로 자리 잡았다. 그런데 이 빵식, 즉 밀가루음식 소비 증가가 한국 식생활에 자리 잡은 주요 원인은 해방 이후 도입되기 시작한, 밀을 중심으로 한 막대한 미국의 잉여농산물이다. 당시까지 귀한 식재료였던 밀가루가 갑자기 풍부해지자 쌀을 중심으로 한 전통 식생활은 크게 바뀌었다. 밀가루로 만든 국수의 시대가 열렸고, 빵이 풍부해졌다. 이는 결국 햄버거나 피자, 콜라 등 서구식 식생활에 쉽게 적응하게 만들었다. 한국에서 전통 식생활의 해체에는 국가가 적극 개입했다는 것이 큰 특징이다. '분식을 많이 하자'는 슬로건이 국가정책이었다. 부족한 쌀을 보충하기 위한 어쩔 수 없는 선택이었지만, 식생활 개선이라는 명목으로 영양학자들을 동원해 밀이 쌀보다 우수하다는 인식을 퍼뜨렸다.

그렇다면, 이런 변화 과정을 거친 현대 한국인의 식생활 특징은 어떠할까? 전통음식의 섭취 감소, 주식의 변화, 식생활의 서구화 및 음식의 다양성을 들 수 있다. 급격한 식생활의 변화 중 특히 한국 전통의 음식과 음식문화가 전체 식생활에서 차지하는 위치가 점차 감소하고 있는 것이 두드러진다. 가정의 식단에서 외국음식의 등장이 빈번해짐으로써 전형적인 밥, 국, 김치의 관념이 희박해지고 있다. 한국인 상용음식 512종에 대한 인식을 조사한 연구 결과, 그중 약 52%인 266종에 대해서만 한식이라고 인식하는 대상자가 90% 이상이었다(백희영, 2012). 즉 우리 식탁 위에서 점차로 전통음식이 사라지고, 대신 비전통식, 서구형 식사가 증가하고 있다.

한편 편의식품의 이용과 외식이 증가한 것도 현대 식생활의 특징이다. 이는 교통, 저장, 운송, 가공법 등의 발달로 타 지역에서 생산된 식품을 손쉽게 시장에서 구입할 수 있고, 정보의 발달과 교육, 외국음식을 경험한 사람들이 증가하기 때문이다. 바쁜 현대인들이 식사시간을 단축하거나 가사노동을 줄이기 위해 외식이나 편의식품을 더 많이 이용하는 것도 한 가지 요인이 된다.

이상과 같은 최근세 100여 년간을 돌이켜보면, 조선 말기의 사회경제적 변동, 개화기에 촉발된 근대화 과정 그리고 일제강점기의 궁핍한 식생활, 해방 이후 서구 문물 및 제도 유입, 한국전쟁 이후의 경제개발 등 급격한 사회경제적 변동이 우리 민족의 음식문화에 작용한 바가 매우 컸다. 이러한 사회변동은 전통사회에서 현대사회로의 전환 과정이었고, 이 과정에서 각종 사회적 변혁과 가치관의 변화로 인해 전통 음식문화는 사라지고 '먹거리아노미' 상태에 이른다. 이 과정에서 전통은 변화의 장애로 여겨졌으며, 비합리·비효율이라는 명목으로 의도적인 파괴도 일부 진행되었다.

'한식세계화'와 한식정책

현대 들어서 전통 한식문화 상실의 위기감에서 시작된 것이 바로 정부의 한식세계화 정책이다. 2008년 이명박 정부는 농림수산부를 농림수산식품부로 개편했는데, 이는 농업과 연계된 먹거리정책을 다룬다는 의도로 미국 농무부USDA의 조직체계를 참고한 것이었다. 이때부터 실시된 먹거리정책 중 가장 대표적인 것이 바로 한식세계화였다. 한식세계화는, 말 그대로라면 우리 한식을 전세계인들에게 먹여서 경제적 부를 창출하겠다는 것이다. 역시 정부정책답게 한식세계화 5개년 계획이 만들어졌는데, 그 목표 중 일부는 한식의 세계 5대 음식 진입과 세계의 한식당 수를 당시 1만 개에서 4만 개로 늘리겠다는 것이었다.

이런 목표를 달성하기 위해, 한국음식은 세계적으로 우수하면서 맛있고 건강한 음식이라는 논리가 동원되었고 상당한 예산이 해외 한식 홍보에 사용되었지만, 성과는 미미했다. 한식세계화만큼 국민들에 잘 알려진 음식정책도 없었지만 또 그만큼 심한 비판을 받은 정책도 드물다. 음식의 문화적 속성을 잘 모르고 한식 우수성으로 포장하거나, 음식도 경제논리로 풀 수 있다는 생각 등이 결국 많은 부작용을 낳았다. 5년이 지난 지금 이런 목표는 당연히 수정되었고, 2014년 한식세계화 정책은 '한식진흥 및 음식관광 정책'으로 문패를 바꾸어 달았다. 음식관광은 박근혜 정부의 6차 산업을 표방하는 중요한 농식품정책으로 자리매김하고 있는데, 그 결과는 몇 년 후에나 나올 것이다.

정부의 무리한 추진으로 수많은 비판을 받고 부작용을 낳았지만, 한식세계화 정책이 나오게 된 배경에는 우리 외식시장이 외국의 패스트푸드에 거의 점령당하다시피 한 절박한 현실이 있었다. 한국음식은 특히 젊은 세대에게서 외면당하고 있었고, 세계 속 한식당은 거의 끼니를 해결하는 영세한 형태가 대부분이었다. 우리 국민은 한식을 그냥 먹는 음식이지 어떤 문화나 격식을 갖추지 못한 음식으로 인식하고 있었기 때문이다. 그러나 세계는 음식전쟁, 문화전쟁을 벌이고 있고, 각국은 철저한 자국음식 보호정책을 시행하고 있다. 이러한 절박한 현실에서 시작한 한식세계화 정책이었기에 많은 부작용을 낳기도 했지만, 어느 정도 긍정적인 부분도 있었다.

일단 우리 국민이 한식을 우리 민족의 혼이나 정신, 즉 정신문화의 부분으로서 받아들이기 시작했다는 점이다. 또 다른 변화는 한국의 대학에서 한식학과가 처음으로 개설되고 정식으로 자리 잡기 시작하였다는 점이다. 즉, 젊은 세대들이 한식에 대해 관심을 갖는 계기가 되었다. 그리고 외국 레스토랑 일변도였던 서울 강남에 소위 '모던 한식'이라는 이름으로 젊은 요리사들이 운영하는 한식당이 문을 열기 시작한 것도 큰 변화라면 변화일 것이다.

식생활교육의 필요성과 관련 정책

현재 우리 사회의 식생활 문제는 심각하다. 특히 곡류와 채소류를 중심으로 하던 주·부식의 밥상이 패스트푸드와 육류 중심의 식단으로 바뀌면서 영양불균형이 심화되어, 이로 인한 질병 발생이 늘어나고 있다. 자녀 수의 감소, 노인인구의 증가 등으로 인해 불규칙한 식사나 혼자 하는 식사가 늘고, 맞벌이 가족이 증가하고 다양한 가족 형태가 등장하면서 외식이 빈번해졌다. 식생활 양식의 가치가 변화하고 있는 것이다. 그리고 먹거리무역의 증가로 식품안전성의 위협과 식량시장의 불안요소가 상승하고 있다.

먹거리아노미 상태의 식생활 문제를 해결하고자 시도된 것이 바로 '식생활교육지원법'의 제정이다. 국민들의 식생활이 개인의 영역을 벗어나 공공의 영역에서 고민해야 할 과제가 되었기 때문이다. '식생활교육지원법'은 노무현 정부의 농어업특별대책위원회에서 논의하기 시작하여 2006년 7월 국회 농어업특위에서 처음 검토한 후, 2009년 4월 국회를 통과하여 법률 제9719호로 2009년 5월 27일 공포되고 11월 28일 시행된 법안이다.

이 법은 이미 2005년 이후 일본이 자국음식의 전통과 자국농산물 보호라는 목표로 시행하고 있는 '식육기본법'에 자극받은 바 크다. 또한 미국의 비만퇴치 프로그램, 전 유럽의 식생활과 관련한 정부 프로그램들이 이미 있었다. 특히 프랑스에서는 미각교육을 공교육으로 다루고 있고, 이탈리아도 슬로푸드 운동으로 자국 전통 음식문화의 보전과 계승을 위해 노력하고 있는 상황이다.

이 법의 주요 내용은 국가 식생활교육 추진 성과의 평가 및 활용, 국가 식생활교육위원회 구성 및 운영, 식생활지침 개발, 우수 농어촌 식생활 체험공간의 지정, 식생활교육기관의 지정 등이다. 즉 이 법의 취지는 식생활과 관련되어 나타나고 있는 현대사회의 다양한 문제에 대해서 그 대비나 예방, 올바른 방향의 설정 등, 범국가적 차원에서 전 국민을 대상으로 식생활교육을 수행, 운영, 관리, 감독하겠다는 것으로, 이 법에 의해 체계적이고 다양한 식생활교육 프로그램이 전개되고 추진될 수 있다.

국가식생활교육 사업의 중요한 쟁점은, 개인 영역에서 자발적으로 실천할 수 있도록 추진될 수 있느냐이다. 현재 법 제정 및 시행 과정에서 실제로 '식생활교육 국민 네트워크'라는 민간조직이 형성되고 전국적인 조직망을 갖추게 되기는 하였지만 예산집행자가 정부라는 측면에서 국민적 자발성을 이끌어내는 게 무엇보다 필요하다. 2015년, 제2차 5개년 국가식생활교육 실시를 앞두고 앞으로의 전개 방향에 대한 많은 비판과 성찰이 필요할 것이다.

대안음식으로서 '한식'의 가치

서구 산업사회에서 유발된 가공식품 사용과 패스트푸드의 범람 및 과도한 육식 추구는 이제 서구사회를 넘어 전세계인들에게 확대되었다. 이런 현상은 전통적인 식생활을 파괴하여 세계인을 병들게 하고, 또한 지구환경까지 위협하고 있다. 한국사회도 마찬가지로 이러한 서구 육식문화와 패스트푸드의 영향을 받아 먹거리아노미가 심화되고 있다. 전세계적인 먹거리불안 상황에서 슬로푸드 운동*, 로컬푸드 운동**이 심각한 지구 먹거리 문제의 재인식을 목표로 시작되었다. 현재는 이러한 먹거리운동에 많은 세계인들이 동참하고 있다.

전세계적인 먹거리운동이 지향하는 정신과 맞닿아 있는 음식이 한식이라고 생각된다. 왜냐하면 한식은 만성질환의 주범으로 간주되는 육식지향의 서구식 먹거리와 상반되는 채식에 기반한 건강한 먹거리문화를 지향하므로 지구적 대안음식의 성격을 가지기 때문이다. 이 한식이 가지는 대안적 가치를 살펴보고자 한다.

---

* 슬로푸드 운동은 패스트푸드의 대명사인 미국의 맥도날드가 1986년 이탈리아의 로마에 진출하자 현재 국제슬로푸드협회 회장인 카를로 페트리니와 그의 동료들이 주창한 반反패스트푸드 운동으로 식사, 미각의 즐거움, 전통음식의 보존 등의 가치를 내걸고 시작하였다. 한국에서는 2007년 12월 슬로푸드문화원(국제슬로푸드한국협회)의 설립으로 도입되었다. 한국의 슬로푸드 운동은 전통문화, 전통음식 등과 결합하여 활동이 전개되고 있는 것이 특징이다. 그래서 원재료를 가지고 인공적인 숙성이 아니라 자연적인 숙성이나 발효 과정을 거친 한국의 토종식품인 김치, 된장, 간장, 고추장, 젓갈 등의 발효식품을 전형적인 슬로푸드로 인정하고 있다. 이처럼 한국의 전통문화, 전통음식이 슬로푸드 정신에 부합한다는 점에 기인하여 다양한 전통음식 육성사업도 전개하고 있다.

** 로컬푸드 운동은 환경보호와 생산자의 안정적인 소득구조 창출, 소비자의 안전한 먹거리 확보로 생산자와 소비자의 신뢰성을 형성하고 지역경제 발전 등에 기여하려는 사회적 움직임이다. 최근 한국사회에서도 소비자의 건강과 환경에 대한 관심이 증가하고 식품안전에 대한 우려가 높아지면서 로컬푸드 운동을 추진하는 사례가 확산되고 있다.

자연주의적 식생활의 가치

한국인은 음식은 생명을 유지하기 위하여 반드시 필요한 것이며, 이 소중한 음식의 재료는 모두 자연에서 비롯된다고 여겼다. 자연은 인간 생명의 근원이며 더불어 살아가는 존재로 여겼다. 그러나 오늘날 우리는 풍요와 편리함 위주의 생활양식을 추구하면서 고열량의 음식과 가공식품의 편리성에 길들여져 있다. 문제는 이런 식생활 양식이 심각한 환경 오염을 초래할 뿐 아니라 병인을 추정하기 어려운 대사성 질환들이 점점 만성화되고 있다는 데 있다.

한국의 전통 식생활의 특징은 첫째, 채식 위주의 환경 보존적 식생활이다. 채식 위주의 식단은 또한 상당량의 수자원 낭비를 막아주고 지구 온난화의 주범인 이산화탄소와 메탄가스의 발생을 줄여준다. 동물성 식품, 즉 6온스(1온스는 약 28g)의 쇠고기를 생산하는 데는 1컵의 채소나 8온스의 쌀을 생산하는 데 비하여 16배의 화석연료가 든다. 또한, 육류를 생산할 때 발생하는 온실가스 배출량은 채소생산에 비해 24배에 달한다. 현재는 서구 육식 식생활이 증가하면서 이러한 전통적·환경친화적 식생활이 위협받고 있는 실정이다.

둘째, 잡곡 위주의 도정되지 않은 통곡물whole grain cereal 위주의 생명력 넘치는 식생활이었다. 특히 보리, 수수, 조 같은 다양한 전통 곡류는 현대인들의 건강 문제, 훼손된 환경, 식량부족과 같은 위험에 직면하게 될 미래를 위한 이상적인 식재료로서 주목받고 있다. 한국인은 쌀을 주식으로 하나 백미보다는 현미 형태로 섭취했으며, 그 외에도 보리나 조, 콩, 팥 같은 다양한 잡곡을 섭취했다. 곡물의 생명력을 중시하는 전통적 식생활이다.

셋째, 한국 음식문화의 특징 중 대표적인 것이 바로 김치, 된장을 비롯한 발효음식 중심의 식생활이라는 점이다. 김치류와 간장, 된장, 고추장 등 장류, 그리고 삼면이 바다인 관계로 풍부한 해산물로 만든 젓갈류 같은 발효음식을 중심으로 하는 우리나라의 전통음식은 모두 자연의 속도에 의해 숙성 기간을 거쳐야 하고, 제철에 지역적 특징을 가지고 생산된 식재료로 만드는 절기음식의 특징을 갖는다는 점에서 슬로푸드에 부합하는 식생활을 영위하여 왔다고 할 수 있다.

넷째, 제철식품 위주의 건강 친화적 식생활을 들 수 있다. 봄, 여름, 가을, 겨울이 뚜렷한 자연조건에서 한국인은 대부분 농업을 생업으로 하여 씨앗을 땅에 뿌려 계절에 맞게 수확하며, 수확한 식품을 건조시키거나 발효시켜 장기간 보관하며 식량으로 사용하였다. 대가족이 한 군데 모여 살며 자급자족했던 농업시대에는 계절에 따라, 장소에 따라 거기에 잘 어울리는 농작물을 다양하게 심고 거뒀다. 가족 중심의 노동집약적인 다품종 소량생산으로 자급자족했던 시절의 농촌은 수많은 동식물이 어우러지는 건강한 생태계를 유지해왔다. 우리 전통의 채식 위주 식단이 있어 환경과 생태계는 지금보다 훨씬 건강했고 우리의 식생활은 자연친화적이었다.

다섯째, 팔도음식과 같은 향토음식문화 발전의 장場으로서 지역산물 위주의 자급자족적 식생활을 들 수 있다. 각 지역마다 생산된 로컬 식재료를 중심으로 팔도음식이 발달하였고, 각 지역에서만 맛볼 수 있는 음식들이 발달하였다. 전통사회에서는 대부분 자급자족의 형태로 먹거리를 생산하고 소비하였기 때문에 무엇보다도 안전하고, 우수한 품질을 지닌 다양한 식재료를 확보할 수 있었다. 지역에서 재배된 먹거리는 신선함을 제공하고, 신선한 식재료는 가장 좋은 맛과 높은 영양적 가치를 제공한다.

감사와 배려를 중시하는 인본주의적 가치

현대사회는 산업화로 인해 공동체가 와해되고 가족도 붕괴되어, 공동체 중심으로 유지되던 식생활의 중요한 가치도 무너지고 있다고 볼 수 있다. 가정교육의 부재로 긴 역사와 함께 유지되던 전통 식사예절도 그 자취를 찾아보기 어렵게 되었으며, 간편주의라는 현대의 가치가 식사예절에도 침투해 있다. 급변하는 사회구조의 변화에 따라 가족의 식사시간이 서로 다르고, 서구문명의 유입과 경제 지향적인 가치구조에 따른 개인 편의 위주의 생활방식으로 식사예절을 둘러싼 세대갈등도 유발되고 있다.

전통사회에서는 식생활 예절이 매우 중시되었다. 먹거리의 지속가능성과 관련해 식생활 예절의 의미를 간단하게 짚어보자. 첫째, 먹거리에 감사하고 이를 실행할 줄 아는 식생활이다. 먹거리는 귀한 것으로서 항상 감사하면서 먹어야 한다고 보았다. 둘째, 타인을 배려하는 식생활이다. 혼자만의 배를 채우는 행위가 아니라 타인과 함께 식사하고 배려하는 식생활을 중시하였다. 셋째, 효를 중시하는 한국인에게는 어른을 섬기는 공경의 식생활이 중요했다. 먹거리가 생기면 어른에게 먼저 드리고 공경을 표하는 식생활의 도리를 지켰다. 넷째, 지나침이 없는 절제된 식생활을 중시하였다. 절제를 중시해 약간 모자란 듯이 먹는 식생활 예절은, 먹거리를 과잉섭취하고 비만이 만연할 뿐 아니라 음식물쓰레기 문제까지 심각한 현대인에게 의미가 있다. 다섯째, 주변에 굶주리는 자들이 없도록 돌보며 이웃과 함께하는 나눔의 식생활 등이 한국인들의 전통적 식사예절이라고 할 수 있다.

이와 같은 한국의 전통 식생활의 가치는, 먹거리가 풍요해졌지만 여전히 굶주리는 인구가 있으며, 먹거리 절제가 무엇보다 필요해진 현대 사회에서 무엇보다 중요한 인본주의적 가치다.

장수와 치유적 가치

채식과 발효음식에 근거한 한식은 자연을 우리의 일부로 생각한 한국인의 자연주의 정신과 철학 속에서 잉태된 음식문화다. 음식을 물질로 보지 않고, 자연의 일부로 생각하고, 과하지 않게 먹고 사랑했던 선조들의 검박한 음식철학이 담겨 있다. 이런 검박한 음식철학은 물질 만능의 시대에, 정신적인 충만감을 주는 치유의 가치를 가진다. 한식은 정신적·육체적인 치유 효과가 매우 큰 음식이다. 한식은 자연으로부터 멀어지고 정신적으로 피폐해지고 과도한 육식으로 병들어가는 세계인들을 치유할 가능성이 있다.

한식은 장수에도 유리한 식생활이다. 한국 장수인들을 심층면접한 결과(정혜경·김미혜, 2012), 가정에서의 음식 조리는 건강과 수명에 절대적인 중요성을 가지고 있었다. 전통세대는 대부분 농업을 생업으로 했다. 자연의 리듬에 맞추어 씨앗을 뿌리고 수확했다. 계절과 장소에 맞추어 거기에 잘 어울리는 농작물을 다양하게 심고 거두는 생활을 했다. 현대 농촌지역 100세 장수인들의 특징 역시 집에서 채마밭을 가꾸며 채소를 많이 즐기는 전통 식생활을 유지하는 것이었다. 가족 중심의 노동집약적인 다품종 소량생산으로 자급자족했던 전통적 식생활은 장수에 유리하고 치유적 가치를 중시하는 식생활이라고 볼 수 있다.

한국 음식문화의 미래

현대 한국의 식생활 형태는 개항 후 지난 1세기 동안, 특히 해방 이후 지난 70년간 많은 사회변화와 함께 새로운 식품 수용의 폭이 현저히 넓어졌다. 이러한 변화에 영향을 미친 요인으로는 인구 및 경제력의 변화, 농업기술의 혁신, 식품산업 발달, 외식산업 발달, 외래문화 유입, 의학·영양학 등 건강 관련 분야의 발전에 따른 정보량의 증가, 국민의 의식구조 및 가족 형태의 변화 등을 꼽을 수 있다. 이런 변화로 인해 쌀 소비량과 전통식품 소비량이 감소하는 식생활의 서구화 및 다양화가 빠르게 진행되고 있다. 이런 배경에는 과거 30년간의 급격한 산업화가 있다. 급격한 산업 발달에 따른 입맛의 변화는 점차적으로 식탁에서 가공식품이 차지하는 비율을 증가시키고 국내 식품기업의 확장을 가져오게 되었다.

한편 2000년대 이후 한국사회의 먹거리문화는 좀더 다각화된다. 서구사회의 오랜 전통이었던 미식문화가 일부 계층에서 나타나더니, 각자의 취향을 추구하는 젊은 계층의 새로운 문화로 정착했다. 최근에 이를 반영하듯 먹방과 쿡방 등이 매스컴을 장악해 미식의 대중화 현상이 강력하게 드러나고 있다. 여기에 주로 개인의 영역이었던 먹거리에 '한식세계화'와 '식생활교육'이 정부 차원의 먹거리정책으로 등장해, 음식문화의 전환점을 맞고 있다.

한편 영양섭취 실태 면에서도 영양불량의 문제, 즉 영양 부족과 과잉이 함께 존재하고 있다. 식생활의 중요성에 대한 인식 부족으로 불규칙한 식생활과 서구식 식생활의 비율이 증가함에 따라 영양불균형이 확대되고 생활습관병이 빠르게 늘어나고 있다. 특히 어린이와 청소년의 불만족스러운 급식 상황, 아침결식 문제, 가정식의 감소 및 나 홀로 식사하는 고식 문제가 증가하고 있어서, 한국의 식생활은 건강하다고 보기 어려운 상황이다.

결론적으로, 현대 한국의 식생활 형태는 지난 1세기 동안 많은 변화를 거치며 서구화, 다양화되었고, 2000년대 이후 새로운 맛과 취향 추구와 미식대중화라는 복잡한 형태로 진화되고 있다. 이런 급격한 외관상의 변화에도 불구하고 한국인의 식생활은 전통적, 비전통적 식생활 사고와 행동이 깊숙이 융합되어 있으며, 문화적 측면에서 보면 한국인의 식생활 행동은 수정의 형식(A → A′)으로 진행되어왔다고 보인다. 그리고 식생활의 특이성 때문에 앞으로도 전형적인 서구형 식생활 양식으로 변화(A → B)되지는 않을 것으로 생각된다.

따라서 세계적으로도 대안 먹거리운동에 많은 사람들이 참여하는 이 시점에서 전통 한식문화가 가지는 자연친화적이고 문화적인 측면에 주목할 필요가 있다고 생각된다. 즉, 대안 먹거리문화로서 한국음식을 지구적 음식으로 고려해볼 만하다.

한국 음식문화의 중요한 의미는 건강을 위한 식생활에서 더 나아가 먹거리의 생산에서부터 소비까지 전 과정에서 자원의 사용을 최소화하는 지속가능한 소비이자 온실가스 배출 등을 줄여 환경오염을 최소화하는 환경친화적 음식문화를 의미한다. 또한 전통적 식문화의 계승을 통해 가족 및 이웃과의 정서적 나눔까지도 얻을 수 있는 음식문화다. 즉, 한국 음식문화의 핵심가치는 물질적인 풍요를 넘어 정신적인 풍요를 추구하고, 자신 이외의 것들에 대한 배려를 기반으로 한 균형 잡힌 삶을 지향하는 것이다. 이는 기계화된 현대사회의 개인화를 배척하고 전통적인 어울림의 가치를 추구하는 것이라고도 할 수 있다.

참고문헌

김선업, 2012, 〈먹거리소비양식의 사회적 문화, 기회의 격차인가 생활양식의 차이인가〉, 비판사회학대회 발표문.

김철규·윤병선·김흥주, 2012, 〈먹거리 위험사회의 구조와 동학-식량보장과 식품안전문제를 중심으로〉, 《경제와 사회》 겨울호(통권 96호), pp12-42.

김환표, 2006, 《쌀밥전쟁: 아주 낯선 쌀의 역사》, 인물과사상사.

마이클 캐롤란, 김철규 외 역, 2013, 《먹거리와 농업의 사회학》, 따비.
박상미, 2003, 〈맛과 취향의 정체성과 경계 넘기〉, 《현상과 인식》 가을호, pp54-70.
백희영, 2012, 〈한식관련 전문가들의 한국인 상용음식과 식품에 대한 인식〉, 《한국영양학회지》 45권 6호, pp562-576.
보건복지부, 2013, 《2012국민건강통계》, 보건복지부 · 질병관리본부.
식생활개선국민운동본부, 《식생활개선운동 25년사》, pp221-227
시드니 민츠, 조병준 역, 1998, 《음식의 맛, 자유의 맛》, 지호. p263.
앨런 비어즈워스 · 테레사 케일, 박형신 · 정헌주 역, 2010, 《메뉴의 사회학》, 한울.
이계임 외, 2013, 《식품소비행태조사 기초분석보고서》, 농촌경제연구원.
정혜경, 2004, 〈생활양식변화에 따른 식생활문화의 변천〉, 식품관련학회 춘계연합심포지움.
정혜경 · 이정혜, 1996, 《서울의 음식문화》, 서울학연구소.
정혜경 · 김미혜, 2012, 〈전남 구례와 곡성 장수지역의 80세 이상 고령인들의 음식문화특성 연구〉, 《한국식생활문화학회지》 27권 2호, pp142-156.
정혜경, 2013, 《천년한식견문록》, 파프리카.
피에르 부르디외, 최종철 역, 2005, 《구별짓기-문화와 취향의 사회학》, 새물결.
통계청, 2010, 《장래인구추계 2010-2060》.
황윤재, 2012, 〈식품수급의 최근 동향과 시사점〉, 한국농촌경제연구원, p9.
현대경제연구원, 2014, 《2015 한국 경제의 주요특징》, 2014.
Fischler, C. 1980, "Food habits, social change and the nature/ culture dileinma", *Social Science Information*, 19, 6:937-953.
Fischler, C., 1988, "Food, self and identity", *Social Science Information*, 27, 2:275-292.

3부

먹거리체계의 대안을 찾아서

6장

먹거리정치
: 담론과 실천

이해진

왜 먹거리정치인가?

2008년 4월 18일, 이명박 정부는 국민의 반대에도 불구하고 미국산 쇠고기 수입에 전격 합의했다. 5월 2일, 미국산 수입쇠고기의 광우병 위험을 두려워하고 정부의 비민주적 결정에 분노한 시민들이 촛불을 들고 광장으로 나왔다. 촛불집회가 처음 시작될 당시 가장 눈에 띄는 참여자들은 한 손에는 촛불을, 다른 한 손에는 "아직 15년밖에 못 살았어요", "MB OUT"이라는 항의 손팻말을 들고 있는 10대 청소년들이었다. 울리히 벡Ulich Beck이 산업사회와 구별되는 위험사회의 징후가 공포에 기반

이해진 건국대학교 글로컬캠퍼스 산학연구처 조교수(사회학)이다. 먹거리정치와 먹거리시민권, 먹거리위험의 개인화, 사회적경제를 연구하고 있으며, 저서 《새로운 농촌사회학》(공저) 등과 역서 《먹거리와 농업의 사회학》(공역), 그리고 논문 〈소비자에서 먹거리시민으로〉, 〈한국의 사회적경제-제도화의 정치과정과 지역화 전략〉 등이 있다.

을 둔 연대의 출현이라고 했던 것처럼, "나는 두렵다"라는 위험사회의 감수성이 역설적이게도 비정치적인 것으로 간주되었던 주체들에 의해서 가장 정치적으로 표출된 장면이었다. 먹거리와 정치가 거리에서 만난 순간이다. 이후에도 100일을 넘겨 최대 100만 명에 이르는 시민들이 촛불집회에 참여해서 광우병위험 미국산 쇠고기 수입을 반대하며 "국민주권을 보장하라"고 외쳤다. 생명과 안전이라는 실존을 위한 개인적 투쟁이 불안과 두려움에 기초한 실용적 동맹으로 연결되어 집합적인 대규모 참여행동으로 정치화된 것이다. 2008년 촛불집회는 한국에서 식품안전과 위험 갈등과 관련해서 다수의 시민들이 사회운동의 방식으로 먹거리정치를 체현한 최초의 경험이었다. 또한 비정치적인 것으로 여겨졌던 먹거리가 실은 얼마나 정치적인 것인가를 확인한 체험이었다.

먹거리는 왜 정치적인가? 일상에서 매일 먹는 먹거리, 그것도 시장이나 마트에서 언제든 구매할 수 있는 먹거리가 정치적인 것과 관련된다는 생각을 하기는 쉽지 않다. 그러나 먹거리와 정치의 결합은 사실 매우 오래전부터 존재했다. 인류 역사에서 인간은 자연과 투쟁하면서 먹거리를 생산하고 문명을 발전시켜왔다. 먹거리를 생산하고 분배하는 인류의 지난한 투쟁은 인류 공통의 문제를 해결해나가는 인간의 적극적 행위 과정이라는 의미에서 정치적이라 할 수 있다. 먹거리는 사람의 생존과 욕구를 위해 자연을 대상으로 노동을 투입한 생산의 결과라는 점에서 인간과 자연의 관계를 연결하는 매개체다. 자본주의 이전 사회에서 먹거리 생산(자)과 소비(자)의 관계는 단절되지 않고 순환하는 신진대사의 사회생태적 관계로 묶여 있었다. 또한, 먹거리는 소유와 분배를 둘러싼 사람들 간의 투쟁과 갈등의 대상이었다. 먹거리의 생산과 분배는 다양한 이해관계 집단들 간의 이익 다툼과 권력 투쟁의 결과이며 권력과 지배관계를 유지시키는 도구로 기능했다. 현대 농식품체계에서 먹거리가 생산·유통·소비되는 과정은 정치경제적 관계에 기초한다. 먹거리가 토지, 화폐, 노동과 마찬가지로 상품화되면서, 자본과 권력의 이익과 지배가 작동하는 정치적 과정들이 개입되기 시작한 것이다. 자본주의 시장경제에서 먹거리와 먹는 행위를 둘러싼 위기, 갈등, 착취, 불평등, 지배, 배제, 권력의 문제는 더욱 커지고 있다.

오늘날 먹거리는 정치와 따로 떼어서 생각할 수 없다. 먹거리는 왜 갈수록 정치적인 것이 되는가? 첫째, 자본주의 시장경제에서 상품화된 먹거리는 자본 축적과 이윤 창출의 도구가 되었기 때문이다. 따라서 세계적인 식량위기, 기아, 빈곤, 먹거리불안food insecurity, 토지수탈land grab, 금융화financialization 같은 현대의 먹거리 쟁점들은 초국적 기업과 자본이 이윤을 극대화하기 위해 개입한 정치경제적 과정의 산물이다. 광우병BSE, 구제역, GMO, 방사능오염 먹거리 등 과학기술 합리성과 산업화된 먹거리체계가 초래한 식품안전food safety 위험의 이면에도 자본의 이윤 극대화 논리와 국가 및 지배계급의 권력을 강화하는 정치적 동학이 도사리고 있다.

둘째, 상품화된 먹거리가 전지구적 자유무역을 통해 생산되고 유통됨으로써 글로벌 차원에서의 먹거리정치가 심화되고 있다. 세계화된 농식품체계에서 농식품 수출 국가와 초국적 기업은 농식품의 생산과 유통을 독점하고 자유무역을 강요한다. 이들은 자본 독점과 불평등한 권력관계를 기반으로 지배와 이익을 재생산하기 위해 국제관계와 제도를 정치적으로 이용한다. WTO, IMF, 세계은행과 같은 신자유주의 국제기구와 제도들은 시장개방과 자유무역을 통해 강대국의 값싼 농식품을 약소국들에게 강요하는 국제적인 먹거리 권력장치들이다. 이러한 신자유주의적 세계 먹거리체계, 혹은 기업식량체제는 식량안보를 명분으로 농식품의 수급과 안전을 둘러싼 먹거리위기와 갈등을 심화시키는 동시에 개별 국가의 식량주권을 무력화시키고 있다. 최근에는 초국적 농식품 자본의 금융화와 토지수탈이 집중되면서 착취, 독점, 갈등, 지배, 불평등의 정치적 쟁점들이 더욱 심화되고 있다. 이러한 세계화된 먹거리정치는 전세계적인 식량부족과 2008년의 식량위기와 맞물리면서 먹거리불안 문제를 전지구적 차원의 구조적인 문제로 만들고 있다. 이를 감안할 때, 우리는 먹거리가 개인문제가 아닌 사회문제이며, 국민국가 단위를 넘어서 전지구적인 차원에서 작동하는 정치적 문제임을 직시해야 한다. 이런 맥락에서 글로벌 차원의 신자유주의적 먹거리정치에 대응해서 지구적 차원의 식량주권 운동이 대안 먹거리정치의 중심으로 떠오르고 있다.

셋째, 국가적 차원의 먹거리정책이 중요성을 더해가는 것도 먹거리정치가 심화되는 측면이다. 국가가 자국의 인구, 생명, 안전을 관리하고 통치하는 데 먹거리는 매우 중요한 요소다. 식량안보, 식품안전, 식량주권을 실현하거나 반대로 위기에 빠지는 것은 일차적으로 국가의 책임이다. 글로벌 차원의 먹거리정치 구조에서 농식품정책을 주도하는 국가의 역할에 따라 국가의 식량보장과 국민의 안전 및 농민 생산자와 소비자의 자기결정권이 판가름된다. 개별 국가의 농식품정책은 전지구적 자유무역 체제와 신자유주의적 기업식량체제에 종속되거나 갈등하면서 농민을 포함한 시민들의 생존과 주권을 위협하거나 보호한다는 점에서 먹거리는 국가의 중요한 정치적 어젠다가 된다. 특히, 2008년 세계적인 식량가격 폭등에 따른 식량위기는 기아, 빈곤, 식량보장, 인권, 정의, 민주주의와 같은 먹거리정치의 의제들을 새롭게 부각시키고 있다. 국가와 세계의 관계뿐만 아니라, 국가와 시민의 관계에서도 먹거리와 정치는 밀접하게 연관된다. 먹거리주권과 시민권을 실현하기 위해서는 먹거리정책에 대한 시민들의 적극적 개입이 필요하고, 그런 점에서 먹거리정치가 중요하다고 말할 수 있다. 먹거리정책과 먹거리체계를 바꾸는 것이 개인의 필요와 욕구에 따라 선택가능한 구조를 만듦으로써 궁극적으로 개인이 원하는 것을 충족할 수 있기 때문이다. 최근 들어 위에서 제시했던 먹거리정치의 구조에 대응하는 시민사회와 시민들의 정치사회적 행위와 관계망이 늘어나고 있다. 먹거리정치는 이웃, 공동체, 지역, 국가 차원에서 다양한 연대, 협력, 집합행동을 통해 생활정치, 시민정치로 확장된다.

넷째, 개인적 차원에서의 먹거리의 안전과 소비의 문제도 정치적 과정을 포함한다. 상품화된 먹거리의 오염, 식원성 질병, 영양 및 건강의 문제가 갈수록 심각해지면서, 많은 사람들이 먹거리에 더욱 관심을 갖게 되었다. 기업의 식품정치와 먹거리위험에 민감해진 시민들은 자신이 소비하는 먹거리가 어디에서 어떻게 만들어진 먹거리인지에 성찰적 주의를 기울인다. 어떤 먹거리를 선택하고 어떤 방식으로 소비하느냐에 따라 먹거리와 먹는 행위는 정치적 의미를 함축하는 정치적 행위가 된다. 2008년 미국산 쇠고기수입 반대 촛불집회나 최근의 학교 공공급식 논쟁은 바로 어떤 먹거리를 어떻게 먹는 것이 올바른 것인가를 결정하는 정치적 견해와 행동을 나타내는 먹거리정치의 예다. 이를 통해 먹거리 안전 및 소비와 연관된 개인문제는 개인의 불안과 선택을 넘어선 사회적이고 정치적인 문제로 확장된다. 다른 한편, 미시적인 수준에서 먹거리 소비의 행위는 "내가 먹는 것이 바로 나"를 규정하는 자아정체성과 개인의 가치지향, 이념을 보여주는 정치적 표상이다. 그것은 또한 자신이 속한 계급적 지위를 드러내는 상징자본과 문화자본을 반영하며, 동시에 자신을 다른 계급과 구별 짓는 전략적 실천으로 활용되기도 한다. 이와 같이, 먹거리는 상징과 의미의 체계 내에서 계급구조와 지배권력을 재생산하고 구조화시키는 맥락에서 정치적이라고 할 수 있다. 이처럼 미시적 수준에서 먹거리는 정체성의 정치, 계급정치의 매개로 기능한다.

요약하면, 오늘날 먹거리는 갈수록 정치적인 성격이 높아지고 있다.

오늘날 상품화된 먹거리를 생산하고 소비하는 과정은 자본과 권력의 지배를 받는다. 먹거리를 둘러싼 자본과 권력은 인간과 자연의 관계, 생산자와 소비자의 사회적 관계를 단절시킨다. 초국적 기업, 금융자본, 국제기구, 신자유주의 국가의 결합으로 맺어져 있는 농식품복합체는, 시장과 자유무역의 논리를 전면에 내세워 생산에서 소비에 이르는 농식품체계의 전 과정에 자신들의 지배를 강화하며, 그 이면에 녹아 있는 자신들의 이익과 권력을 숨긴 채, 먹거리 관련 갈등과 불평등을 재생산하는 정치적 과정을 구조화시키고 있다. 따라서 이러한 자본과 권력이 주도하는 먹거리정치의 구조와 동학을 이해하고 이를 변화시키는 대안적 먹거리정치가 요구된다.

이 글에서 다루는 먹거리정치의 정의는 두 개의 서로 상반되는 의미의 맥락에서 논의된다. 하나는 먹거리를 통한 권력과 자본의 지배의 측면이다. 다른 하나는 이에 대한 저항과 변혁의 측면이다. 먹거리정치는 먹거리를 매개로 삼아 인간과 자연(흙, 물, 씨앗, 동물 등)의 관계, 먹거리의 생산·유통·소비의 체계 및 그것을 둘러싼 사회적 관계를 변형시키는 행위의 과정들로 정의할 수 있다. 먹거리정치는 먹거리와 먹는 행위를 인식하고 실천하는 행위와, 권력과 자본이 주도하는 먹거리체계의 구조 사이의 상호작용의 과정으로 볼 수 있다. 먹거리정치의 주체는 국제기구, 초국적 기업, 국가, 사회운동조직, 시민단체, 대형마트, 생산자, 소비자, 시민에 이르기까지 매우 다양하다.

첫 번째 의미의 '지배적 먹거리정치'는 현대 농식품체계를 자본의 이해에 따라 배치하고 권력의 지배를 재생산하는 메커니즘을 의미한다. 여기에는 국가의 신자유주의적 통치와 글로벌 농식품체계, 기업식량체제, 농식품산업, 초국적 농식품기업과 자유무역 시장의 정치경제적 구조와 동학이 포함된다. 또한 먹거리 취향, 선호, 인식, 행동을 길들여서 먹거리와 먹는 행위를 통제하는 신자유주의적 통치성의 지배 과정도 여기에 해당한다. 지배의 먹거리정치는 자연과 인간의 관계, 먹거리체계와 개인의 관계, 생산(자)과 소비(자)의 관계를 단절시킨다. 더 나아가 지역순환 먹거리체계가 갖는 공생과 자립의 구조를 회복시키려는 변혁의 힘들을 개인문제로 치환해서 탈정치화한다. 기아, 비만, 안전과 같은 구조적인 먹거리 문제들을 소비주의, 영양주의 이데올로기와 국제표준, 인증제, 식생활지침guide line의 메커니즘을 활용해서 개인적인 책임으로 떠넘기며 먹거리 소비와 위험을 개인화시키는 정치도 지배의 먹거리정치에 포함된다.

두 번째 차원의 '변혁적 먹거리정치'는 글로벌 농식품체계를 변화시키고, 농식품 이슈에 대한 민주적 결정과 통제를 가능하게 만드는 집합적인 대안적 실천 행동을 의미한다. 저항과 변혁의 먹거리정치는 먹거리와 농업의 생산·분배·소비 과정에서 발생하는 자본과 권력에 대응하는 투쟁과 대안 형성의 과정을 포함한다. 로컬푸드, 유기농, 공정무역의 사례와 같이 자본과 권력의 지배를 받는 글로벌 먹거리체계를 바꾸려는 대안 먹거리운동이 이에 해당한다. 한국의 2008년 촛불집회와 친환경 무상급식 사례에서 확인할 수 있듯이 먹거리안전과 식량주권을 확보하기 위한 한국 시민들의 정치적 참여행동은 다른 나라에서는 찾아보기 어려운, 한국적 먹거리정치의 특색이라고 볼 수 있다.

이 장에서는 이러한 이중의 먹거리정치의 동학을 파악하기 위해 식량안보food security 담론과 식량주권food sovereignty 담론을 대비시켜 설명한다. 아울러 식품안전 및 소비주의consumerism와 먹거리시민권food citizenship 담론도 대응시켜 살펴본다. 먹거리정치를 구체적으로 식량안보 담론의 정치, 식량주권 운동의 정치, 식품소비의 정치, 먹거리시민정치로 구분해서 이해하는 것이다. 이러한 먹거리정치 담론들을 소개함으로써, 현대 글로벌 농식품체계가 어떻게 자본의 이익을 추구하고 권력관계를 지속하면서 작동하는지를 이해하고, 나아가 이를 어떻게 바꿀 수 있는지에 관한 대안 전략과 실천들을 논의할 것이다. 이에 덧붙여 먹거리를 둘러싼 민주주의, 불평등, 권력, 정의의 문제들을 다루면서 현재의 세계 먹거리체계를 변화시키는 주체 형성과 대안 먹거리체계의 가능성을 조명한다.

식량안보 담론의 정치

식량안보 개념의 변화

식량안보food security* 담론의 정치적 성격을 이해하기 위해서는 먼저 이 개념의 역사적 변천을 살펴볼 필요가 있다. 식량안보 개념은 전지구적인 식량부족 문제를 해결하기 위해 1974년 로마에서 열린 세계식량회의에서 처음 제시되었다. 초기의 식량안보 개념은 "먹거리소비가 지속적으로 늘어나는 가운데 생산과 가격의 등락을 상쇄시킬 수 있는 기본 식량을 전세계적으로 언제든지 적절한 방식으로 공급할 수 있는 가용성"으로 정의되었다. 초점은 국가적, 세계적 차원에서 충분한 먹거리를 생

---

* food security는 식량보장, 식량안보, 먹거리보장 등의 용어로 번역될 수 있다. 이 글에서는 식량주권과 대비되는 개념으로서 식량안보라는 용어를 주로 사용한다. 식량안보는 다양한 식량보장의 방법 가운데, 특히 자유무역을 통한 식량 확보를 강조하는 신자유주의적 식량보장의 의미로 해석한다. 식량안보는 국가 간 자유무역과 비교우위에 기반을 둔 바탕을 둔 세계 먹거리체계의 정치경제적 불평등구조 속에서 개별 국가가 식량의 수급을 안정적으로 확보하기 위한 식량정책과 정치적 전략을 포함한다. 이와 달리, 식량보장은 전세계적 차원, 개별 국가, 지역 수준에서 필요한 식량을 확보하거나 충족된 상태를 가리키는 중립적이고 서술적인 개념으로 사용한다. 먹거리보장이라는 용어는 지구적 차원에서 가정과 개인 단위에 이르기까지 먹거리에 대한 접근가능성이 보장된 양적 식량보장의 의미뿐만 아니라 인권과 복지의 요소까지 포함하여 모든 사람에게 질적으로 우수하고 충분한 먹거리가 확보되는 식량보장을 가리키는 개념으로 사용한다.

산해서 공급의 안정을 이루는 것이었다. 식량위기 문제의 해결을 먹거리 생산의 양적 증대에서 찾은 것이다. 특히 저발전 국가들에서 식량 증산을 통해 식량안보를 확보하기 위한 산업형 농업과 생산주의에 기초한 농업 기술과 정책이 강조되었다. 요약하면, 1970년대 식량안보 개념은 식량 생산과 공급을 늘리는 데 초점을 맞춘 담론이었다.

1980년대 식량안보 개념은 식량자원의 분배에 대한 사회경제적 문제와 접근성을 강조하는 방향으로 변화했다. 1970년대 이후 녹색혁명에 따라 식량생산이 늘어나면서 식량안보에 대한 관심이 양적 차원에서 질적 차원으로 확장된 것이다. 아마르티아 센Amartya Sen이 기근과 식량안보가 식량공급의 문제가 아니라 저발전과 빈곤의 사회경제적 문제라고 지적한 것도 식량안보 개념의 변화에 영향을 주었다. 1983년 FAO는 "모든 사람은 자신들이 필요로 하는 기본 먹거리에 물질적, 경제적으로 언제든지 접근할 수 있는 권리를 갖는다"고 식량안보 개념을 규정했다. 1986년 세계은행 보고서도 식량안보를 "모든 사람이 활기차고 건강한 삶을 누리기 위해 언제나 충분한 양의 식량에 접근할 수 있는 것"으로 규정했다. 초점은 모든 사람이 먹거리에 대한 접근성을 갖는 것이며, 발전과 경제적 기회를 통해 이를 확보하는 것이다. 접근성과 기회의 관점에서 정의된 식량안보 담론은 국가에서부터 가정 및 개인에 이르기까지, 생산에서부터 분배 및 소비의 차원에 이르기까지 범위를 확장시킨 것이다. 1970년대와 달리, 모든 사람의 먹거리접근성과 분배를 강조함으로써 먹거리인권과 먹거리보장의 개념이 새롭게 도입된 것이다.

식량안보 개념은 1990년대 들어서 또 다른 전환을 이룬다. 식량안보 개념의 정치화는 이 시기부터 본격화되었다고 할 수 있다. 전지구적 기아 문제를 해결하기 위해 FAO의 제안으로 1996년 로마에서 식량안보에 관한 세계식량정상회의World Food Summit가 열렸다. 회의는 식량안보에 관한 선언과 실천계획, 두 가지 문서화된 결과물을 이끌어냈다. 선언의 주요 내용은 회원국 모두가 정치적 의지와 헌신을 갖고 영양결핍 문제를 해결하는 데 노력해서 2015년까지 기아 수준을 절반으로 줄인다는 약속을 담고 있다. 실천계획은 이러한 약속을 실현하기 위한 구체적인 실행 방침을 제시하고 있다. 1996년 로마 세계식량정상회의는 식량안보 개념을 새롭게 규정했다. 식량안보는 "모든 사람이 활기차고 건강한 삶에 필요한 먹거리 욕구와 선호를 충족할 수 있도록 충분하고 안전하며 영양이 풍부한 먹거리에 물리적, 사회적, 경제적으로 언제든지 접근가능할 때 존재한다"고 천명한 것이다. 이 개념은 이후 FAO, OECD, 세계은행 등 국제기구들이 대부분 수용하고, 현재까지 식량안보에 관한 가장 보편적이고 공식적인 정의로 사용되고 있다. 얼핏 보기에 이러한 식량안보 개념은 이전까지의 식량안보 개념에 인간의 주체적 선호와 적극적 삶을 추가한 것으로 중립적이고 비정치적인 것으로 보인다. 그러나 이러한 개념 정의에는 먹거리를 누가, 어디에서, 어떻게 생산하고 소비해야 하는가라는 질문은 드러나 있지 않다. 문제는 그 이면에 숨어 있다. 왜, 1990년대 이후 식량안보 개념이 자유무역에 기초한 식량 확보를 의미하는 것으로 변질되면서 식량안보 담론이 정치화되었다고 비판하는가에 관해서는 다음 절에서 좀더 자세히 살펴보자.

식량안보 담론의 정치와 비판

식량안보 개념의 표면적 중립성에도 불구하고, 그 이면에는 정치적 논리가 숨겨진 채로 작동하고 있다. 이러한 사실은 식량을 상품으로 간주하고 무역과 시장을 통해 식량안보 문제를 해결해야 한다는 이면의 합의에서 적나라하게 드러난다. 1996년 로마 세계식량정상회의에서 채택된 실천계획 중에서, 제37항과 38항은 자유무역이 식량안보를 실현하는 핵심요인이며, 자원이용을 확대하고 경제성장을 촉진함으로써 식량접근성을 높일 수 있다고 명시하였다. 더 나아가 식량안보는 WTO가 주도하는 세계무역질서와 농업협정AoA을 기반으로 할 때만 달성될 수 있다고 못 박고 있다. 한마디로 말해서, 1996년 로마 세계식량정상회의에서 제창된 식량안보는 WTO 자유무역 체제의 기반 위에서 성립된 것이고, 나아가 그것을 강화하는 수단으로 활용된 것이다. 전지구적 기아 문제를 해결하고 모든 사람의 먹거리접근성을 보장한다고 주창된 식량안보 개념은, 실은 자유무역 중심의 먹거리세계화의 정치경제학이라는 현실을 은폐하는 정치적 담론으로 변용된 것이다. 결국 식량안보 담론은 먹거리와 농업의 자유무역과 신자유주의적 기업식량체제를 뒷받침하는 이데올로기로 정치화된 것이다. 1990년대 이후 2007~08년 세계 식량위기 이전까지 주류를 차지했던 식량안보 담론에는 WTO를 앞세운 신자유주의 세력이 추구하는 시장 중심의 먹거리정치가 작용하고 있었던 것이다. 식량안보 담론의 정치는 이처럼 지구적 차원에서 국가 간 불평등한 교역 및 농식품기업의 이윤과 자본의 지배를 극대화하는 반면, 사라져가는 농업과 농민에 대한 착취를 정당화하는 논리로 활용되었다고 할 수 있다.

2007/08년의 세계 식량위기가 발생하면서 이러한 신자유주의적 식량안보 담론의 정치에 대한 비판들이 본격적으로 제기되기 시작했다. 첫째, 식량안보 담론을 명분으로 삼아 WTO, IMF, 세계은행 등은 무역자유화, 탈규제, 민영화를 강요하면서 신자유주의적 세계화 모델을 주입시키고 있다(Schanbacher, 2010: xii).

둘째, 식량안보는 갈수록 민영화되면서 기업에 의존한다(McMichael and Schnieder, 2011). 식량안보의 자유무역화는 먹거리와 농업 부문에서 국가와 농민의 역할을 축소하는 대신에 초국적 기업의 지배를 확대시킨다. 식량안보의 민영화는 국가의 생산 및 분배 수단을 민간기업에 이전시킨다. 최근에 이러한 민영화를 보여주는 부문이 해외토지수탈이다. 2011년 한국의 대우와 마다가스카르 간의 130만 헥타르 농지계약이 대표적인 사례다. 농식품기업과 금융자본은 취약한 개발도상국들에서 토지의 영구임대권을 확보하여 토지자원 및 농업생산 활동에 대한 통제권을 장악한다. 해당 국가의 식량자원들은 무역과 다른 나라의 식량안보를 위해 해외로 팔려나간다. 식량안보의 외피를 두른 농식품의 자유무역 체제가 초국적 기업과 농식품산업의 이윤 확대에 기여한다. 무역자유화와 초국적 농식품기업이 세계를 먹여 살릴 것이라는 주장은 식량안보 정치를 정당화하는 이데올로기일 뿐이다.

셋째, 비교우위론과 자유무역에 의존한 식량안보는 전지구적 곡물의 생산과 유통에 대한 소수의 초국적 곡물기업의 독점을 강화시켰다. 독과점 초국적기업들은 세계 곡물시장을 장악한 채 영향력을 확대하면서 2007/08년 식량위기가 발생했을 때 오히려 더 많은 이윤을 챙겼다.

넷째, 식량안보의 정치는 식량의 수출과 수입을 둘러싼 불평등한 착취와 종속을 심화시킨다. 신자유주의 체제에서 WTO는 무역자유화를 강요하면서 개별 국가들이 농업을 보호하는 조치들을 금지시켰다. 대부분의 개발도상국들은 해외로부터 값싸게 수입한 식량에 의존하게 되었다. 쌀 수출국에서 수입국으로 전락한 필리핀의 경우가 대표적이다. 최근 증가하고 있는 해외직접투자FDI, 금융화, 해외토지수탈, 산업형 농업, 생명공학 유전자조작 식품 등은 식량안보를 위협하는 새로운 정치경제적 메커니즘들이다.

다섯째, 식량안보 담론은 자본과 권력의 지배와 관련된 쟁점들을 소홀하게 다룬다. 정치경제적 이익을 목적으로 농식품 자원을 부당하게 착취하고 불공정하게 배분하며 먹거리체계의 부정의와 불평등을 재생산하는 구조의 문제를 다루지 않는다. 식량안보 담론은 먹거리가 어디에서 어떤 경로로 보장되는지의 과정을 중요하게 여기지 않기 때문에 먹거리를 보장하는 데 가장 핵심적인 농업의 지속가능성과 농민의 생존권을 외면한다.

여섯째, 결국 자유무역과 시장기제에 의존하는 식량안보는 농업의 지속가능성과 식량자급을 약화시키며 먹거리불안을 심화시킨다. 먹거리불안은 먹거리수급의 위기, 먹거리안전의 위험, 먹거리보장의 위협을 포함한다. FAO, WTO 등 국제기구 및 식량수출 선진국들이 주장하는 시장에 의한 식량안보는 불가능한 것으로 판명됐다. 2007/08년 식량위기의 경험에서 볼 수 있듯이, 식량의 지구적 자유무역 체제는 식량위기의 상황에서는 제대로 작동하지 않고, 오히려 식량폭동과 같은 정치적 위기와 사회경제적 빈곤과 기아 등 먹거리불안의 문제를 심화시킨다. 시장과 무역에 의존한 식량안보 체제 자체가 세계 식량위기를 초래한 원인의 하나라고 할 수 있다.

식량보장 개념의 분화와 확장

정치화된 식량안보 담론에 대한 비판이 높아지면서 식량보장 개념은 글로벌, 지역, 국가, 가정, 개인 차원에서 다양하게 논의되기 시작했다. 식량보장 개념은 전세계적 차원에서 식량 생산과 공급이 안정적이고 지속가능한 방식으로 수요를 충족하는 것에서부터, 각 가정에서 건강하고 영양이 충분한 먹거리에 접근할 수 있는 가능성에 이르기까지 폭넓게 적용되고 있다. 지구적이고 국가적인 차원에서 논의되었던 이전의 식량안보 개념과 달리, 가구 단위에서의 먹거리보장household food security과 지역사회 수준에서의 먹거리보장community food security 개념으로 확장되었다. 그러나 이러한 식량보장 개념의 변화도 식량자급과 식량주권

보다는 선진국을 중심으로 개인이나 가족 차원에서 안정적인 식량소비를 강조한 것이다. 식량수입 국가들이 여전히 안정적인 식량을 확보하는 양적 식량안보에서의 불안정을 겪고 있는 반면, 부유한 국가들을 중심으로 가구 단위에서의 영양과 먹거리에 대한 접근성을 강조하는 질적 먹거리보장 문제로 확장된 식량보장 개념의 분화가 나타난 것이다. 또한, 2008년 세계 식량위기가 식량가격 폭등에 따른 기아와 빈곤의 문제와 먹거리폭동이라는 정치적 문제로 확산되면서 식량보장 개념은 먹거리불안 논의로 확대되고 있다. 최근 들어 식량보장 연구는 농업, 기후변화, 수자원, 식품안전, 위생, 빈곤, 재분배, 사회안전망 등 다양한 주제들로 확장되고 있다. 이런 변화를 반영하여 2009년 개최된 식량보장에 관한 세계정상회담에서는 가용성availability, 접근성accessibility, 활용성utilization, 안정성stability을 식량보장의 네 가지 축으로 제시하였다.

식량보장 개념의 대안적 전망과 관련해서는 시장과 무역이 아닌 사회적 관계를 강조하며, 이른바 식량인간보장지표FHSI를 개발한 캐롤란(Carolan, 2012; 2013)의 주장을 주목할 만하다. 그는 농식품 관련 국제정책이 주로 값싼 칼로리를 보장하는 의미의 식량안보 개념에 의존했다고 비판하면서, 식량보장 개념을 다시 생각해야 한다고 역설한다. 캐롤란은 먹거리보장 개념에 대해 생산의 영역이나 달성해야 할 고정된 목적 그 자체나 상태가 아니라, 지구와 사람들을 더 살기 좋게 만들어내는 '과정'으로 이해할 것을 제안한다.

한국의 식량안보 정치

한국의 식량안보 정책은 식량자급을 통한 식량보장이 아니라, 농식품 시장개방과 해외조달로부터 먹거리불안에 대응하는 것이다. 자유무역 중심의 식량안보 개념을 그대로 수용해서 부족한 식량을 해외로부터의 수입하는 데 초점이 맞추어져 있다. 2007/08년 식량위기에도 불구하고 한국의 이명박·박근혜 정부는 신자유주의 개방농정을 더욱 가속화하는 한편, 식량안보에서 국가 역할을 축소하고 민영화를 확대하는 방향으로 나아갔다.

이명박 정부의 식량안보 정책은 해외식량기지와 해외농업개발을 통한 해외식량조달이다. 낮은 곡물자급률에도 불구하고 국내 자급을 외면하고 시장무역과 해외조달에 식량보장을 의존하는 것이다. 더구나 식량안보의 민영화를 추진해서 대부분의 해외조달의 역할을 민간기업에게 넘기고 정부가 이를 지원하는 형태로 진행되었다. 구체적으로 이명박 정부는 2011년 식량자급률 대신에 곡물자주율이라는 변칙적인 개념을 도입했다. 국내에서 생산된 식량만이 아니라 해외식량기지를 통해 수입된 식량까지 곡물자주율에 포함시킨다는 것이다. 정부의 설명에 따르면, 국내생산만 반영하는 식량자급률 개념의 한계를 보완하기 위해 국내 기업이 해외에서 생산·유통하는 물량을 포함하는 곡물자주율 지표를 신설해서 국민의 식량안보 관련 위기감을 해소한다고 한다. 이렇게 해서 2010년 기준 26.7%였던 기존의 곡물자급률을 2020년까지 32.0%로 올리고, 해외조달 491만 톤을 포함한 곡물자주율을 65.0%까지 올릴 계획이라고 발표했다. 이를 실현하기 위해 이명박 정부는 두 가지 해외조달 정책을 시행했다. 하나는 직접적으로 해외의 농지를 임대해 해외식량기지를 만들어 곡물을 생산하는 방식이다. 즉, 전형적인 해외토지수탈이다. 다른 하나는 미국, 브라질 등 주요 곡물생산국에 곡물회사를 설립해서 국가 곡물조달 시스템을 구축하는 것이다. 이를 민간기업이 주도하고 정부가 정책과 금융 지원을 책임지는 형태다. 전형적인 식량안보의 민영화라고 할 수 있다. 2008년 이후 이명박 정부는 민간기업의 해외농업개발을 정부기관(한국농어촌공사)을 통해 적극 지원하였다. 농림축산식품부 자료에 따르면, 2013년 기준 355억 원(융자 330억 원, 보조 25억 원)의 재정지원을 하였고, 2013년 12월 말 현재 25개국에 125개 기업이 진출해 있는 것으로 파악된다.

이처럼 한국의 식량안보 정책은 대규모 해외농업기지를 건설하는 토지수탈과 민영화, 그리고 식량자주율이라는 변칙적인 수단을 도입해서 식량자급과 식량주권을 희생하면서까지 자국의 식량보장을 세계시장에 종속시키고 있다. 이와 같은 시장의존적인 농식품정책은 동시다발적인 FTA 체결과 TPP 가입, 2014년 쌀 관세화와 맞물려 한국의 먹거리불안을 매우 심각한 상황에 몰아넣고 있다. 먹거리불안에 대한 위기감과 낮은 식량자급률에 대한 비판이 높아지면서, 정부는 식량안보의 시장화와 민영화를 추진하고 개방농정과 농업구조조정 정책을 정당화하는 신자유주의적 식량안보 정치에 의존하고 있다.

식량주권 운동의 정치

식량주권 개념과 운동의 발전

식량주권food sovereignty 개념과 운동은 전세계적 농민운동 연대조직인 비아캄페시나via Campesina에 의해 조직적으로 발전되었다. 비아캄페시나는 자본화, 산업화, 기업화 된 신자유주의적 농업세계화에 저항하는 대안으로 식량주권 개념과 운동을 주장했다. 비아캄페시나는 1996년 멕시코에서 열린 2차 세계총회에서 식량주권 개념을 처음 논의하였고, 같은 해 FAO가 주관한 로마 세계식량회의World Food Conference에서 연대조직들과 함께 식량주권 운동을 공개적으로 천명했다. 이후 비아캄페시나를 중심으로 반세계화 대안 농업운동 진영은 '식량안보'를 '식량주권'으로 대체할 것을 주장했다. 식량안보 개념이 정치적 중립성을 표방하지만, 식량주권 운동은 식량안보의 개념에 숨겨져 있는 정치경제적 논리와 그것이 전세계 농업·농민의 위기와 먹거리불안에 미친 부정적 결과들을 비판한다. 식량주권 운동은 무역자유화와 초국적 농식품기업이 주도하는 식량안보의 정치에 맞서 이를 대체하고자 한다. 식량주권 운동은 식량안보 담론의 정치적 성격을 간파하고 농업과 생산자를 중심으로 전지구적 농업·농민 사회운동을 펼쳐왔다. 비아캄페시나는 소농의 정체성과 역할을 중심으로 반세계화운동 진영과 연대하여 지구적 대안 사회운동을 전개하며 식량주권을 농식품체계의 대안 패러다임으로 부상시켰다. 간략히 말하면, 식량주권은 민중들과 주권국가가 민주적으로 자신의 농업과 먹거리 정책을 결정할 수 있는 권리를 가리킨다. 식량주권 운동은 먹거리 생산에서 소비에 이르는 체계와 자원을 민주적으로 통제할 수 있는 권리의 확보라는 맥락에서 농식품 관련 대안운동을 주도했다. 식량주권 개념과 운동은 시애틀과 칸쿤에서 WTO 반대투쟁과 초국적 농식품기업, FTA의 신자유주의적 농식품 지배에 저항하는 대안 먹거리체계의 비전을 제시해왔다.

비아캄페시나와 대안 농식품운동 연대조직들은 2007년 닐레니 포럼에서 식량주권 개념과 운동이 농업과 먹거리 정책을 주도하고 통제할 수 있는 민중들의 권리임을 주창했다. 〈닐레니 선언〉에서 비아캄페시나를 비롯한 전세계 농민운동 주체들은 식량주권 개념을 다음과 같이 제시하였다. 식량주권은 소농과 지역민을 포함한 모든 민중이 자신들의 농업과 먹거리 정책을 결정하고, 토지, 물, 씨앗 등에 대한 접근성을 확보하면서 먹거리의 생산과 소비를 조직할 수 있는 권리를 의미한다.

식량주권은 환경친화적이고 지속가능한 방식으로 생산되어 건강하고 문화적으로도 적합한 먹거리에 대한 민중들의 권리이다. 그것은 생산자와 소비자를 포함한 모든 민중이 자신들의 고유한 먹거리와 농업 체계를 결정할 수 있는 권리다. 식량주권은 시장과 기업의 요구가 아니라 먹거리를 생산, 분배, 소비하는 사람들의 열망과 필요를 먹거리체계와 정책의 중심에 둔다. 그것은 또한 다음 세대를 보호하기 위한 것이다. 식량주권은 현재 초국적 기업이 주도하고 있는 자유무역과 식량체제에 저항하고 그것을 무너뜨릴 수 있는 전략을 제공하며, 생산자와 이용자들에 의해 결정된 먹거리·농업·목축·어업 체계의 방향을 제시한다. 식량주권은 지역과 국가의 경제와 시장에 우선권을 두며, 소농과 가족농, 어업, 목축업뿐만 아니라 환경적·사회적·경제적 지속가능성에 기초한 먹거리 생산, 공급, 소비의 권한을 강화한다. 식량주권은 모든 민중에게 공정한 수입을 보증할 수 있는 투명한 무역과 소비자가 먹거리와 영양을 통제할 있는 권리를 증진시킨다. 식량주권은 우리의 토지, 영토, 물, 종자, 가축, 생물다양성을 이용하고 관리할 권리가 먹거리생산자의 손에 있다는 점을 분명히 한다. 식량주권은 남녀, 민중, 인종, 사회계급, 세대 간에 불평등과 탄압이 없는 새로운 사회적 관계를 의미한다(Nyéléni Declaration, 2007).

〈닐레니 선언〉 이후 IPC International Planning Committee for Food Sovereignty가 요약한 식량주권의 개념은 다음과 같다. 첫째, 식량주권은 사람들을 위한 먹거리를 강조한다. 충분하고 건강하며 문화적으로 적합한 먹거리에 대한 모든 사람의 권리를 농업과 먹거리 정책의 중심에 놓아야 한다. 둘째, 먹거리생산자의 가치를 존중한다. 여성, 소농, 가족농, 원주민, 노동자, 이주민들을 모두 포함해 먹거리를 경작하고 가공하는 생산자들의 가치를 인정하고 지원한다. 셋째, 생산자와 소비자의 사회적 결속에 기반한 지역먹거리체계 구축을 강조한다. 생산자와 소비자가 먹거리 이슈에 대한 의사결정을 주도하고, 지역 생산자와 소비자를 보호하는 것이다. 넷째, 토지, 물, 씨앗, 가축에 대한 통제를 지역 생산자들의 권한으로 존중한다. 먹거리정치에 대해 지역공동체와 생산자의 권리를 보장한다. 생산자들은 자연생태적 자원을 공유하면서 사회적이고 환경적으로 지속가능한 방식으로 보호한다. 다섯째, 식량주권은 생산자 및 지역사회의 고유한 지식과 기술을 만들고 보호한다. 여섯째, 식량주권은 낮은 외부투입과 농생태적 경작방식을 통해 자연생태계의 회복과 지속가능성에 기여한다. 식량주권 운동이 지향하는 비판적 쟁점과 실천들은 생물다양성, 농생태학, 지속가능한 발전 등을 포함한다.

식량안보와 식량주권 개념 비교

식량주권 운동이 등장한 배경은 1990년대 농업의 자유무역과 구조조정이 가속화되고 국내 농업 부문에 대한 지원이 축소되면서 세계적으로 농업위기가 심화되었기 때문이다. 최근 반복되는 세계 식량위기는 자유무역에 의한 식량안보의 정당성이 더 이상 설득력이 없다는 사실을 보여준다. 이에 따라 현존하는 세계적 자유무역질서와 지배에 도전하는 식량주권 개념이 시장과 무역 중심의 식량안보 개념을 대체하기 시작했다. 식량주권 개념과 운동은 신자유주의에 의해 정치화된 식량안보 개념을 (재)정치화하려는 전략적 개념으로 제시된 것이다. 식량주권 개념은 식량안보 개념이 은폐하고 있는 권력관계와 자유무역 중심의 식량안보를 비판하는 수단으로 활용되고 있다. 식량주권은 기업식량체제와 WTO의 자유무역 중심의 식량안보에 대한 대안 논리로 등장한 것이다.

〈표 6.1〉에서 보듯이, 식량주권 운동은 농업과 먹거리의 대안체계를 구축하는 운동으로서 먹거리의 생산에서 소비에 이르는 관련 자원들과 국가의 먹거리정책을 민주적으로 통제하고, 누구를 위해 무엇을 어떻

〈표 6.1〉 식량안보 대 식량주권

	식량안보	식량주권
패러다임	자유무역 식량체계	농업과 먹거리 대안운동
목표	먹거리 양적 공급 먹거리 생산과 유통의 세계시장화	소농과 농업의 지속가능성 먹거리 생산자와 소비자의 자기결정권
핵심모순	기아, 빈곤, 수급불균형	전지구적 신자유주의적 농식품체제
해결방안	비교우위 시장교환 국제적인 자유무역	식량자급 먹거리무역(덤핑)과 시장 규제 먹거리를 생산·소비하는 민중의 민주적 통제 지속가능한 농생태적 영농 연대와 사회운동
먹거리	상품	기본권
자연자원(씨앗, 물)	먹거리 생산수단	인류와 지역의 전승된 유산
먹거리보장 방법	식량생산과 무역의 자유화	소규모 농민과 농업생산 기반에 의한 지역생산과 순환

출처: 송원규·윤병선, 2012; 조효제, 2014를 참고하여 재구성

게 생산할 것인가를 결정할 수 있는 생산자와 소비자 및 공동체의 권리를 강조한다. 식량주권은 모든 민중과 지역공동체와 국가가 농업, 노동, 어업, 먹거리, 토지에 관련된 정책들을 생태적·사회적·경제적·문화적으로 적절한 방식으로 결정할 수 있는 권리다. 식량안보 개념에 비해 식량주권은 먹거리보장을 위한 방법의 문제까지 중요하게 고려해서 농업생산과 자원에 대한 권리와 과정에 대한 문제의식을 담고 있다. 식량안보나 식량권 개념과 달리, 식량주권 개념은 어떤 먹거리가 어디에서, 누구에 의해, 어떻게 생산되는가라는 질문을 논의의 중심에 둔다. 식량주권은 종자를 상품으로 보는 것을 거부하고, 종자와 같이 농업을 통해 축적되고 전승된 지식과 경험을 중요하게 다룬다. 식량주권은 먹거리를 인간의 기본권으로 이해하고 농업의 다기능성을 강조하면서, 소농과 농생태적 농사방식을 통해 지속가능한 농업과 먹거리 체계를 만들어가는 대안

농식품운동이다.

한국에서도 식량주권이 농업과 먹거리 지속가능성을 실현하는 대안 농식품운동의 핵심개념으로 수용되고 있다. 식량주권은 먹거리권력과 불평등에 저항하는 가장 포괄적이고 유력한 먹거리정치 담론이자 사회운동으로 떠오르고 있다. 민주주의를 특정한 결정에 영향을 받는 당사자들이 그러한 결정에 참여하고 주도할 수 있는 가능성이라고 정의한다면, 식량주권 운동은 먹거리민주주의를 확보하는 중요한 사회정치적 실천이다.

한국의 식량주권 운동

한국의 식량주권 운동은 비아캄페시나 회원조직인 전국여성농민회총연합(전여농)과 전국농민회총연맹(전농)이 주도해왔다. 전농과 전여농은 WTO와 한국 정부가 밀어붙인 신자유주의 개방농정과 농업 구조조정에 저항하는 지속적인 투쟁을 전개해왔다. 이런 맥락에서 두 조직은 2004년에 비아캄페시나 회원으로 가입하면서 식량주권 운동을 수용해서 한국에서 식량주권 운동을 확산시키고 있다. 전여농은 생산자와 소비자의 직접 교류와 연대의 확산을 식량주권 운동과 결합시킨다. 구체적으로는 '언니네텃밭' 조직을 중심으로 제철꾸러미와 토종종자 지키기 운동을 실천하고 있다. 특히 2009년 시작된 제철꾸러미는 로컬푸드 운동에 대한 인식과 기반이 취약했던 한국사회에서 제철꾸러미의 확산을 가져오는 큰 밑거름이 되었다. 전여농은 토종종자 지키기 등의 식량주권 운동을 실천해온 성과를 인정받아 2012년 세계식량주권상을 수상했다.

국내 농민단체들은 국내 농업 살리기를 위한 식량자급률 법제화 운동을 펼치고 있다. 또한 농산물의 무차별적 시장개방에 저항하고 국내 농업생산과 농민을 보호하는 방안으로 식량주권을 주창한다. 전농은 농민과 국민의 소통과 연대를 통해 식량주권을 실현하는 방안을 모색한다. 식량주권 실현을 위해 시민사회와 연계하여 지속가능한 국민농업 네트워크를 구축하고 식량주권을 공론화하고 제도화하는 데 힘쓰고 있다. 2014년 쌀시장 전면개방이 이루어지면서, '식량주권과 먹거리안전 실현을 위한 범국민연대'와 같이 식량주권을 기치로 내세운 네트워크 사회운동이 활발히 전개되었다. 쌀시장 전면개방뿐만 아니라 TPP, FTA, GMO, 방사능오염 먹거리 등에 맞서 식량주권과 먹거리안전을 지키기 위해 농민, 노동자, 시민사회, 환경, 소비자를 망라한 범국민 연대와 캠페인이 시도되었다. 전여농도 창립 25주년을 맞아 식량주권 실현을 위한 전국여성농민대회를 개최하여 노동·농민·빈민운동 연대를 통해 쌀시장 개방, FTA, TPP를 반대하는 식량주권 운동을 전개하고 있다.

식품안전과 소비의 정치

먹거리정치는 상품화된 먹거리체계의 소비 영역에서도 존재한다. 먹거리소비 과정에서도 농식품체계의 구조와 전략이 작동하는 지배의 먹거리정치와 그런 먹거리체계를 변화시키려는 변혁적 먹거리정치의 대응들이 이루어지고 있다. 식품산업과 농식품기업의 자본과 권력은 먹거리 유통과 소비체계를 장악한 채 식품안전을 위협하고 소비자들의 욕망과 구매행위를 지배한다. 이에 맞서 우리의 건강, 사회, 환경을 위해 무엇을 어떻게 먹어야 하는지를 결정하고 대응하는 과정에서 대안적 먹거리정치가 구성된다. 예컨대 광우병과 방사능오염 먹거리위험과 관련된 식품안전의 문제는 먹거리위험 정치를 구성한다. 먹거리소비와 연관된 건강, 영양, 비만, 불평등의 문제들은 먹거리소비 정치의 쟁점들이다. 또한, 먹거리소비의 정치는 계급과 취향의 결합이라는 관점에서도 살펴볼 수 있다. 먹거리를 소비하는 과정에서 드러나는 문화와 선호의 차이는 계급적 위계를 구별 짓고 재생산하는 정치적 전략이 포함되어 있다. 프랑스 사회학자인 부르디외는 음식을 소비하는 실천이 개인적 선호나 취향의 문제가 아니라 계급적 성격을 지닌 사회적 관계와 구조의 문제임을 강조한다. 고급의 값비싼 먹거리와 값싸고 양 많은 먹거리 간의 차별화된 소비는 계급적 우위를 유지하여 계급관계를 재생산하는 전략과 결부되어 있다.

영양, 건강의 먹거리정치와 개인화정치

먹거리정치는 식품기업과 식품산업이 먹거리상품을 유통하고 소비하는 과정에서 자신들의 권력이나 국가, 정치권력과의 결탁을 이용해 이윤을 획득하고 먹거리체계를 지배하는 행위를 가리킨다. 영양과 건강을 다루는 정책이나 담론 이면에는 기업의 이윤을 극대화하려는 식품산업의 영향력이 작동하고 있다(네슬, 2011). 식품산업은 먹거리정책에 대한 로비 및 마케팅과 판매 전략을 통해 소비자의 식습관과 구매행위를 길들인다. 식습관에 대한 권장사항과 영양표준을 제시하는 식생활지침 및 식품안전을 규제하는 법률과 제도들도 식품기업의 자본과 권력의 영향력이 행사되는 먹거리정치의 쟁점들이다. 미국의 식생활지침은 식품기업과 정부의 결탁이 만들어낸 먹거리정치의 단면을 보여준다. 식품산업의 이익에 맞추어 식생활지침이 제시하는 식습관과 영양표준이 뒤바뀐다.

대규모 유통체인망과 배달 서비스와 같은 판매전략을 통해 소비자들의 구매처를 블랙홀처럼 빨아들이고 있는 대형마트도 먹거리소비 정치의 주요 행위자이자 공간이다. 대형마트는 유기농산물과 로컬푸드를 관행화하며, 먹거리소비를 가격과 편리성과 같은 시장주의 효율성 원리에 가두어 소비자들이 먹거리체계의 문제를 볼 수 없게 탈정치화한다. 또한, 값싼 먹거리를 공급하기 위해 불평등한 권력관계를 이용하여 생산자와 노동자의 몫을 착취하고 통제를 강화하는 점에서도 거대 유통자본 및 기업과 관련된 먹거리소비 정치의 한 측면을 보여준다.

아울러 먹거리소비를 둘러싼 정치적 과정에는 먹거리체계의 문제를 개인문제로 환원시키는 개인화정치가 존재한다. 영양, 비만, 식생활지침 등은 먹거리 문제를 사회구조가 아닌 개인이 책임져야 하는 문제로 이데올로기화한다는 점에서 먹거리정치의 이슈가 된다. 먹거리를 칼로리나 영양소 같은 물질적 차원으로 환원시키는 영양중심주의는 영양이라는 먹거리 문제를 개인의 선택과 책임의 문제로만 다루어 전체 먹거리체계의 구조를 파악하기 어렵게 만든다. 식생활지침, 영양표준, 칼로리공급 중심의 사고방식은 먹거리체계에서 작동하는 국제기구, 국가, 기업의 이해관계와 책임을 은폐하는 지배의 먹거리정치를 제대로 파악하지 못하게 만들 위험이 있다(캐롤란, 2013). 자본과 권력의 영향으로부터 자유롭지 못한 과학기술 전문가주의도 시민들이 먹거리체계를 종합적이고 체계적으로 이해하는 것을 방해한다. 이와 같이 먹거리와 관련된 건강, 생명, 안전을 책임져야 하는 국가와 기업이 자신들의 몫을 소비자 개인의 선택과 책임의 문제로 떠넘기거나 회피하면서 식품안전을 개인들이 감당해야 하는 것으로 만들어서 먹거리체계의 구조에 대한 비판적 사고와 행동을 못하게끔 통치하는 먹거리정치를 먹거리의 개인화정치라고 부를 수 있다. 기아, 비만, 영양, 식습관, 건강, 안전은 개인적 결함이나 책임으로만 환원될 수 없는 사회문제이자 먹거리체계와 직접 연관된 구조적 문제이다. 예를 들어, 학교급식은 건강, 영양, 보건, 복지, 교육, 먹거리의 기본권을 충족하는 공공문제다. 먹거리공공성은 돈이 있어야 밥을 먹을 수 있는 시장 교환의 논리나, 가난한 사람들을 구제하는 시혜적 복지의 관점으로는 도저히 확보할 수 없다. 공공급식은 단순한 식사의 제공이 아니라, 식생활, 농업과 환경, 사회권에 대한 실천과 교육을 포함한다. 최근 정치권에서 학교급식을 국가와 지방정부의 공적 책임으로 인정하지 않고 개인의 경제적 조건에 따른 선별과 시혜라는 개인문제로 격하하며 학교급식의 정치를 쟁점화하고 있는데, 이는 이념적 포퓰리즘에 기대서 먹거리기본권과 먹거리공공성을 탈정치화하려는 전형적인 개인화정치의 사례라고 할 수 있다.

먹거리소비의 개인화는 먹거리소비자로 하여금 주체적인 소비를 하는 것처럼 인식하게 만들지만, 결국은 위험한 먹거리를 소비하는 책임을 개인에게 전가하고 집합적 소비를 가로막는 개별화된 먹거리소비 양식을 주입한다. 식품안전이라는 사회문제는 개인들이 스스로 통제하고 책임져야 하는 개인문제로 둔갑한다. 따라서 식품안전의 위험에 대응해서 자신의 소비를 스스로 통제하거나 무감각해지는 등의 개인화된 처방이 제시될 뿐이다. 윤리적 소비나 착한 소비는 신자유주의적 기업식량체제의 구조를 정당화하는 이데올로기로 활용될 수 있다. 대형마트나 심지어 생협에서까지 개인의 건강만을 위해 유기농산물이나 로컬푸드를 구매하는 개인화된 소비에 머무른다면, 먹거리체계를 변화시키는 집합적 참여와 연대에 기반을 둔 변혁적 먹거리 시민정치의 발전은 불가능하다. 먹거리소비의 개인화에 함몰되면 먹거리체계를 문제화하는 성찰적이고 집합적인 대응을 확산시키기가 쉽지 않다.

먹거리위험 관리를 책임지고 있는 정부의 먹거리정책도 먹거리오염 파동이 발생하면 위험을 개인화하며 책임을 회피하는 경우가 대부분이다. 우리는 광우병위험 쇠고기 수입, 방사능오염 일본산 수산물 수입에 대처하는 정부의 태도에서 이를 경험했다. 농생명기업과 식품기업도 과학기술과 전문가를 활용해 식품오염과 GMO 위험을 은폐하고 책임을 개인화시킨다. 먹거리정책 당국과 식품기업은 먹거리 자체를 문제화시키는 담론과 의제를 적극적으로 회피한다. 먹거리위험이 발생할 때마다 정부는 시민들의 집단지성을 '괴담'으로 간주해 변혁적 먹거리정치 의제를 봉쇄했다. 울리히 벡의 개인화 이론을 적용하면, 먹거리위험의 개인화정치가 사회구조적인 문제들과 깊이 연관되어 있음을 알 수 있다. 먹거리위험의 개인화는 선택의 자유를 강조하지만, 실제로는 소비자 개인을 시장과 제도에 더욱 의존하게 만든다. 먹거리위험을 개인화함으로써 먹거리불평등이 재생산된다. 누가 먹거리위험을 정의하느냐는 권력과 정치적 논리에 따라 달라진다. 위험을 누구도 명확하게 책임지지 않는 무책임성은 온전히 개인이 감당해야 할 책임의 몫으로 전가된다. 먹거리위험의 개인화정치는 탈정치화라는 맥락에서 지배의 먹거리정치와 연관된다. 탈정치화는 먹거리와 관련된 정치적 문제들을 숨긴 채 사회문제를 개인문제로 치환하고 먹거리 이슈를 사회구조적인 문제로 정치화하는 것을 차단함으로써 소비자 개인들이 먹거리체계를 변화시키는 행동으로부터 멀어지게 한다. 먹거리소비의 개인화정치는 먹거리체계의 변화에 요구되는 집합적 실천의 상상력과 연대를 제한한다. 그러나 2008년 촛불집회가 보여준 것처럼 개인화된 위험에 직면한 불안의 공동체와 실용적 연대는 대규모의 집합적 사회운동으로 발전하며 변혁적 먹거리정치로 분출되기도 한다.

소비주의와 먹거리정치

"당신의 쇼핑이 세상을 바꾼다"라는 표어는 소비자들의 선택과 주권을 강조하는 담론이다. 개인의 소비행위가 다른 사람, 동물, 사회, 환경에 미치는 영향을 고려하여 공정하고 바람직한 소비를 한다는 것이다. 소비자들의 일상적 먹거리구매 활동이 시민참여의 계기가 되고, 친환경 소비, 공정무역, 로컬푸드 등 가치를 지향하는 소비를 통해 좀더 나은 세상을 만들 수 있다는 것이다. 이를 윤리적 소비 또는 착한 소비라고 부른다. 더 나아가 소비자들은 일상생활에서 올바른 선택을 고려함으로써 정치적 참여의 가능성을 갖는다. 소비는 개인적 차원에서 가장 보편적인 정치적 참여의 방식이다. 이 점에 주목해서 대안 먹거리체계를 모색하는 시도들에서 소비자를 능동적이고 혁신적인 변화의 주체로 설정하려는 노력들이 나타났다. 소비자들을 단순히 수동적 존재로 묘사하는 데서 벗어나 소비를 통해 변화를 만들어가는 적극적 참여자로 보기 시작했다. 소비자들은 필요와 선택을 중심으로 생산자와 농식품기업에 다양한 영향력을 행사할 수 있다는 것이다. 이처럼 소비자 개인이 자신의 구매 결정을 통해 먹거리 문제를 바꿀 수 있는 힘을 갖고 있기 때문에 소비를 정치적인 행동으로 보는 관점을 '정치적 소비주의'라고 부른다. 정치적 소비주의는 구매와 소비행동을 바꿈으로써 생태발자국을 줄이고, 농업생산자의 사회적 조건을 향상시키는 데 도움을 줄 수 있다고 주장한다. 예컨대, 쇼핑처럼 일상생활의 구매활동을 통해 소비자들은 시민적 참여가 가능하고 소비자들의 의견을 반영할 수 있는 생활정치를 실현할 수 있다는 것이다.

그러나 개인화된 소비주의는 먹거리체계의 변화를 가져오는 근본적인 동력으로서 한계가 있다. 소비중심주의의 함정을 감안하면, 먹거리정치에 대한 보다 성찰적인 접근이 요구된다. 소비자권력의 한계를 인정할 필요가 있는데(랭 외, 2012), 현재의 먹거리체계의 구조적 문제를 그대로 둔 채 소비자 행동에만 의존하는 것은 먹거리체계에 대한 불만을 개인적으로 해소하는 데 그칠 수 있다. 소비자의 정치적 행동이 근본적인 구조의 변동을 지향하는 게 아니라 개인적인 선택으로 축소되기 때문이다. 소비주의정치는 개인적 선택에 의존한다는 점이 문제다. 선택의 구조를 바꾸는 능동적이고 집합적인 정치로 발전하기 어렵기 때문이다. 소비주의가 개인화에 갇히면 먹거리 이슈를 사회문제로 인식하는 것을 방해하고 먹거리체계 변화에 요구되는 집합적 실천으로 발전하지 못한다. 또한, 부유한 중산층만 대안 먹거리체계에 참여할 수 있거나 시장 중심의 신자유주의적 먹거리정치에 포섭될 수 있다. 그렇게 되면 이들마저도 변혁적 먹거리정치에 효과적으로 참여하지 못하게 된다. 개별 소비자의 윤리적 소비와 개인적 결단에 의존하는 소비주의는 먹거리체계를 바로잡는 데 필요한 집합적 실천과 연대에 기초한 먹거리정치로 확대되어야 한다.

한국의 먹거리위험 정치

2008년 광우병위험 쇠고기수입 반대 촛불집회는 우리나라에서 최초로 먹거리위험과 식품안전을 정치화시킨 사회운동이다. 처음 촛불을 켰던 여중고생과 유모차를 끌고 거리에 나선 주부들은 식품안전의 위험으로부터 자신들과 자녀들의 생명과 안전을 지키기 위해 직접행동에 참여했다. 2008년 촛불집회는 먹거리주권을 사회문제로 쟁점화하고, 새로운 먹거리정치의 가능성을 보여주었다. 광우병위험 미국산 수입쇠고기 문제는 먹거리상품 시장의 세계화와 자유무역의 문제, WTO와 초국적기업이 지배하는 신자유주의 기업식량체제의 문제, 먹거리수입과 안전을 둘러싼 국가의 먹거리정책과 같이 지배의 먹거리정치의 다양한 쟁점을 모두 포함한다. 이에 맞선 2008년 촛불집회는 소비주의의 한계를 뛰어넘는 먹거리 사회운동의 가능성을 확인시켜주었다. 촛불집회에 참여한 비정치적 소비자들은 새로운 의식과 집합적 실천을 만들어가며 먹거리시민으로 정치화되었으며, 공통의 체험에 기반을 둔 집합적 정체성을 형성했다. 이는 한국의 고유한 지배적 먹거리정치 구조의 맥락 위에서 다양한 변혁적 먹거리정치의 가능성을 발견하는 기회를 제공한다. 촛불집회는 먹거리와 연관된 사회운동정치, 소비정치, 위험정치, 시민(권)정치, 생활정치의 잠재력을 보여주었다. 그것은 식품안전과 먹거리위험에 직면한 개인들이 다른 사람들과 먹거리정치 공동체로 연대해서 집합적인 방식으로 대응함으로써 개인화된 위험정치를 극복하는 방법을 보여주었다. 또한 촛불집회는 먹거리정책을 결정하는 소비자의 식량주권 운동이었다. 촛불집회는 서구사회가 경험하지 못한 대규모의 집합적이고 참여적인 먹거리정치의 사례다. 이는 소비주의의 상상력을 넘어서 먹거리 시민주체에 대한 새로운 이론화를 자극하고 있다. 소비(자)를 포함한 시민사회 영역에서의 먹거리시민(권) 정치를 논의할 수 있게 되었다. 또한 촛불집회 이후에 로컬푸드 모임이나 소비자생협 조합원 수가 늘어난 것처럼, 촛불집회에서 폭발적으로 분출된 시민들의 먹거리 참여행동이 일상적인 생활정치로 확장되기도 했다.

먹거리시민권 정치와 주체 형성

먹거리시민

산업형 농업과 신자유주의적 세계 먹거리체계가 만들어낸 먹거리위험사회는 먹거리소비자들을 변화시키고 있다. 먹거리소비자는 주어진 먹거리상품들을 수동적이고 무비판적으로 선택하고 구매하는 종속적 소비자로 전락한다. 그러나 우리는 먹거리위험사회의 구조와 개인화에 맞서는 새로운 먹거리 주체들을 상상하거나 목격할 수 있다. 이른바 먹거리시민food citizen으로 부를 수 있는 사람들이다. 먹거리시민 개념은 먹거리정치를 시민사회와 시민주체의 관점에서 접근하기 위해 창안된 것이다. 먹거리시민은 변혁적 먹거리정치를 주도하는 시민주체의 태도나 역량을 제시한다. 일반적으로 시민이라 함은 평등한 관계 속에서 타인과 연합하고 그들과 함께 더불어 사는 삶을 실현하기 위해 공동의 가치와 행동방안을 만들어가는 사람들의 집합을 가리킨다. 이들은 먹거리, 교육, 환경, 건강, 안전, 소비자권리 등 다양한 공공문제를 다른 이들과 공유하며 공동으로 해결하려고 노력한다.

먹거리시민은 주어진 먹거리체계를 그대로 받아들이는 수동적 소비자가 아니라 먹거리체계를 변화시키는 데 적극적으로 참여한다. 먹거리시민은 단순히 상품으로서의 먹거리를 소비하는 것을 넘어서 자신의 소비를 생산자와 연결시켜 사고하고 행위한다. 이들은 먹거리와 관련된 주요 이슈들에 관심을 갖고, 기존 먹거리체계에 종속된 시장의존적 생산자와 수동적 소비자를 넘어서 지속가능한 체계를 만들기 위해 소통하는 행위자다. 무엇보다 먹거리시민은 개인을 넘어선 집합적 연대와 책임을 통해 먹거리체계의 변화에 중요한 역할을 담당하는 주체와 그러한 주체의 역량을 의미한다(Welsh and MacRae, 1998; 김철규, 2008b; Johnston, 2008). 윤리적 소비자가 로컬푸드, 생협, 농민장터, 직거래 메커니즘을 통해 먹거리체계를 변화시키는 사회적·정치적·생태적 활동에 참여하면 이들을 먹거리시민으로 부를 수 있을 것이다.

먹거리시민은 윤리적 소비자와 비교할 때 집합적 실천, 사회적 관계, 공동체의 형성과 참여라는 차별적 특성들을 갖는다. 소비자들이 지역공동체지원농업CSA, 농민장터, 생활협동조합을 이용함으로써 지역의 소규모 생산자들에게 판로를 제공하고, 먹거리의 질을 높이고, 땅에서부터 장바구니에 이르는 거리를 단축하고, 생산자와 소비자의 간격을 좁히고, 먹거리와 그것을 기른 농부와의 연대감을 높이고, 먹거리생산자들의 공동체와 연결되고, 소비자로서 먹거리의 원천과 지역사회를 지원하는 책임감을 갖게 된다면, 단순히 먹거리상품을 구매하는 소비자가 아니라 먹거리체계의 변화에 참여하는 먹거리시민으로 주체화될 가능성이 높다. 먹거리시민은 먹거리민주주의와 먹거리정의를 실현하는 주체다. 먹거리민주주의는 먹거리를 지배하고 세력들에 맞서서 먹거리와 관련된 공적 쟁점들의 의사결정에 참여하는 먹거리시민들의 권리와 책임을 기반으로 한다. 먹거리민주주의가 추구하는 바는 농식품체계의 모든 구성원이 먹거리체계를 대안적 방식으로 변화시키는 데 참여할 수 있는 평등한 기회를 통해 농식품체계의 지속가능성을 실현하는 것이다.

먹거리시민권

먹거리시민권food citizenship은 먹거리 문제에 대한 시민의 권리, 자격, 덕성, 책임, 실천을 강조하는 개념이다. 먹거리시민권은 소비자가 환경, 농업, 노동, 지역사회의 가치를 먹거리소비 행위와 연관시켜 기존의 먹거리체계를 변화시키는 참여행동을 의미한다. 먹거리시민권은 생산자와 소비자의 권리이자 책임이며, 성찰적 실천을 가리킨다. 먹거리시민권은 먹거리소비의 개인화정치를 극복하고자 집합적 책임과 실천을 강조한다. 예를 들어, 소비자생협 조합원들이 유기농 로컬푸드를 공동으로 구매해서 농업과 농민 그리고 생명과 자연을 살리는 데 기여하는 책임의식과 연대활동을 갖는 것이 먹거리시민권의 사례다.

〈표 6.2〉 소비주의와 시민권 개념 비교

	소비자 중심주의	시민권
목표	개인 이익의 최대화	사회와 생태계의 공공재에 대한 공동책임
문화	개인의 선택과 다양성에 우선순위	개인의 선택을 제한, 공동의 해결책을 모색
정치경제학	소비자시장에 우선순위	시장의 한계를 정하고, 사회 모든 계급의 공평한 접근과 역량 강화
정치생태학	소비를 통한 보존	욕구와 필요의 재평가를 통한 소비의 감소

출처: Johnston, 2008

〈표 6.2〉에서 소비주의와 시민권 개념을 비교한 것처럼, 먹거리시민권은 개인 이익의 권리보다 공동책임을 강조하고, 개인의 선택보다 집합적 해결책을 모색하며, 시장과 소비를 제한함으로써 계급을 초월한 모든 시민의 평등한 접근성과 권한 강화를 우선시한다. 먹거리시민권은 소비주의의 한계를 극복하기 위한 담론적 실천적 기획이라고 할 수 있다. 한편, 공적 시민과 사적 소비자를 결합시킨 시민-소비자citizen-consumer라는 용어에서 가늠할 수 있듯이, 먹거리 주체는 소비자와 먹거리시민의 경계에서 중첩적이고 모순적이며 가변적인 특성을 갖는다. 따라서 개인화된 소비주의의 함정에 빠지지 않는 먹거리시민 주체 형성의 조건과 방법에 주목해야 한다. 우선 먹거리시민권을 형성하기 위해서는 책임의식, 성찰적 주체성, 집합적 참여행동이 요구된다. 먹거리시민권 개념과 주체 형성 메커니즘에서 성찰성reflexivity은 중요한 덕목이다. 성찰적 시민-소비자 행동은 먹거리체계의 구조적인 문제들을 인식하고, 개인 이익을 넘어서 타자를 고려하는 정치적인 참여에 적극적이며, 다른 사람이나 생태계의 존재와 필요를 고려하면서, 먹거리 필요와 수요를 비판적으로 분별하는 실천을 의미한다(Johnston & Szabo, 2011). 성찰성이 변혁적 먹거리실천을 가져올 수 있다.

〈표 6.3〉은 먹거리시민권 개념을 좀더 다양하게 이해하기 위해서 식량주권과 먹거리시민권 개념을 비교한 것이다. 식량주권 개념은 기본권을 함축하며 농업·농민운동을 포함하는 사회운동으로서 기업식량체제에 대한 집합적인 저항과 대안운동을 가리킨다. 반면에 먹거리시민권은 먹거리체계의 변화에 대한 시민의 책임과 참여의 역할을 강조한다. 먹거리시민권은 먹거리시민이 먹거리주권·안전·보장의 권리뿐만 아니라 먹거리의 생산과 소비에 이르는 과정과 다양한 주체들에 대한 책임을 바탕으로 먹거리체계의 변화에 참여하는 실천을 의미한다. 식량주권이 그 자

〈표 6.3〉 식량주권과 먹거리시민권 비교

식량주권	먹거리시민권
권리 먹거리 생산과 소비 과정 및 정책을 결정할 권리	책임 먹거리체계의 변화에 대한 책임과 참여 행동
식량주권 실현이 목표	식량주권 실현의 수단
식량체제와 자유무역에 대한 저항과 연대	먹거리주권, 안전, 보장을 위한 시민의 성찰, 참여, 실천
지구적 국가적 영역 중심 농민, NGO, 결사체 역할 강조	시민사회 영역 중심 시민의 역할 강조
농업과 생산을 중심으로 소비를 포괄	소비와 시민을 중심으로 생산(자)과 연대
농민운동, 사회운동	생활정치, 정체성의 정치

출처: 필자가 정리

체로 변혁적 먹거리정치의 목표인 데 반해서 먹거리시민권은 식량주권을 실현하는 과정이자 실천 메커니즘이라고 말할 수 있다. 먹거리의 사회문제에 주목하고, 먹거리정책에 대한 참여뿐만 아니라 일상생활과 먹거리 관계망 속에서 먹거리구조를 변화시키려는 성찰적이고 책임 있는 참여행동을 가리킨다. 먹거리시민권은 농업과 먹거리의 관계를 인식하고 먹거리와 시민의 관계를 다양한 주체들과의 집합적 연대를 바탕으로 공동으로 해결해나가는 구체적인 실천활동이다. 이 과정에서 농업과 먹거리를 공동생산한다는 책임감을 갖고 생산자와의 관계뿐만 아니라 다른 소비자, 자연과의 먹거리 관계망과 먹거리 공동체를 강화한다.

한국의 먹거리시민(권) 사례

먹거리시민권 개념은 먹거리안전에 대한 책임과 먹거리보장에 대한 권리가 개인의 문제가 아니라 시민의 권리이자 공공적인 책임이라는 점을 강조한다. 국가는 먹거리의 안전과 보장과 관련된 시민들의 권리를 보호하고 책임져야 한다. 먹거리시민의 확산과 더불어, 국가는 시민들의 먹거리기본권과 필요를 충족시킴으로써 먹거리시민권을 확보해줄 책임을 갖는다. 이런 맥락에서 2008년 촛불집회의 경우와 2011년 서울시 및 2014년 경상남도의 무상급식을 둘러싼 국가 및 지방정부와 시민 사이의 정치적 분쟁은 먹거리시민권 정치의 사례라고 볼 수 있다. 먹거리시민권은 자유권의 기본적 보장뿐만 아니라 복지국가에서 요구되는 사회권으로서 정당성을 갖는다. 먹거리시민권은 사회적 시민권을 구성하는 새로운 이슈라고 할 수 있다. 먹거리를 매개로 시민의 생명과 안전을 확보하고, 나아가 사회적 유산을 공유하며 사회의 보편적 기준에 따라 건강하고 문명화된 삶을 보장하는 먹거리 부문에서의 사회권 개념이라고 할 수 있는 것이다.

다른 한편으로, 먹거리시민권은 먹거리시민의 활동과 실천을 강조하는 개념이다. 시민권은 시민으로서의 책무와 덕성, 실천활동을 의미한다. 온라인 커뮤니티 '차일드세이브'가 방사능오염 먹거리에 대응하는 과정은 식품안전 및 식량주권과 연관된 먹거리시민권의 전형적인 사례를 보여준다. 차일드세이브는 후쿠시마 원전 폭발사고 이후인 2011년 6월에 개설된 인터넷 카페를 중심으로 결성된 '방사능오염 식품과 핵의 위험으로부터 아이들을 지키려는 시민들의 모임'이다(http://cafe.naver.com/save119). 시민모임의 목적 자체가 후쿠시마 핵발전소 폭발사고로 인한 방사능오염 식품으로부터 시민들의 안전을 스스로 확보하는 것이다. 오염된 먹거리로부터 식품안전의 권리를 주장하는 시민-소비자들의 자발적인 대응행동이다. 차일드세이브의 적극적인 참여행동은 일본산 방사능오염 수산물 수입정책의 변화에도 영향을 미쳤다. 지식 정보의 공유나 개인적 노력으로 해결할 수 없는 방사능오염 먹거리 문제를 제도와 정책의 변화를 통해 개선하려는 집합적 실천이 이루어졌다. 국제기준치를 근거로 일본산 수입수산물이 안전하다는 식으로 먹거리의 개인화정치 방식을 고수하는 정부에 대해, 차일드세이브는 일본산 농수산물에 대한 전면 수입금지를 요구하였다. 차일드세이브는 국내 방사능 허용기준치가 일본과 다르고 정치권력과 사회권력의 힘에 따라 바뀌는 것을 지적하며 식품안전 규정을 정치적인 문제라고 보았다. 차일드세이브는 처음에 방사능오염 먹거리의 안전이라는 개인적인 문제 해결을 위한 자발적 결사체로부터 시작해서 점차 핵발전과 같은 사회구조적 원인을 해결하기 위한 사회운동적 성격으로 진화하는 양상을 보인다. "처음엔 방사능에 오염된 식재료만 피하는 것에 급급했다면, 이제는 그 위험을 일으키는 원인을 제거하기 위해 움직인다".

방사능오염으로부터 안전한 먹거리를 구입하려는 의도에서 시작된 차일드세이브는 GMO, 탈핵과 대안에너지 정책을 주장하는 시민운동 성격을 띠게 되었다. 나아가 농민들과 먹거리를 직거래함으로써 도시와 농촌, 소비자와 생산자가 결합된 사회적 관계를 형성했다. 이렇게 적극적인 시민-소비자의 참여행동을 거쳐 성장한 차일드세이브는 방사능오염 먹거리의 문제를 식량주권의 관점에서 모색하고 있다. 이들은 로컬푸드를 활용하고 농민과 소비자가 함께 이로울 수 있는 방안으로 안전한 먹거리를 소비하기 위한 자체적인 소비기준을 만들었다. 또한 안전한 먹거리를 소비하는 것이 기본적인 권리임을 인식하고 농민과의 직거래를 통해 식량주권을 실천하는 단계에 이른다. 요약하면, 차일드세이브는 안전한 먹거리에 대한 시민의 권리, 먹거리와 농업, 환경을 지키려는 시민-소비자로서의 책임, 먹거리위험에 대응해서 먹거리정책에 참여하는 시민들의 자발적 실천, 농촌·농민과 연대하고 협력해서 식량주권을 실현하고 먹거리체계의 구조적 문제를 변화시키려는 집합적 행동을 실제로 모두 보여주고 있다는 점에서 먹거리시민권의 중요한 사례다.

대안 먹거리정치를 향해

오늘날 먹거리의 생산과 소비는 정치적인 문제가 되었다. 현대사회에서 먹거리는 자본의 이윤과 권력의 지배를 위한 중요한 수단과 대상이다. 세계화된 자유무역과 기업식량체제는 먹거리를 둘러싼 권력, 지배, 불평등, 갈등을 구조적으로 재생산하며 먹거리 사회문제를 만든다. 이러한 지배적 먹거리정치의 구조를 바꿀 수 있는 변혁적 먹거리정치를 향한 방안으로 시민주체 형성, 먹거리민주주의 확보, 먹거리정책의 민주적 결정, 농생태적 먹거리체계 구축 등이 고려된다. 변혁적 먹거리정치는 먹거리정책 및 민주주의와 관련된 제도정치의 영역뿐만 아니라 식량주권운동의 정치, 먹거리시민권의 실천과 결합된 생활정치의 영역에서도 가능하다. 대안 먹거리정치는 자본과 권력의 지배를 받는 농식품체계를 바꾸고, 농업과 먹거리의 지속가능성을 위해 실천하는 시민을 늘리는 일이다.

먹거리정치에 참여하는 먹거리시민들을 사회적으로 확산시킬 수 있는 계기, 메커니즘, 제도를 만드는 데 주력해야 한다. 대안 먹거리정치는 다양하면서도 새롭게 출현하는 실천과 제도들이 열어놓는 가능성의 정치다. 따라서 먼저, 먹거리정치에 대한 사회학적 상상력을 증진시키는 노력이 필요하다. 식량안보, 식량보장, 식품안전, 기아, 건강의 문제를 소비자 개인의 문제가 아니라 농식품체계의 구조에서 발생한 사회문제로 인식해야 한다. 그러한 비판적 인식을 바탕으로 공익을 위해 타자와의 사회생태적 관계망 속에서 여럿이 함께 해결하는 공동의 먹거리 행동을 실천하는 것이다. 식량안보와 식량주권 담론의 정치를 분석한 것도 이러한 먹거리정치의 상상력을 높이는 방법이다. 식량안보의 정치나 학교급식의 정치에서 드러난 신자유주의 먹거리정치에 비판적으로 개입하면서 먹거리정책을 결정하고, 현장에서 새로운 제도와 실험들을 만들면서 대안 먹거리정치의 실천으로 나아가는 것이다. 먹거리정치의 사회학적 상상력과 농업 및 생산과 결합된 경험과 체화된 실천은 사회변동을 이끌어낼 수 있다.

먹거리시민은 일상적이고 소규모의 공동체적 관계망 속에서 형성되는 먹거리 주체다. 먹거리시민은 생산자와 소비자가 먹거리를 매개로 신뢰와 협력의 관계망을 구축하고 사회적으로 연대하며 먹거리 공동체를 구성하는 과정에서 탄생한다. 먹거리시민민주주의는 먹거리체계의 구조적 원인을 파악하고 시민의 권리와 책임에 대한 시민적 자각과 실천을 기반으로 한다. 먹거리시민의 형성과 이들이 어떻게 대안 먹거리체계에 기여하는가를 분석한 경험적 연구결과가 시사하는 바는 다음과 같다(이해진, 2012). 첫째, 먹거리시민은 농업, 농촌, 농민에 대한 관심과 교류가 높은데, 이러한 사회적 관계는 그들의 사회적 책임성을 보여준다. 이는 농업과 먹거리가 분리될 수 없음을 인식한 것으로서 소비자와 생산자의 사회적 연대를 구축하는 데 매우 중요한 요인이다. 둘째, 먹거리시민은 위험 감수성과 직거래시장 활용도가 높은데, 소비에서의 성찰성을 입증한다. 셋째, 먹거리시민은 먹거리 관련 사회운동에 긍정적인 태도를 보이며 먹거리정치에 적극적으로 참여한다. 결국, 먹거리소비자가 먹거리시민으로 발전하는 과정은 어떻게 성찰하고, 책임감을 갖고, 참여하게끔 만들 것인가의 문제다.

먹거리시민(권)은 어떻게 먹거리정치의 개인화와 소비주의를 넘어설 수 있는가? 먹거리 문제를 개인 차원의 선택과 책임으로 환원시키는 개인화를 극복하고, 착한 소비 담론과 소비자중심주의의 한계를 넘어서기 위한 노력이 필요하다. 무엇보다 먹거리를 매개로 생산자와 소비자를 포함한 다양한 대안적 정치적 이해관계자들과 연대하고 협력하는 사회적 관계들이 확장되고 일상화된 실천과 결합되어야 한다. 먹거리시민은 대안적 사회적 관계에 기초한 소비 및 생활양식을 통해 먹거리체계의 변화에 나선다. 차일드세이브의 사례처럼 먹거리 문제에 대한 공통의 필요를 공동으로 풀어가는 대안 먹거리 공동체는 개별 행위자들이 개인화에 갇히지 않고 먹거리체계의 문제를 변화시킬 수 있는 먹거리시민화의 현실적 가능성을 보여준다. 먹거리시민권은 이미 주어진 것으로 가정되거나 실현 불가능한 규범적 목표가 아니라, 사회운동과 일상적 실천의 결과물이다. 먹거리정치는 식량주권 운동의 확산과 먹거리시민권 정치의 확대를 통해서 가능하다. 시민권정치는 시민주체를 형성하고 그들의 집합적 실천을 통해 일상에서 아래로부터 만들어가는 생활정치다. 먹거리와 농업에 관심을 갖고 생산자와 연대를 맺는 시민들이 대안 농식품운동과 일상에서의 성찰적 실천, 그리고 농업과 먹거리를 매개로 한 다양한 인간과 비인간들 사이의 사회적 관계망을 통해서 먹거리시민정치가 가능하다. 농업과 먹거리는 인간을 포함한 지구적 생태와 생명을 지속가능하게 만드는 핵심요소다. 농생태적 접근은 이러한 농업과 먹거리의 생태적 전환을 구체화하고 확장시키는 대안 패러다임이다. 그것은 또한 일상적 공유의 삶의 기반이자 사회적 관계의 기초를 이루는 지역사회공동체와 따로 분리될 수 없는 기획일 것이다. 이렇듯 생산자와 소비자의 관계를 포함한 다양한 대안적 농식품네트워크를 기반으로 농업과 먹거리의 시민적 정치공동체를 구축하는 과정이 먹거리정치의 대안이다.

그렇다면 어떻게 식량주권 운동과 먹거리시민정치를 강화할 것인가? 먹거리체계를 바꾸는 일은 결코 쉽지 않다. 사람의 생각과 습관을 바꾸는 일은 더 어렵다. 일상에서 익숙해진 취향과 선호와 편리한 방법을 극복하고 대안적 소비를 하는 것도 만만치 않은 일이다. 무엇을 먹어야 되고 무엇을 먹지 말아야 된다는 것을 알면서도, 우리는 이 책장을 넘긴

후 대형마트에서 저녁 반찬거리를 준비하거나 햄버거를 먹으러 맥도날드에 갈지도 모른다. 먹거리정치는, 알고 있다고 해서 해결되는 문제가 아니다. 소비자를 포함해서 먹는 것과 관련된 모든 사람이 먹거리의 대안을 지향하게끔 만드는 게 중요하다. 어떤 경험들과 체화된 지식과 실천들이 먹거리체계를 바꾸는 먹거리정치를 실현할 수 있는가? 먹거리에 대한 경험이 몸으로 체화된 지식과 실천은 사회를 변화시키는 하나의 힘이 될 수 있다. 먹거리를 기르고 먹는 과정에서 형성된 생생한 경험과 관계망들은 취향과 선호를 바꾸고 원하는 것을 변화시키는 대안들에 자신의 몸을 맞추고 조절하게 해준다. 먹거리를 가꾸고 먹는 과정에서 형성되는 관계와 생생한 경험들이 취향과 선호를 재구성해서 원하는 것을 변화시키는 대안적 실천들로 이어질 수 있다(Carolan, 2011). 체화된 경험이 몸으로 실천하는 먹거리정치를 생산하는 것이다. 정의롭고 건강하고 지속가능한 먹거리체계를 만들어야 한다는 책임과 실천은 음식을 먹고 요리하고 경작하는 사람들의 살아 있는 경험들로부터 나온다. 먹거리 및 농업과 관련된 새로운 사회적·정치적·생태적 관계를 경험하고 체화한 사람들은 글로벌푸드에 저항하고, 생협, 로컬푸드 직매장, CSA와 같은 대안 농식품운동에 관여한 경험들은 먹거리와 농업을 연결시켜주는 경제적·문화적·정치적·사회적 관계에 기초한 상호작용을 통해서 저마다의 장소와 공간에서 대안적인 활동을 실천할 수 있다.

변혁적 먹거리정치를 어디서부터 시작해야 할까? 한마디로 사람과 사람, 도시와 농촌, 인간과 자연의 관계에서 찾을 수 있다. 개인이 아니라 다른 사람, 농민생산자, 농업, 생태, 자연과 살아 있는 체험과 관계를 맺는 것에서부터 시작하고, 그러한 관계망이 만들어내는 작은 성공의 경험을 탈자본주의적 상상력과 결합시키면서 그런 대안 농식품체계의 실천 사례들을 확산시키는 것이다. 그것이 땅이든, 생산자이든, 또 다른 소비자나 동네 주민이든, 지금 먹거리를 중심으로 함께 이야기하고, 만나고, 만들고, 나누는 관계 맺기부터 시작하는 것이다. 그렇게 먹거리를 매개로 형성된 사회적 관계망은 대안 먹거리체계를 향한 먹거리정치 공동체를 여러 층위에서 폭넓게 만들어가는 기초가 될 것이다. 먹거리 관계망과 먹거리 공동체를 경험하고 체화한 사람들은 사회적경제에 자신들을 배태시킬 수 있으며, 농과 식을 연결 짓는 사회적 관계들의 역동적 과정을 통해 각자의 장소와 공간에서 대안활동을 만들어낼 수 있다. 현실에서 먹거리를 통한 사회적 경제의 실험이 하나씩 새로운 사례들을 만들어내는 것처럼, 몸으로 익혀진 체험들을 바탕으로 이전과 다른 경제와 다른 먹거리체계에 대한 큰 상상력과 작은 행동에서부터 시작하자.

참고문헌

김종덕, 2012, 《음식문맹자, 음식시민을 만나다》, 따비.

김철규, 2008a, 〈신자유주의 세계화와 먹거리정치〉, 《한국사회》 9(2).

_____, 2008b, 〈현대 식품체계의 동학과 먹거리주권〉, 《ECO》 12(2).

매리언 네슬, 김정희 역, 2011, 《식품정치》, 고려대학교출판부.

팀 랭·데이비드 발링·마틴 캐러허, 충남발전연구원 역, 2012, 《먹거리정책》, 따비.

필립 맥마이클, 조효제 역, 2013, 《거대한 역설》, 교양인.

송원규·윤병선, 2012, 〈세계농식품체계의 역사적 전개와 먹거리 위기-대안의 모색: 식량안보에서 식량주권으로〉, 《농촌사회》 22(1).

유종선, 2013, 〈자유주의 식량안보론의 비판적 고찰〉, 《한국동북아논총》 66: 257-277.

윤병선·김철규·김흥주, 2012, 〈한국과 일본의 식량주권운동에 관한 비교연구〉, 《농촌사회》 22(2).

이해진, 2012, 〈소비자에서 먹거리 시민으로〉, 《경제와사회》 96: 43-76.

조효제, 2013, 〈먹거리 인권과 먹거리 주권의 시론적 고찰〉, 《민주주의와 인권》 13(2).

최미진, 2014, 《방사능에 대한 시민사회의 위험인식과 대응 — '차일드세이브'의 사례를 중심으로》, 가톨릭대학교 대학원 사회학과 석사학위논문.

마이클 캐롤란, 김철규 외 역, 2013, 《먹거리와 농업의 사회학》, 따비.

Carolan, M., 2011, *Embodied Food Politics*, Ashgate.

__________, 2013, *Reclaiming Food Security*, Routledge.

Flora, C., 2014, "Ways of knowing the importance of embedding food" Book Review Forum: Michael Carolan's Emboddied Food Politics. *Journal of Rural Studies*, 34: 272-281.

Goodman, D., DuPuis, E., and Goodman, M., 2012, *Alternative Food Networks: Knowledge, practice, and politics*, Routledge.

Hassanein, N., 2003, "Practicing food democracy: a pragmatic politics of transformation", *Journal of Rural Studies*, 19(1): 77-86.

Johnston, J., 2008, "The citizen-consumer hybrid: ideological tensions and the case of Whole Foods Market", *Theory and Society*, 37: 229-270.

Johnston, J., and M. Szabo, 2011, "Reflexivity and the Whole Foods Market consumer: the lived experience of shopping for change", *Agriculture and Human Values*, 28: 303-319.

Lawrence, G., and P. McMichael, 2012, "The Question of Food Security" *International Journal of Sociology of Agriculture and Food*, 19(2): 135-142.

Levkoe, C. Z., 2011, "Towards a transformative food politics", *Local Environment*, 16(7): 687-705.

Lockie, S., 2009, "Responsibility and agency within alternative food networks: assembling the 'citizen-consumer'", *Agriculture and Human Value*, 26: 193-201.

McMichael, P., 2014, "Historicizing food sovereignty", *The Journal of Peasant Studies*, 41(6): 933-957.

McMichael, P., and M. Schneider, 2011, "Food security politics and Millennium Development Goals", *Third World Quarterly*, 32(1): 119-139.

Micheletti, 2003, *Political virtue and shopping. Individual, consumerism, and collective action*, New York. Palgrave.

Midgley, J., 2013, "Food (In)Security in the Global 'North' and 'South'" in Murcott, A., Belasco, W., and Jackson, P. (eds.), *The Handbook of Food Research*, Bloomsbury.

Nyéléni Declaration, 2007, Nyéléni Declaration [online]. Available from http://www.nyeleni.org/spip.php?article290.

Schanbacher, W., 2010, *The Politics of Food: The Global Conflict Between Food Security and Food Sovereignty*, Praeger.

Welsh, J. & MacRae R., 1998, "Food citizenship and community food security: lessons from Toronto", *Canadian Journal of Develoment Studies*, 19(4): 237-255.

Wilkins, Jennifer., 2005, "Eating Right here: Moving from Consumer to Food Citizen", *Agriculture and Human Values*, 22(3): 269-273.

Wittman H., Desmarais, A. & Wiebe, N. (eds), 2010, *Food Sovereignty: Reconnecting Food, Nature & Community*, Fernwood Publishing.

7장

먹거리복지와 공공급식

김흥주 · 안윤숙 · 이현진

먹거리복지란 무엇인가

먹거리복지의 의미

한국사회의 잘못된 통념 중 하나는 "이제 먹을 것 하나는 풍족하여 누구나 배고픔에서 벗어났다"는 것이다. 분명 1960년대의 보릿고개 시절

김흥주 원광대학교 복지보건학부 교수(지역사회복지)이다. 먹거리복지와 공공급식, 지역사회 먹거리보장에 관심이 있으며, 저서 《새로운 농촌사회학》(공저) 등과 역서 《먹거리와 농업의 사회학》(공역), 그리고 논문 〈학교급식과 로컬푸드 — 한일 비교연구〉, 〈먹거리 대안체계와 공공급식 — 서울시 사례분석〉 등이 있다.
안윤숙 전주대학교 사회과학연구소 연구교수이자 원광대학교 복지보건학부 강의교수(지역사회복지론, 청소년복지론)이다. 소년사법과 소년보호시설에 관심이 있으며, 논문 〈보호소년 위탁 아동복지시설에 관한 연구〉, 〈소년보호처분의 문제와 개선방안〉 등 다수가 있다.
이현진 원광대학교 사회복지학과 박사과정에 재학 중이다. 지역사회복지와 협동조합, 지역사회조직활동에 관심이 있으며 사회적경제에서의 사회복지의 역할을 고민하고 있다. 연구논문으로 석사학위논문 《지역 생협복지운동 사례연구》와 〈푸드뱅크 사업과 먹거리 연대, 그 가능성과 한계〉, 〈친환경생산 농민의 사회적 특성과 유형에 관한 연구〉, 〈생협복지의 의미와 실천〉 등이 있다.

보다 먹거리의 절대량은 늘어났기 때문에 어느 정도 풍요롭다고 할 수는 있다. 그러나 문제는 이런 풍요 속에서도 매년 100만 명 이상의 사람들이 실제 굶고 있거나 배고픔을 느낀다는 것이다. 실제로 보건복지부로부터 급식 지원을 받는 결식아동이 2014년 현재 40여 만 명에 이르고, 무료급식이나 도시락배달에 의존하는 노인들이 50만 명이 넘는다. 여기에 통계에 잡히지도 않는 실업청년이나 노숙인까지 포함하면 '굶는 인구'는 상상 이상으로 많다. 결식은 아니지만 먹거리가 부실하여 끼니 때마다 배고픔을 느끼고 있는 사람들이 전체 인구의 10%를 넘어서고 있으며, 이들은 대부분 소득수준이 하위 25% 이내에 포진되어 있다(보건복지부·질병관리본부, 2014). 다이어트 열풍과 웰빙 식단, 안전한 유기농을 안내하는 기사가 넘쳐나는 와중에 대다수 빈곤층은 굶거나 배고픔을 느껴야 하는 것이다.*

더 큰 문제는 빈곤층이 일상적으로 섭취하는 먹거리의 안전과 영양 수준이 매우 열악하다는 사실이다. 결식아동 무료급식이나 경로식당에서 제공하는 음식은 수입 식재료나 냉동식품들이 대부분이다. 빈곤층 맞벌이 부부의 자녀들은 인스턴트 식품이나 패스트푸드에 쉽게 의존한다. 독거노인들의 식사는 한국인 영양섭취기준을 충족시킬 수가 없다. 2013년 보건복지부 국민건강영양조사 결과, 만 65세 이상 노인의 평균 섭취량은 권장섭취량의 50% 미만이었으며, 저소득층 노인들의 경우에는 더욱 열악한 상황이었다. 계층과 연령 기준으로 먹거리양극화가 점차

---

* 신자유주의 세계화가 가져온 사회양극화 결과, 제3세계 유형의 지속적인 기아는 아니더라도 간헐적으로 계속되는 굶주림 상태에 놓여 있는 인구는 선진국에서도 크게 늘어나고 있다. 2010년 8월 10일 《뉴스위크》 인터넷판에 의하면, 미국 전체 가구의 14.6%가 먹거리를 안정적으로 공급받지 못하는 먹거리불안food insecurity 상태에 있다고 한다. 이들은 생산의 문제가 아니라 분배의 문제 때문에 굶주림을 겪고 있다.

심화되고 있는 것이다.

저소득층의 먹거리 문제는 이들의 건강과 삶의 질 문제를 새롭게 해석할 수 있게 한다. 누구나 먹거리에 접근할 수 있는데도 왜 저소득층의 건강은 상위계층에 비해 여전히 열악한가? 누구나 떠올릴 수 있는 답이 있다. "저소득층은 자신의 건강을 돌보지 않는데다가 음주와 흡연, 운동부족 등 좋지 않은 생활습관을 가져서"라는 것이다. 그러나 최근의 먹거리양극화 논의는 그렇게 답하는 데 머물지 않는다. 그들은 먹거리양극화와 이에 따른 건강불평등 문제를 먹거리정의food justice의 문제로 접근한다. 값싼 패스트푸드나 정체 불명의 정크푸드를 먹고 비만과 식원성 질병에 시달리는 것은 개인의 선택과 결과지만, 그러한 개인의 선택은 사회적 영향 아래 놓여 있다는 점을 인정해야 한다는 것이다.*

먹거리복지는 이런 먹거리의 구조적인 배제나 양극화 문제를 제도적이고 정책적 접근을 통해 해결하려는 노력을 말한다. 다시 말해 먹거리복지는 "단순히 절대적 측면에서의 먹거리충분성 문제를 벗어나 적절 수준의 영양과 건강에 대한 먹거리 영향 문제, 안전성 등 먹거리의 질적 문제와 관련해서 사회적 최저선national minimum 관철의 의미를 가지는 것"(남기철, 2007: 58)이라고 정리할 수 있다. 사회양극화 양상이 인간 생존에 가장 필수적인 재화에 해당하는 먹거리 영역까지 심화되고 있다는 점에서 '먹거리복지'는 실천적 의미를 가지고 있다.

---

* "미국의 빈민가 주변에는 신선식품을 판매하는 식료품점을 찾아보기 어렵다. 신선한 채소와 과일에 대한 접근성은 떨어지고, 패스트푸드나 가공식품을 먹을 수밖에 없는 상황인 것이다. 실제로 미국 어린이들은 25%만이 비만인 데 비해, 빈민가 지역의 어린이들은 30%가 비만한 것으로 나타나고 있다"(Gottlieb & Jochi, 2010: 45). 이러한 정책적, 경제적 배제를 바로잡는 먹거리복지 운동이 먹거리정의 개념에서 비롯된다.

공공급식과 먹거리 대안체계

지구상 먹거리 총량은 인류 전체를 먹여 살리기에 충분한 수준이므로, 기아와 결식을 포함한 먹거리빈곤 문제를 해결할 수 있는 근본적인 대책은 생산 차원이 아니라 정치적 의지에서 찾을 수 있다. 이런 정치적 의지는 각국의 정책이념에 따라 다양한 먹거리보장 프로그램으로 나타나는데, 최근의 추세는 먹거리취약 계층을 보호하면서 지역농업도 살리려는 공공급식을 강조하고 있다. 공공급식public plate은 먹거리빈곤 계층에게 직접 식사를 제공하는 조직적이고 제도적인 행위로서, 공공성의 원리에 의해 제공되는 집단급식을 말한다. 예컨대 결식아동에 대한 공공급식은 한 끼 식사의 제공이라는 소모적 의미보다는 아동에 대한 적극적인 보호를 통해 이들의 신체적·사회적 성숙을 가져오는 사회투자 의미가 더 강하다. 그래서 대부분의 유럽 국가들은 적극적인 공공급식 정책을 통해 일차적으로 보건·교육·복지는 물론 장기적으로 생태적 자족성을 포괄하는 먹거리 대안체계를 만들어가고 있다.*

공공급식은 복지와 교육, 공동체를 포괄하기 때문에 사회통합을 이룰 수 있고, 세계화와 양극화에 대처하는 새로운 국가전략이 될 수 있다. 특히 아동에 대한 보편적 공공급식은 다양한 의미를 지닌다. 계층의 고착화를 초래하는 자본주의 특성상 모든 아동에게 균등한 기회를 보장하지 않는다면, 경제적 비효율은 물론 사회적 불안정도 초래할 수 있다. 그래서 아동에 대한 보편적 급식지원은 비용 대비 효과가 가장 큰 프로그램으로 평가받고 있다. 이들이 잘못될 경우 이에 소요되는 서비스 비용과 심지어 청소년범죄에 대한 교정 비용까지, 막대한 사회적 비용이

---

* 이러한 과정을 공공급식의 정치politics of public plate라고 개념화하기도 한다. 먹거리 공공조달이 순전히 농축산업의 문제가 아니라 공공의 건강과 직결되어 있을 뿐만 아니라 지속가능한 사회발전을 가져올 수 있다는 것이다.

들기 때문이다. 그래서 공공급식은 시장경제 논리에서 보면 비효율적일지 몰라도 사회정의 차원에서 본다면 최선의 사회통합을 가져올 수 있는 정책수단이다.

공공급식은 대상자만이 아니라 그들이 생활하는 지역사회에도 새로운 활력을 불어넣고 있다. 특히 유럽의 공공급식 프로그램은 복지와 고용을 빈곤층 결식문제 해결을 매개로 하여 추진하는 것으로서, 지역사회에 매우 유용한 의미를 지니고 있다. 예컨대 2013년 말에 출간된 EU의 먹거리 공공조달 행동계획 보고서는 질 좋은 먹거리를 우선시하는 지속가능한 먹거리체계를 만들어내는 데 있어, 도시정부가 활용할 수 있는 가장 강력한 수단 중 하나가 공공급식 식재료 조달임을 보여준다. 특히 예산 문제에 대한 언급을 주시할 필요가 있는데, 공공급식이 지금 같은 불황기에는 상당한 재정적 노력과 희생이 필요하지만 다른 예산을 절감하는 효과가 훨씬 크기 때문에 초기 투자비용이 상쇄될 것이라고 주장하여 사회투자 성격을 강조하고 있다.

공공급식을 통해 먹거리 대안체계가 구축되기 위해서는 다른 정책과는 달리 지역서비스와 사회연대가 뒷받침되어야 한다. 지역을 기반으로 하는 민간과 공공의 거버넌스, 생산과 소비의 호혜적 네트워크, 기부자와 이용자의 상호 신뢰관계, 그리고 무엇보다도 지역자원을 적극적으로 활용할 수 있는 서비스전달 체계가 중요하다. 시민정치도 중요한 역할을 한다. 지역사회 먹거리보장에 공공의 가치를 부여하고 이렇게 변화된 가치가 제도에 반영될 수 있도록, 시민사회가 강력한 정치적 노력을 기울여야 한다는 것이다. 이러한 공공성의 정치는 기존의 낡은 공공급식 체계를 새로운 체계로 전환시키려는 것인데, 그중에서도 핵심은 로컬푸드를 공공조달을 통해 제도적으로 공급하는 것이다. 이렇게 되면 사회적 약자와 생산자가 제도적으로 보호되고, 지역자급력이 높아지며, 공동체가 회복될 수 있다. 공공조달은 규모나 강제력 측면에서 시장을 통제할 수 있는 가장 강력한 수단이기 때문이다.

먹거리양극화 문제

양적 측면: 접근성의 문제

세상이 좋아졌다고 하지만 우리 사회에서는 여전히 많은 결식인구가 배고픔을 느끼며 살아가고 있다. 이들은 대부분 절대 빈곤층에 속하며, 강한 생존욕구를 지니고 있다. 한 끼 식사를 위해 사회구성원으로서 기본적 존엄성dignity이 위협받아도 기꺼이 참는다. 무료급식소에서 아침을 먹으려 새벽부터 줄서 있는 청년들의 모습이 이를 잘 보여준다. 그러나 한국은 이런 결식인구의 정확한 통계도 잡지 못하는 먹거리 후진국이다.

〈그림 7.1〉 소득수준별 결식률

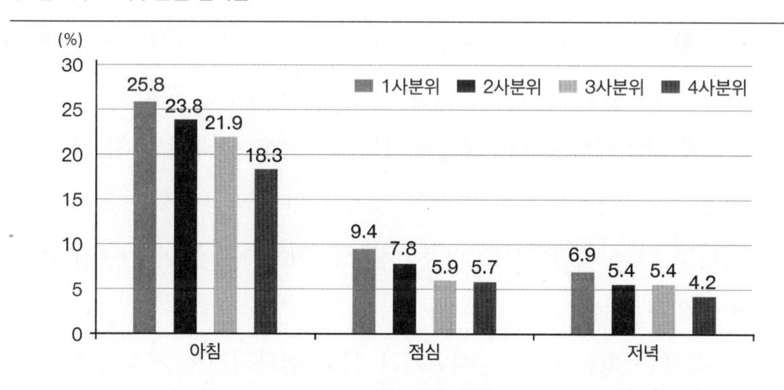

주) 아침식사 결식률 : {(1일 전 아침식사 여부에 '아니오'로 응답한 대상자 수) + (2일 전 아침식사 여부에 '아니오'로 응답한 대상자 수)}의 {(1일 전 아침식사 여부 응답자 수) + (2일 전 아침식사 여부 응답자 수)}에 대한 분율, 만 1세 이상. 점심식사 및 저녁식사 결식률 : 아침식사 결식률과 같은 정의에 의해 산출.

자료: 보건복지부·질병관리본부, 2013

다행히 보건복지부의 국민건강영양조사를 통해 결식률 추이를 살펴볼 수 있는데, 대략 전체 국민의 10% 정도가 어떤 형태로든 결식을 하고 있는 것으로 나타났다. 열 명에 한 명은 여전히 밥을 굶는다는 것이다. 더 큰 문제는 결식률이 소득수준별로 차이가 있다는 점이다.

〈그림 7.1〉을 보면 소득수준 하위 25%에 해당하는 1사분위 집단에서 아침과 점심, 저녁 모두 결식률이 높게 나타났다. 소득수준이 높을수록 다이어트 등 자발적 선택에 의해 결식을 하지만, 저소득층은 먹을 것이 없어서 굶주린다. 먹거리소비 수준이 1980년대에 이미 '포식 단계'에 이르렀다는 한국에서 이런 계층별 양극화 현상은 왜 빚어지는 것일까? 유력한 해석은 연령과 직업, 소득, 학력 수준 등의 격차에 따른 사회·경제적 양극화가 먹거리소비 영역에까지 영향을 끼친다는 것이다. 많은 통계지표들이 이런 해석을 뒷받침하는데, 대표적인 것이 〈표 7.1〉의 소득수준에 따라 달라지는 '식품안정성 확보가구' 비율이다. 2013년 국민건강영양조사 통계를 보면, "경제적으로 어려워서 자주(+가끔) 먹을 것이 부족하다"는 가구가 소득수준 상위 25%군에서는 0.5%에 불과하지만 하위 25%군에서는 18.3%에 이른다. 반면 "가족 모두가 원하는 만큼 충분한 양과 다양한 종류의 음식을 먹을 수 있다"는 가구는 상위소득군에서는 61.6%에 달하지만 하위소득군에서는 30.3%에 불과해 층위 간 격차가 무려 31.3%포인트나 된다. 그래서 소득 하위 25%군에서는 질적 측면은 고사하고 양적 측면에서도 식품안정성을 확보하지 못한 가구가 20% 수준에 이른다.

더 큰 문제는 최근 들어 경제위기가 더욱 심화되면서 저소득층의 식료품 구입이 양적으로 어려워지고, 질적으로 떨어진다는 사실이다. 이를 알려주는 통계지표가 바로 엥겔계수다. 이는 가계의 소비지출 가운데 식료품·비주류 음료 지출이 차지하는 비율을 말하는 것으로, 소득이 적

〈표 7.1〉 식품안정성 확보가구 분율

구분	N	가족 모두가 원하는 만큼의 충분한 양과 다양한 종류의 음식을 먹을 수 있었음.(A)	가족 모두가 충분한 양의 음식을 먹을 수 있었으나, 다양한 종류의 음식은 먹지 못했음.(B)	경제적으로 어려워서 가끔 먹을 것이 부족했음.	경제적으로 어려워서 자주 먹을 것이 부족했음.	식품안정성 확보가구분율[1] (A+B)
전체	2,939	44.1	49.4	5.2	1.3	93.5
소득수준[2]						
1사분위	732	30.3	51.4	14.4	3.9	81.7
2사분위	760	38.2	57.4	3.4	1.0	95.6
3사분위	694	47.6	50.4	2.0	0.0	98.0
4사분위	727	61.6	37.9	0.5	0.0	99.5

주1) 식품안정성 확보가구 분율 : 가구원 중 식품구매를 주로 담당하는 1명에게 최근 1년간의 가구 식생활 형편을 물었을 때 (A) 또는 (B)로 응답한 비율

주2) 소득수준 : 월가구균등화균등화소득(월가구소득/√가구원수)를 가구별 사분위로 분류

자료: 보건복지부·질병관리본부(2013)

은 계층일수록 상대적으로 엥겔계수가 높게 나타난다. 경기가 나빠지면 우선적으로 생계유지를 위한 식료품을 구입하느라 다른 소비를 줄일 수밖에 없다. 특히 주거, 문화, 생활용품 등을 우선적으로 줄이기 때문에 삶의 질이 떨어질 수밖에 없는 것이다.

〈그림 7.2〉에 따르면, 지난 2012년 기준으로 소득 하위 20% 계층의 엥겔계수는 20.79%로 상위 20%의 11.59%보다 무려 9.20%포인트나 높다. 소득계층별 삶의 질 차이가 그만큼 크다는 의미다. 더 큰 문제는 상위 20%뿐만 아니라 전체 평균의 엥겔계수까지도 2005년에 비해 2012년에 점차 떨어지고 있지만. 하위 20%는 오히려 더 높아지고 있다는 점이다. 이런 차이는 소득계층에 따라 소비지출 구조가 서로 다르기 때문에 나타나는 것이다. 이를테면 저소득층은 물가가 올라서 먹거리를 구입하는 데 들어가는 비용은 크게 늘어났지만, 실제 먹는 양이나 신선

〈그림 7.2〉 소득수준별 엥겔계수 추이 (2005~12, %)

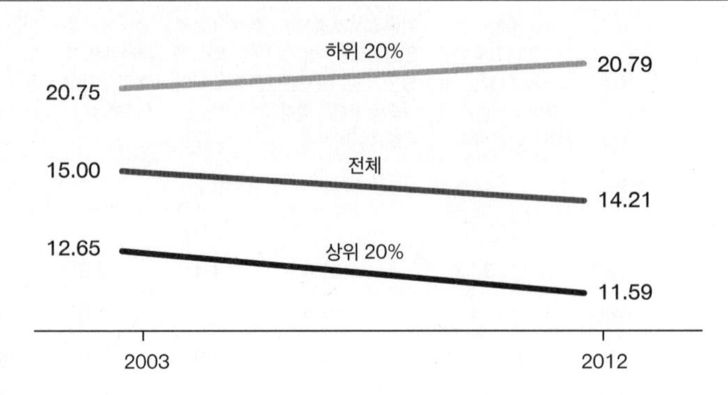

자료: 국회 입법조사처

한 식재료 구입은 오히려 줄어들게 된다는 것이다. 경제가 어려울수록, 사회가 양극화될수록, 저소득층은 제대로 된 먹거리에 접근하기가 어렵다.

질적 측면: 적절성의 문제

먹거리적절성food adequacy은 먹거리 절대량의 충족보다, 안전하고 영양 많은 먹거리를 충분하고도 선택가능하게 제공받을 수 있는지 여부로 파악할 수 있다. 2013년 국민건강영양조사에 따르면, 한국의 먹거리적절성 수준은 소득계층별로 큰 차이가 있는 것으로 나타났다. 특히 생계를 유지하기 위해 먹는 것보다 건강에 더 좋은 음식을 선택할 수 있는 가능성에서 계층별로 큰 차이가 있었다. 그만큼 더 좋은 먹거리를 섭취하고, 이를 통해 보다 더 건강할 수 있는 능력이 사회경제적으로 양극화되어 있다는 것이다.

〈표 7.2〉는 주요 식품의 1일 섭취량이 소득수준별로 얼마나 차이 나

〈표 7.2〉 소득수준별 식품 1일 섭취량 차이 (단위 g)

	섭취 총계	곡류	어패류	채소류	과실류	육류	우유류
1사분위	1,760	293.1	43.5	277.6	149.9	105.3	102.5
2사분위	1,841	200.5	45.6	290.8	148.3	100.8	110.3
3사분위	1,803	306.5	47.7	295.4	171.4	104.0	110.9
4사분위	1,785	292.5	55.6	331.5	219.4	110.8	122.0

주) 섭취 총계는 곡류, 감자·전분류, 당류, 두류, 종실류, 채소류, 버섯류, 과실류, 해조류, 음료·주류, 조미료류, 육류, 난류, 어패류, 우유류 등이 모두 포함된 것이다.

자료: 보건복지부·질병관리본부, 2013

는가를 정리한 것이다. 여기서는 섭취 총계의 계층별 차이는 그다지 크게 나타나지 않고, 결과도 별다른 의미를 찾기가 어렵다. 주식을 이루는 곡류 또한 거의 섭취량 차이가 나타나지 않았다. 반면 건강과 문화, 삶의 질에 직결되는, 소위 말하는 웰빙wellbeing식품의 섭취는 계층별로 커다란 차이가 있었다. 개인과 가정의 건강과 영양수준을 결정하는 채소류, 과실류, 육류, 우유류 등은 소득 하위 25% 집단에서 상위 집단보다 각각 53.9g, 69.5g, 5.5g, 19.5g씩 적게 섭취하였다.* 특히 비만과 같은 식원성 질병을 예방할 수 있는 신선한 채소와 과일의 섭취 차이에 주목할 필요가 있었다. 한국사회에서도 이제는 소득이 높은 사람은 웰빙식품을 먹고, 그렇지 못한 사람은 고칼로리 정크푸드에 의존하는 '웰빙 디바이드wellbeing divide' 현상이 나타나고 있는 것이다.**

* 이와 같은 섭취량 차이는 2010년에 비해 더 확대된 것인데, 채소류는 11.8g, 과실류는 30.9g, 육류는 0.3g, 우유류는 4.6g나 차이가 벌어졌다.

** 미국사회의 먹거리양극화를 상징하는 표현이 소위 '날씬한 부자와 뚱뚱한 빈곤층'이다. 그 이유에 대해 많은 연구자들은 "저칼로리 음식가격은 갈수록 많이 오르는 데 반해 고칼로리 음식가격은 적게 오르기 때문에 저소득층이 더 많이 선택한다"는 가설을 내놓고 있다(조선일보, 2008. 4. 23).

이와 같이 소득수준의 차이에 따라 식품 섭취의 차이가 나타나는 현상을 먹거리사회학에서는 '밥상의 양극화'로 개념화하고 있다. 그 이유에 대해서는 두 가지로 설명이 가능하다. 첫째, 건강을 위해 신선하고 안전한 먹거리에 대한 관심은 급격히 늘어나고 있지만 이른바 '웰빙식품'의 생산량은 이를 따라가지 못하기 때문에 가격이 오를 수밖에 없다. 이럴 경우 소득수준의 차이에 따라 식재료 선택이 달라진다. 둘째, 세계화된 먹거리체계로 인해 고칼로리 패스트푸드가 저소득층의 식탁을 지배하게 된다. 이런 식품의 가격상승률은 상대적으로 높지 않기 때문이다. 실제로 주요 식료품 가격동향을 보면 친환경 채소류, 과일류, 어패류 등은 상승폭이 매우 크지만 인스턴트 식품이나 패스트푸드의 상승폭은 상대적으로 낮은 편이다. 그래서 부자는 좋은 것을 먹게 되고, 가난한 사람은 생계유지에 급급하여 안 좋은 것을 먹게 된다.

《서울신문》 특별기획 〈2015 대한민국 빈부 리포트〉가 한국사회의 '밥상양극화' 현상을 적나라하게 보여주었다. 월평균소득 1022만 원의 상위 1% 부유층 카트에는 유기농 친환경식품, 직접 재배한 로컬푸드, 백화점 식품 명품관에서 구입한 식재료가 가득하였다. 반면에 월평균소득 96만 원의 하위 9.1% 절대빈곤층 카트에는 패스트푸드, 라면, 수입산 식재료가 가득했다(서울신문, 2015. 1. 27).

밥상의 양극화 때문에 먹거리를 통한 영양이나 에너지 섭취수준도 연령이나 성별, 소득수준에 따라 차이가 나타나고 있었다. 〈표 7.3〉은 한국영양학회(2005)가 제시한 한국인 영양섭취 기준에 부족한 가구 비율이 연령이나 소득수준별로 어떤 차이가 있는가, 에너지나 지방의 섭취량이 적정 수준을 유지하고 있는가를 나타낸 것이다. 소득이 낮을수록, 연령이 높을수록, 그리고 여성의 영양섭취 부족자 비율이 높게 나타났다. 특히 소득수준 하위 25%군 여성의 11.9%, 65세 이상 여성노인의 8.9%가

〈그림 7.3〉 카트 속 다른 세상: 밥상양극화 현실

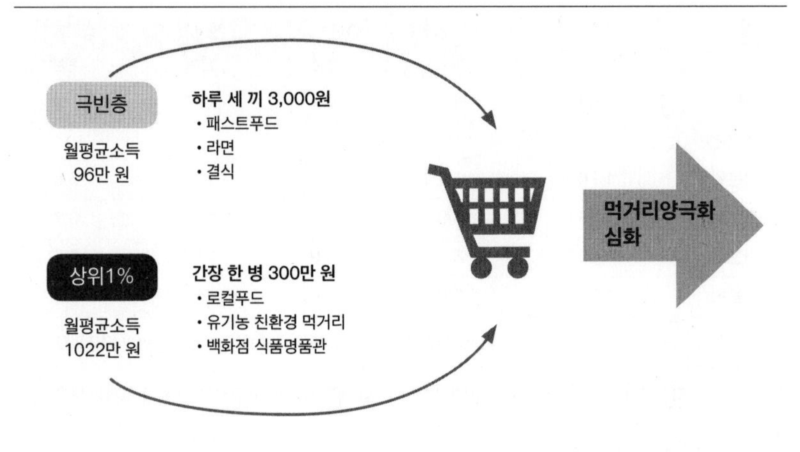

출처: 서울신문(2015. 1. 27)

영양섭취 부족자로 나타나 저소득층 여성노인의 영양부족 문제가 심각함을 할 수 있었다. 반면에 소득 상위 25%군의 남성은 영양섭취 부족자가 3.8%에 불과해 대조를 이루었다. 에너지나 지방의 과잉섭취자는 상위 25% 계층에서 14.4%가 과잉으로 나타나 하위 25% 계층보다 4.0% 포인트나 높게 나타났다. 결과적으로 연령이 높을수록, 소득이 낮을수록, 그리고 여성노인의 영양섭취에 문제가 있었다.

한 사회의 먹거리체계는 단순히 먹거리의 생산과 유통, 소비만으로 구성되는 것이 아니다. 특히 먹거리보장 수준이 그 사회의 위험성을 평가할 수 있는 지표가 되는 것이기에, 먹거리체계의 위험은 그 사회 전체의 위험으로 이어진다. 때문에 먹거리불안에 제도적으로 대응하지 못하면, 그 사회 전체가 지속가능하지 않고 불확실한 미래를 가질 수밖에 없다. 먹거리보장을 위한 국가의 전략적 개입과 정책적 배려가 필요한 이유가 여기에 있다.

〈표 7.3〉 소득수준별 영양 및 에너지 섭취 수준차이

구분	N	영양섭취 부족자1)		에너지/지방 과잉섭취자2)	
		남성	여성	남성	여성
전체	7,242	4.7	10.2	11.6	7.0
소득수준					
1사분위	1,760	7.1	11.9	10.4	5.6
2사분위	1,841	3.9	12.2	11.0	6.7
3사분위	1,803	3.7	8.9	11.0	6.5
4사분위	1,785	3.8	7.9	14.4	9.0

주1) 에너지섭취량이 필요추정량의 75% 미만이면서 칼슘, 철, 비타민A, 리보플라빈의 섭취량이 평균필요량 미만인 분율.

주2) 에너지섭취량이 필요추정량의 125% 이상이면서 지방섭취량이 적정 에너지섭취 비율을 초과한 분율.

자료: 보건복지부·질병관리본부, 2013

공공급식의 실태와 문제

공공급식은 국가, 자치단체, 공공기관, 학교, 복지시설 등에서 정부의 재정지원으로 이루어지는 급식을 의미한다. 공공급식은 '공공부문'에 대한 정부의 책임급식과 '사회적 약자'에 대한 정부의 지원급식으로 이루어진다. 전자는 국가의 기능을 유지하기 위한 시설들인 군대, 경찰, 교도소, 정부기관, 자치단체 등에 대한 급식을 의미한다. 후자는 시민들의 먹거리기본권을 보장하기 위한 조치로서 학교급식, 보육시설 및 유치원 급식, 사회복지시설 급식, 거리급식 등이 포함된다. 여기서는 먹거리복지 프로그램 차원에서 제공되는 아동급식, 노인급식, 학교급식 프로그램을 설명한다.

아동급식 프로그램

한국사회에서 아동은 18세 미만인 사람으로서, 자신 또는 부모의 성별, 연령, 종교, 사회적 신분, 재산, 장애 유무, 인종 등에 따른 어떠한 종류의 차별도 받지 아니하고 성장할 권리가 있다. 따라서 정부에 의한 아동급식 지원은 인권과 공공 차원에서 이뤄져야 한다. 한국의 아동에 대한 급식보장 프로그램은 대상자 성격에 따라 크게 세 가지 영역에서 이루어진다. 대부분의 일반 아이들은 학교와 가정에서 급식이 제공된다. 저소득층 아이들은 재가보호 형태로 급식이 제공되는데, 대부분 전자카드가 지급되어 식당에서 음식을 구입해 먹을 수 있도록 하고 있다. 기초생활수급자인 경우 학교급식으로 제공받는 학기 중 중식을 제외하고는 대부분 시설에서 급식을 제공받는다.

① 재가보호

재가보호 아동 급식은 빈곤, 가정해체, 부모의 실직·질병·가출 등의 가정사정으로 인하여 결식이 우려되는 아동의 건강한 성장을 위해 식사·밑반찬 등을 제공하는 일체의 행위를 말한다. 아동급식 지원은 학기 중의 중식 외에도 방학 중에 결식하는 아동의 문제가 심각하다는 지적에 따라 1998년 12월부터 전국 최초로 서울시가 겨울방학 중 중식 지원 사업을 추진하였고, 이후 전국으로 확산되었다. 학교 내 급식은 학기 중

〈표 7.4〉 아동에 대한 공공급식 영역과 지원 대상

		일반	저소득층(재가보호)	수급자(시설보호)
학기 중	중식	학교급식(무상·유료)	학교급식(무상·지원)	학교급식(무상·지원)
	조·석식	가정	급식지원(현물)	시설급식
방학 중		가정	급식지원(현물)	시설급식

평일(180일) 시·도교육청 주관으로 각급 학교장을 통해 학교급식이 제공된다. 학교 밖 급식(방학, 토·공휴일 185일)은 지방자치단체 주관으로 사회복지관, 지역아동센터 등의 다양한 시설에서 제공하고 있다.

재가보호 아동에 대한 급식지원 방식은 크게 세 가지가 있다. 첫째, 단체급식소(사회복지관, 지역아동센터, 학교급식소, 그룹홈, 쉼터 등)를 통해 급식을 지원하는 방법이다. 2013년 12월 겨울방학 기준으로 전체의 24.3%가 이에 해당하며, 지역아동센터를 통한 급식 제공이 가장 많다. 둘째, 전자카드를 이용하여 일반 음식점이나 편의점을 이용하는 방법이다. 전체의 68.3%가 여기에 해당한다. 셋째, 재가 아동에게 도시락이나 주·부식 식재료를 배달하는 방법이다. 전체의 7.4%가 여기에 해당한다. 최근 들어 현금급여 방식인 전자카드 이용이 급증하고 있는데, 서울시의 꿈나무카드가 시초다.

최근 들어 재가보호 아동 급식은 지원규모가 커지고, 전자카드 도입으로 아동의 식사 선택권이 넓어지는 등 많이 개선되고 있다. 그러나 이 프로그램은 지원 방향에서부터 추진 과정까지 여전히 많은 문제를 안고 있다.

첫째, 한 끼 식사 지원에만 초점을 맞춰 사업을 추진하기 때문에 아동급식의 원래 취지인 아동에게 필요한 건강과 안전을 보장하지 못한다. 특히 전자카드 사업은 아동에게 필요한 영양공급에 심각한 문제를 초래하고 있었다. 시민단체 (사)환경정의가 2013년 9월 조사한 바에 따르면, 아이들이 주로 이용하는 편의점의 식사류와 간식류 총 179개 제품 중 118개 제품이 영양성분 함량에 따른 신호등 분류에서 빨간 신호등 판정을 받았고, 2개 항목 이상에서 빨간 신호등 중복 판정을 받은 제품도 53개(30.1%)나 되었다. 지원비용이 너무 낮은 것도 문제였다.

둘째, 공공조달의 장점을 활용하여 먹거리취약 계층에게 지역산 친환경 식재료를 우선적으로 공급한다는 취지가 달성되기가 쉽지 않게 되어 있다. 주로 전자카드 형태로 지원하는데, 이럴 경우 대부분 외식을 하기 때문에 지역의 농산물을 우선적으로 선택할 수가 없다. 반면 단체급식을 하게 되면 예산 지원의 조건으로 지역의 농산물을 우선 사용할 수 있도록 조치를 취할 수가 있다. 예컨대 지역아동센터의 경우 급식비 지원보다는 어린이급식지원센터를 통한 식재료 공동구매를 통해 현물 지원을 하게 되면 신선한 제철 식재료 조달이 가능하고, 이를 통해 지역의 생산자가 계획생산을 통해 농업을 지속할 수 있게 된다. 그러나 전자카드 사용이 늘어나면서 선순환 구조가 사라지고 있다.

셋째, 급식을 신청하고, 조리하며, 식사를 배달하는 관리체계가 허술하다. 이 때문에 배송업체가 급식비를 이중으로 청구하는가 하면, 배달 누락사고나 아예 급식을 지원받지 못하는 경우가 나타나고 있다. 가장 큰 문제는 저소득층 아이들에게 지원되는 급식의 관리부서가 '밥과 우유', '학기 중과 방학 중'에 따라 각각 다르다는 점이다. 밥은 교육부가 담당하지만 우유급식은 농식품부가 담당하며, 학기 중 급식은 교육청 주관으로 학교가 제공하지만 방학 중 급식은 지방자치단체가 제공한다. 이 때문에 2015년 경남의 무상급식 중단 사태처럼 수시로 정책의 혼선이 일어나고 있다. 이러한 전달체계의 혼란을 바로잡기 위하여 학기 중이나 방학에 상관없이 급식을 비롯한 저소득층 자녀 지원사업 신청체계를 일원화할 수 있는 법안이 국회에 제출되어 있지만 아직 국회를 통과하지 못하고 있다.

② 시설보호

기초생활보장 수급자 중에서 주거가 없거나 숙식을 제공하는 시설에서 생활하기를 원하는 경우, 사회복지사업법에 의한 사회복지시설에서 생활하면서 국민기초생활보장법에 의한 급여를 수령할 수 있다. 이때 보건복지부장관 및 시·도지사로부터 수급자에 대한 급여지급 업무를 위탁받은 사회복지시설을 보장시설이라고 하며, 사회복지시설에서 거주하는 수급자를 시설수급자라고 하고, 이러한 보호형태를 재가보호와 구별하여 시설보호라고 한다. 보장시설 중에서 아동을 보호하는 시설을 아동복지시설이라고 하고, 이 시설에서 거주하면서 생활하는 아동을 시설보호 아동이라고 한다.*

아동시설의 단체급식은 양적으로나 질적으로 많은 문제를 안고 있었다. 무엇보다도 지원단가가 너무 낮아 좋은 급식을 충분히 제공하기가 어려웠다. 현재 시설 아동 1식당 급식단가는 아동복지법 규정에 따라 3,500원에서 4,000원 수준으로 책정되고 있다. 그러나 아동양육시설에 보호 조치된 시설보호 아동에 대한 급식 지원은 '시설 수급자' 기준을 적용하여 1식당 대략 1,800원대에 그치고 있다. 이렇게 턱없이 부족한 한 끼 밥값 때문에 아이들의 인권과 건강권, 심지어 생존권이 심각하게 위협을 받고 있었다. 다음 사례가 이를 잘 보여준다.

> 2014년 1월 9일 저녁 서울시 A보육원 아이들은 오랜만에 쇠고기를 먹었다. 식단은 쇠고기미역국, 잡채, 베이컨과 양송이·브로콜리를 넣은 크림 파스타, 콩나물무침이었다. 한 달에 한 번, 단체 생일잔치상에 오른 '특식'이다. 평일에는 한 끼 1,600원 정도의 단가로는 영양균형을 맞추기가 힘들다. 아이들은 고기를 원하는데 예산 때문에 채소 위주 식단을 꾸릴 수밖에 없다. 친환경 재료는 꿈도 꾸지 못한다. 제철 딸기를 먹고 싶어하는 아

---

* 한국 아동복지협회 자료에 의하면, 2013년 12월 31일 기준으로 전국에 280개 아동복지시설이 있고, 그중에서 양육시설은 242개, 시설보호 아동은 1만 5313명으로 나타났다.

이들이 많은데 후원으로 들어온 귤만 줄 수밖에 없어 안타깝다.

— 보육원 영양사 이씨(37세, 여) 인터뷰(한겨레, 2014. 1. 15)

더 큰 문제는 아동복지시설의 급식 실태가 거의 공개되고 있지 않다는 사실이다. 2013년 1월 부산시 사회복지시설 급식 식자재 공개입찰 결과를 분석해본 결과, 159개 시설 중 70% 이상이 최저가격 입찰을 통해 대기업으로부터 식자재를 납품받고 있었다(부산일보, 2013. 1. 29). 이윤 추구가 목적인 기업 특성상 최저가격 입찰의 피해를 보상받기 위해 양질의 식자재를 공급하기는 어려운 상황이며, 이들로부터 납품을 받는 시설급식은 그만큼 열악해질 수밖에 없는 구조인 것이다. 이 때문에 시설보호 아동에 대한 집단급식은 위생, 안전, 영양에 문제가 있을 수 있으나, 지금까지 시설'급식'에 대한 실태조사는 거의 이루어지지 않았다. 이제 겨우 시민단체의 문제제기로 시설급식의 열악한 현실의 일부분만이 세상에 알려진 정도다.* 1식 단가가 얼마인가가 중요한 문제가 아니다. 이들이야말로 가장 심각한 먹거리취약 계층이기 때문에 제대로 된 공공급식이 제공되어야 한다.

노인급식 프로그램

① 저소득층 무료급식

저소득층 재가 노인 무료급식 지원은 경로식당 점심 지원, 식사 배달, 밑반찬 배달 등 세 가지 형태로 이루어지고 있다. 경로식당 급식 대상은 만 60세 이상 기초생활수급자 및 차상위계층 등에서 결식 우려가 있는

---

* 아름다운재단은 2012년 11월부터 시설 아동의 부실한 급식 실태를 폭로하고, 이를 개선하기 위해 '아이들의 불평등한 식판에 반대합니다'를 슬로건으로 생활시설 아동 급식단가 상향 운동을 전개하였다. 이로 인해 시설 아동의 열악한 급식 현실이 많이 알려지게 되었다.

노인들이다. 식사 및 밑반찬 배달은 만 65세 이상 기초생활수급자 및 차상위계층 독거노인 중 거동 불편자를 대상으로 한다. 식사 배달은 연간 365일 배달되며, 밑반찬 배달은 주 2회 배달된다. 주로 노인복지관이나 종교단체, 봉사단체, 노인회와 같은 단체에서 무료급식을 실시하는데, 자치단체는 대상 인원에 따라 보조금을 지급한다.

저소득층 노인 무료급식 사업은 1991년 노인복지기금으로 무료급식비를 지원하면서 시작된 한국의 대표적인 공공급식 프로그램이다. 그러나 최근 들어 경로식당 운영을 비롯한 무료급식 사업이 매우 어려워지고 있다. 물가는 오르고 무료급식이 필요한 노인은 늘어나는데 지원금은 몇 년째 제자리걸음을 하고 있다. 실제로 서울시의 경우 경로식당이나 식사 배달 보조금은 2009년 이후 1식당 2,800원으로 책정된 이후 6년째 인상되지 않고 있다. 그나마 밑반찬 배달 보조금만 지난 2012년에 500원이 올라 3,500원을 지급하고 있다. 이 때문에 밥상이 날로 부실해질뿐더러 예산이 바닥나 정작 지원을 받아야 할 어르신들이 방치되는 상황에까지 이르고 있다.

임씨(91세, 남)는 홀로 사는데 2010년 6개월 넘게 시립병원에 입원해 있어서 행방불명으로 처리되어 기초생활수급자 자격을 잃었다. 2011년 겨울 집으로 돌아온 후 일주일가량 꼼짝없이 굶주렸다. 관절이 좋지 않던 그가 행인과 부딪혀 넘어진 뒤 집에서 꼼짝을 할 수가 없었기 때문이다. 일주일 동안 아무것도 못 먹고, 물도 못 마시고 아사 직전에서야 집주인에게 발견되어 살아났다. 그후 주민센터의 요청으로 지역복지관에서 임씨에게 무료 밑반찬을 배달해주기 시작했다. 기자가 주민센터 직원, 사회복지사와 함께 그를 찾은 것은 2011년 1월 21일, 마을(중랑구 면목5동)은 영하 15도 안팎이었다. 임씨는 그전 날 아침은 안 먹고 점심은 오래된 밥으로 죽을 끓여 배달해준 밑반찬으로 먹고, 저녁은 호빵 2개로 때웠다고 했다.

—《한겨레 21》, 847호(2011. 2. 14)

더욱 안타까운 것은 무료급식이 없으면 굶어야 하는 노인들이 늘고 있다는 점이다. 예컨대 서울시의 경우, 2014년 무료급식 지원 대상 인원은 기초생활수급자의 7.2%, 65세 이상 노인의 1.6%에 불과하다. 때문에 경로식당마다, 길거리 무료급식소마다 지원금으로 내놓을 수 있는 것보다 밥상을 매번 20~30%나 더 차려야 한다. 무료급식에 찾아오는 수많은 결식노인들을 되돌려보낼 수는 없기 때문이다. 이런 사정 때문에 예산에 잡히지 않은 결식우려 노인들의 점심은 한 끼 2,800원짜리 지원명단에 오른 노인들의 급식을 십시일반으로 나눠서 먹는 형편이다. 그나마 민간지원과 사회복지사의 헌신으로 근근이 버티고 있지만, 예산이 바닥날 경우 급식일수를 대폭 줄일 수밖에 없는 처지다. 이런 문제는 무료급식 지원 주체가 정부에서 일선 지자체로 넘어가면서부터 더욱더 심각해지고 있다. 무료 경로식당은 2000년부터 정부가 직접 지원해왔다. 그러다 2005년부터 67개 사회복지사업 등 모두 149개 사업이 분권교부세 지원 사업으로 포함되면서 일선 지자체로 넘어갔다. 이런 상황에서 정부는 업무를 이관했다는 이유로, 자치단체는 예산이 없다면서 서로 책임을 떠넘기고 있는 것이다. 그러면 위 사례의 임씨(91세)처럼 굶을 수밖에 없다. 이것이 한국 노인의 공공급식 현실이다.

② 기초생활수급자 생계급여

국민기초생활보장제도에 의한 기초생활보장 수급자는 자신의 주거에서 생계급여를 받고 생활하는 일반수급자와 보장시설에서 생활하는 시설수급자로 구분할 수 있다. 일반수급자의 생계급여 중 식료품비로 사용하는 비용은 대략 하루 2만 원 수준이다. 그런데 지난 2013년 민생보위*가 일반수급자 22개 가구의 가계부를 직접 조사한 결과 이 기준액을 넘는 가구는 6개 가구에 불과했고, 1일 식료품비가 하루 평균 1만 원도 되지 못하는 가구가 전체의 72.7%에 이르렀다. 특히 자활 근로에 참여해야 하는 성인이 있는 가구, 만성질환으로 약 복용을 위해 충분한 영양을 섭취해야 하는 가구, 성장기에 있는 초·중·고 학생이 있는 가구의 식품비 지출이 오히려 더 낮게 나타나 "건강하고 문화적인 최저생활을 유지할 수 있는"(국민기초생활보장법 제4조) 급여수준이 전혀 아닌 것으로 확인됐다. 다음 사례가 이들이 일상생활에서 어떤 식생활을 하고 있는지 잘 보여준다.

> 2012년 현재 김씨(59세, 여, 수급자)는 암환자인 딸(29세)과 자기 앞으로 구청에서 지원해주는 월 77만 원을 받고 산다. 지역의 사회복지관에서도 월 5만 원을 보태준다. 임대료·관리비·수도요금·전기요금·가스비로 다달이 15만 원 정도 나간다. 매달 쌀 20kg 한 포대를 6만 5000원에 사서 먹는다. 부식은 별거 없다. 하루 '두 끼'를 날오이 무쳐 먹고 무생채로 때운다. 몸이 허한 딸에게 고기를 사 먹이면 그달은 가계가 휘청한다. 옷과 신발은 다 1만원짜리다. 저축은 없다. 대부업체에서 돈 1000만 원 대출받은 것도 걱정이다.
>
> —《한겨레21》, 929호(2012. 9. 24)

일반수급자 노인은 정부로부터 생계급여를 현금으로 받기 때문에 경

---

* 기초생활보장제도의 올바른 개정방향이 무엇인지에 대해 당사자, 전문가 등이 함께 모여 논의하기 위한 빈곤해결 시민단체 연대모임이다. 건강세상네트워크를 비롯한 50여 개 시민단체가 참여하고 있다.

로식당이나 도시락 배달과 같은 단체급식의 혜택을 받을 수도 없고, 푸드뱅크나 푸드마켓에서 값싼 식재료를 구입하는 것도 우선순위에서 밀린다. 그렇기 때문에 적절한 식사 마련과 이를 통한 영양섭취는 전적으로 개인의 몫이다. 하지만 대부분의 일반수급자는 식료품보다 다른 품목을 우선적으로 구입할 수밖에 없는 상황이다. 특히 도시 지역에서 거주하는 경우 주거비가 태반을 차지한다. 그렇기 때문에 이들이 신선한 제철 식재료를 가지고 식사를 마련하기란 현실적으로 어렵다.

보장시설에서 생활하는 시설수급자는 일반수급자와 생활하는 장소, 즉 주거에서 차이가 있다. 2014년 시설수급자 1인당 월 생계급여액은 대략 16만 원 수준으로, 일반수급자의 40% 정도에 불과하다. 그나마 대부분은 식품비로 지출되고 있다. 따라서 굳이 엥겔계수를 들먹이지 않더라도 시설수급자의 생계급여가 먹는 것에 급급하게 구성되어 있다는 것을 알 수 있으며, 그마저도 절대액 부족으로 제대로 된 식사를 할 수가 없었다. 생계급여만으로는 법에서 보장하는 "건강하고 문화적인 최저생활"을 유지하기란 거의 불가능하다는 이야기다. 실제로 최근에 서울시의 한 노인보장시설의 급식 실태를 파악해본 결과 저급한 냉동식품, 중국산 수입농산물, 식품첨가물투성이인 가공식품을 주로 섭취하고 있었다.

더 큰 문제는 노인보장시설의 운영에서 나타났다. 시설수급자의 생계급여를 위탁받아서 집행하는 노인보장시설은 수급자 1인당 지급되는 생계급여 외에도 국가 및 자치단체로부터 시설운영비와 기능보강사업비를 지원받는다. 그런데 관리운영비와 생계비는 통합 운영되기 때문에 시설을 부실하게 운영하면, 그 피해는 고스란히 시설수급자의 생계에 영향을 미쳐 건강과 영양에 문제가 있게 된다. 2013년 7월 국민권익위원회에 따르면, 전국의 노인복지시설 중에서 운영비를 개인적으로 유용하는 등 불법·부당하게 사용한 곳이 30% 이상이었다. 실제로 충북 청주의 한

노인복지시설 대표 A씨는 최근 3년간 룸살롱 술값과 모텔비, 개인 빚 탕감 등에 1억 6700만원의 시설운영비를 썼다. A씨는 시설운영비를 빼돌리기 위해 인근 초등학교로부터 급식 후 남은 음식을 공짜로 얻어 시설에 소속된 치매·중풍 노인들에게 제공해왔다. 이외에도 노인복지시설에서 근무하는 직원들에게 쓰여야 할 퇴직적립금 일부를 빼돌려서 시설 대표나 가족의 개인보장성 연금보험에 가입한 곳도 조사 대상의 30%인 60곳에 이르는 것으로 나타났다(조선일보, 2013. 10.2). 적정한 영양섭취와 건강에 필요한 급식서비스를 현물이 아닌 현금으로 제공하고, 이에 대한 관리·감독이 소홀한 것이 이러한 문제를 야기한 원인으로 볼 수 있다.

학교급식 프로그램

학교급식school food이란 학교에서 이루어지는 집단급식으로, 영리를 목적으로 하지 않고 학생들에게 충분한 영양을 공급함으로써 건강한 발달과 바람직한 식생활을 할 수 있도록 지원하는 급식체계를 말한다. 이렇게 학교급식 개념에는 비영리, 복지, 교육, 건강의 가치가 내포되어 있다.

학교급식의 역사는 19세기 말 근대의 의무교육이 시작되던 시점으로 거슬러 올라간다. 초기에는 대부분 아동의 굶주림과 영양부족을 해결하기 위해 자선단체가 시혜 차원에서 급식을 제공하였다. 국가가 학교급식에 개입한 것은 20세기 중반 복지국가가 등장할 때부터다. 그러나 각국 정부가 추구하는 복지이념에 따라 학교급식에 접근하는 관점은 확연한 차이가 있었다. 영국과 스웨덴을 비롯한 유럽의 복지국가는 공공의 관점에서 무상급식 시대를 열었다. 반면에 미국은 잉여농산물 소비 촉진의 수단으로 학교급식을 활용하였다. 1980년대 이후 신자유주의 등장은 학교급식의 접근 관점을 '시장'으로 바꿔놓았다. 이때부터 정부의 급식예산이 대폭 삭감되면서 학교에 기업의 식품들이 들어오기 시작하였고, 학생들은 급식과 기업 식품 중에서 선택해야 했다. 이러한 선택급식의 시대에서는 아이들의 굶주림이 아니라 열량의 과잉섭취로 인한 영양불균형이 문제가 되었다. 2000년대 들어서면서부터 아동비만 인구가 급증하고, 식원성 질병이 늘어나면서 이들에 대한 사회적 책임 논의가 확산되었다. 이 때문에 최근 들어서 학교급식에의 접근 관점이 새롭게 전환되고 있다.

첫째, '결핍에서 균형으로' 전환되고 있다. 과거의 학교급식이 "충분한 음식을 섭취하지 못한다"라는 결핍 문제에 대응하기 위해 구호 차원에서 이루어졌다면, 최근의 학교급식은 "적절한 음식을 섭취하지 못한다"라는 과잉 문제에 대한 대응 차원에서 조화와 균형을 강조하고 있다. 둘째, '시장에서 공공으로' 전환되고 있다. 학교급식이 시장효율성 차원에서 제공되는 경우, 가격 대비 최고의 가치value for money는 경제적 가치밖에 없다. 이럴 경우 학교급식이 가지는 다원적 가치values for money는 사라질 수밖에 없고, 이윤논리와 아이들의 건강권 사이에 갈등이 심화될 수밖에 없다. 이런 문제 때문에 최근 들어서는 학교급식의 공공성이 강조되고 있다. 아이들의 돌봄에 공공의 가치를 부여하고 이렇게 변화된 가치가 제도에 반영될 수 있도록 시민사회가 강력한 정치적 노력을 기울이고 있다. 셋째, '자선에서 교육으로' 전환되고 있다. 과거의 학교급식은 개인 차원에서 굶주림에서 벗어나거나 영양 개선을 위해서 제공되었다. 최근의 학교급식은 아이들에게 건강만을 위해서 한 끼 식사를 제공한다는 의미보다는 급식을 통해 삶의 대안적 가치를 배우는 교육수단으로서의 의미가 더 강하다. 아이들은 학교급식을 통해 먹거리시민으로 성장할 수 있다. 지역사회에서 이웃과 더불어 살아가는 연대의식과 사회적 신뢰의 소중함을 배우고, 공정무역 식재료를 사용하면서 지구촌 사회적 약자들의 삶과 생산을 이해한다. 이러한 교육적 가치 때문에 학교급식의 공공성과 보편성은 더욱 커지고 있다.

한국의 학교급식은 1953년 한국전쟁 당시 외국의 원조물자에 의한 무상급식으로 시작되었다. 이후 최근에 이르기까지 한국의 학교급식 전개는 세 단계로 구별할 수 있다. 첫째, 결식아동과 빈곤아동을 대상으로 구호 차원의 무상급식을 실시했던 단계다(1953~80년). 대부분 외국원조 강냉잇가루로 빵을 만들어 제공하는 제빵급식 형태였기 때문에 급식정책의 최대 수혜자는 제빵업자로 상징되는 '시장'이었다. 급식의 영양과 위생관리도 열악하여 아이들의 건강한 성장보다는 겨우 굶주림에서 벗어나게 하는 수준이었다. 둘째, 1981년 학교급식법을 제정하고, 밥과 반찬으로 구성된 완전급식을 실시하며, 급식 대상자를 점차 늘려갔던 '양적 확대'의 단계다(1981~2006년). 1981년 전국의 급식이용률이 2.8%에 불과하던 것이 1991년 특수학교, 1998년 초등학교, 1999년 고등학교 석식, 2003년 중학교 전면 급식이 실시되면서 급식실시율이 98.5%, 급식이용률이 90.0%에 이를 정도로 확대되었다. 별도의 정부지원 없이 급식학교를 늘리고 이용량을 높일 수 있었던 것은 1996년 도입된 위탁급식과 교실배식 그리고 학교급식 의무실시제도 때문이었다. 그러나 학교급식이 지니는 공공성을 고려하지 않은 위탁업체의 과도한 시장논리 때문에 식중독 등 위생 및 영양 관리 문제가 사회문제로 대두하였다. 셋째, 직영 급식을 늘리고, 친환경 무상급식 제도를 도입하여 급식의 공공성을 확대해간 '질적 전환'의 단계다. 시민사회의 적극적인 노력으로 학교급식이 공공성과 건강권 차원에서 재조명되면서 2006년 학교급식법이 개정되었다. 이로 인해 직영급식으로 전환되었고 급식의 정부책임이 확대되었다. 특히 2009년부터 친환경 무상급식이 확대되면서 학교급식에

복지 관점이 도입되었다. 학교급식과 보편복지가 서로 만나게 된 것이다.

한국의 학교급식은 의무교육 연한을 넘어 고등학교까지 급식실시를 의무화하고 있다. 이 때문에 2014학년도 말 기준으로 전국의 초·중·고·특수학교의 100%인 1만 1520개 교에서 급식을 실시하고 있다. 또한 전체 학생의 99.5%인 671만 명이 급식을 이용하고 있다. 의무교육 연한인 중학교까지만 실시하는 일본이나, 학교급식이 학생의 선택사항인 미국, 영국과 비교되는 부분이다. 그러나 짧은 시간 내에 학교급식이 확대되다 보니 많은 문제점이 나타나고 있다. 첫째, 학교급식 제도가 지나치게 영양과 위생 관점만 강조하고 있다. 학교급식법은 식품위생 관련법이라고 할 정도로 위생관리에 적용되는 규정 중심으로 되어 있고, 교육부의 학교급식 개선지침도 위생관리 원칙만 적용되고 있다. 하지만 그럼에도 학교급식 현장에서 식중독 사고가 끊이지 않는 현실을 보면, 이와 같은 제도적·시스템적 관리는 상호신뢰가 매개되지 않는 한 별다른 효과가 없다는 것을 알 수 있다. 일본의 2008년 학교급식법 개정이 식육食育과 지산지소地産地消 추진으로 중심이 옮겨지는 것과 비교되는 부분이다. 둘째, 무상급식 실시를 두고 지나치게 이념적으로 대립하거나 과잉으로 정치화되어 있다. 이 때문에 학교급식이 가져야 하는 공공, 교육, 복지 가치에 대한 사회적 합의가 부족하다.

이런 문제를 해결하기 위해서는 무엇보다도 학교급식을 둘러싼 제반 주체들이 새로운 인식을 가지고 협력할 수 있는 기반을 만들어야 한다. 먹거리 선진국의 사례는 제대로 된 학교급식으로의 '변화'가 명령과 강제보다는 협력과 설득을 통해 이루어진다는 것을 알려주고 있다. 이탈리아 로마 시는 공무원, 생산자, 학교, 학부모 모두가 서로 포용하고, 협력하여 아이들에게 좋은 학교급식을 만드는 데 최선을 다하고 있었다. 사회적 포용의 과정이 변화를 이끌어내고, 이를 지속시키고 있다는 것이다. 일본 또한 정책적 강제보다는 지역사회 협의체가 무엇보다도 중요한 역할을 하고 있었다. 한국은 학교급식을 둘러싸고 교장, 영양사, 학생, 학부모, 급식업체 등 여러 주체들이 서로 대립하는 구조를 가지고 있다. 이 때문에 급식을 잘못 운영하면 언제나 갈등이 심화될 수 있다. 이런 상황에서 필요한 것은 가치와 원칙의 공유다. 학교급식의 교육적 가치, 돌봄의 공공윤리, 공공조달의 유용성을 서로 공유해야 사회적 합의가 가능하고, 지속될 수 있다는 이야기다.

실천과제

지난 2013년 12월에 보고된 '유럽 공공부문 먹거리조달의 가치 재평가—지속가능성을 위한 행동계획'을 보면 유럽의 공공급식은 적어도 다음 세 가지 점에서 제대로 된 먹거리보장 체계를 구축하는 데 유용한 정책임을 알 수 있다.

첫째, 공공조달의 구매력과 교섭력을 활용하여 자국의 농업 보호와 식재료의 안정성·안전성을 확보하고 있다. 공공급식은 국민의 세금을 재원으로 제공되는 공적부조 프로그램이기 때문에 정부의 공공조달 체계를 통해 지역산 식재료를 우선적으로 구입할 수 있다. 보고서가 제시한 말뫼(스웨덴), 로마(이탈리아), 이스트에이셔(스코틀랜드), 코펜하겐(덴마크), 비엔나(오스트리아) 등 다섯 도시의 사례는 질 좋은 먹거리를 지역의 사회적 약자나 학생, 청년들에게 우선적으로 공급하는 먹거리보장 체계를 만들어내는 데 있어 공공조달이 도시정부가 활용할 수 있는 가장 강력한 수단 중 하나임을 보여준다.

둘째, 공공급식의 다면적 가치들을 보여준다. 정책 수준에서 살펴보자면, 보고서는 공공급식을 통한 계층별·인종별 사회통합의 가능성을 부각시킨다. 예컨대 공공급식 프로그램과 같이 부족한 자원을 사회적 욕구가 큰 사람들에게 우선적으로 배분하면, 사회적 형평성이 제고되고 긴장과 적대감을 야기하는 사회적 갈등도 경감시킬 수 있다. 보고서는 이렇게 공공급식이 사회경제적·환경적 편익을 발생시킬 수 있는 능력을 가지고 있음을 사례들을 통해 보여주고 있다.

셋째, 실천적인 수준에서 살펴보자면, 창조적인 공공조달이 가지는 효과성을 여러 방식으로 보여주는데, 그중 핵심은 공공조달에 관한 EU 규정을 위반하지 않은 채 재지역화re-localization를 증진시킬 수 있다는 것이다. 이를 위해서는 반드시 각 도시나 지역의 문화와 거버넌스체계에 맞게 적절한 공공급식 프로그램이 시행되어야 한다. 각 사례 연구가 보여주듯이, 헌신성과 창조성이 필수적이며, '기존의 틀을 벗어나서' 생각할 수 있는 혁신의 관점에서 공공급식을 적극적으로 재평가해야 한다.

하지만 한국의 공공급식 프로그램은 유럽의 여러 도시 사례들처럼 대안적이지도, 창조적이지도, 혁신적이지도 않았다. 무엇보다도 공공과 지역, 그리고 균형 잡힌 영양 관점이 배태되어 있지 않았다. 그래서 겨우 취약계층에게 한 끼 식사를 제공하는 구호나 자선 차원에 머무르고 있었다. 이 때문에 공공급식을 통해 제대로 된 먹거리보장 체계를 구축하기 위해서는 정책적으로, 제도적으로, 실천적으로 새로운 접근이 필요하였다.

먼저 시혜나 자선 차원의 선별적 식품 제공food charity이 아니라 보편 인권 차원의 먹거리보장food security으로 전환되어야 한다. 공공급식의 일차적인 역할은 먹거리취약 계층을 비롯한 지역주민 모두에게 양적으로 충분하고, 질적으로 적절한 식사를 제공하는 것이다. 이러한 식사 지원은 지역의 여러 가지 복지서비스와 연계되고 통합될 때 시너지 효과가 있다. 학교 밖 결식 아동들에게 급식과 정서적 지원 및 교육서비스를 같이 제공하고, 소외된 독거노인들에게는 간병이나 말벗 등과 같은 돌봄 서비스를 함께 지원할 수 있다. 지역의 보건소와 연계하여 저소득층의 건강 증진을 위해 의료서비스와 영양보충 식품을 같이 지원할 수 있다. 실업자나 노숙자에게 무료급식과 함께 여러 가지 일자리를 제공할 수도 있다. 식품 운송과 배분 과정에서 소포장, 택배, 점포관리와 같은 일자리가 만들어질 수 있기 때문이다. 이때 지역의 자원봉사센터와 지역자활센터와 연계한다면 일자리 창출과 자립 효과는 더욱 커질 것이다.

다음으로 실천적 차원에서 공공급식의 필요성과 제도화에 대한 사회적 합의가 이뤄져야 한다. 공공급식은 규범적·법적·정치적 측면이 혼합된 담론구조로 이뤄지기 때문에 그것의 범위와 지향성을 둘러싸고 합의를 이루기가 참으로 어려운 정책이다. 지난 몇 년간 진행되었던 친환경 무상급식 논쟁이 이를 잘 보여준다. 그래서 보다 적극적으로 사회적 합의의 가능성을 찾아야 한다. 서구의 사례를 보면, 대안적인 공공급식 체계의 구축과 지속가능성은 대부분 '사회적 약자에게 건강한 식사'라는 대의에 대한 지역주민들의 마음과 정신을 얻어내는 자치단체의 능력에 달려 있다. 굶는 노인들이나 아이들에게 따뜻한 점심 한 끼 제대로 내놓지 못할 정도로 예산을 운용하는 한, 공정사회니 삶의 질 향상이니 하는 구호는 공염불로 들릴 수밖에 없다. 예산은 늘 부족하게 마련이다. 이런 문제는 정책의 우선순위가 잘못됐기 때문으로 보아야 한다. 지자체는 재정운용의 우선순위를 다시 짜고, 중앙정부는 공공급식의 부실화를 더 이상 방치하지 말아야 한다.

참고문헌

김흥주·이해진, 2012, 〈한국의 먹거리보장 실태와 정책과제〉, 《보건사회연구》 32(2): 468-499.

김흥주, 2013, 〈학교급식과 로컬푸드 — 한·일 비교연구〉, 《농촌사회》 23(1): 87-139.

______, 2014, 〈먹거리 대안체계와 공공급식 - 서울시 사례분석〉, 《인문사회과학연구》 15(3): 1-29.

보건복지부·질병관리본부, 2013, 《2013 국민건강통계 — 국민건강영양조사 제6기 1차년도 (2013)》.

서울시 내부자료, 2014, 〈2014년도 아동급식지원 추진계획〉.

아네트 아우렐리 데스마레이즈, 박신규·엄은희·이소영·허남혁 역, 2011, 《비아캄페시나 — 세계화에 맞서는 소농의 힘》, 한티재.

윤병선, 2011, 〈1퍼센트에 맞서는 세계 농민운동〉, 《녹색평론》 121: 234-239.

한국영양학회, 2005, 〈한국인 영양섭취 기준〉.

《부산일보》, 2013. 1. 29, 〈대기업 골목 식자재 시장 잠식 '발칵'〉.

《조선일보》, 2013. 10. 2, 〈치매·중풍 노인에 잔반 먹이며 돈 빼내 흥청망청 쓴 복지시설〉.

《한겨레》, 2014. 1. 15, 〈생일날이나 쇠고기 먹는 아이들〉.

《한겨레 21》, 2011. 2. 14, 〈늙은 도시 빈민의 무정한 밥상〉.

《한겨레 21》, 2012. 9. 24, 〈'추방지'에 유폐된 우리 시대의 유령들〉.

Gottlieb, R., and A. Joshi, 2010, *Food Justice*, Cambridge: The MIT Press.

Hinrichs, C., and Lyson, T., 2007, *Remaking the North American Food System: Strategies for Sustainability*, Lincoln: University of Nebraska Press.

8장

한국의 대안 농식품운동

윤병선

문제제기

신자유주의 세계화가 확산되면서 농식품체계에도 많은 변화가 일어났다. 이런 변화는 한마디로 농업과 먹거리에 대한 자본의 지배가 매우 강고해졌다는 말로 표현할 수 있다. 농업과 먹거리에 대한 자본의 지배가 강고하게 되었다는 것은 농업과 먹거리와 관련된 다양한 영역에 자본의 지배가 확대되었다는 것을 의미하고, 이는 농업과 먹거리에 대한 자본의 지배가 소재적, 공간적으로 제한되었던 범위를 초월하여 확대되었다는 것을 의미하기도 한다.

윤병선 건국대학교 경영경제학부 교수(경제학 전공)이다. 세계 농식품체계에 대한 문제의식을 바탕으로 대안 농식품운동에 관심이 있다. 저서 《농업과 먹거리의 정치경제학》과 《새로운 농촌사회학》(공저) 등과 역서 《이윤에 굶주린 자들》(공역), 《먹거리와 농업의 사회학》(공역) 등을 냈으며, 〈초국적 농식품복합체의 농업지배〉, 〈대안농업운동의 전개과정에 대한 연구〉, 〈Who's Threatening Our Dinner Table?〉 등의 논문이 있다.

농업현장에서 자본의 지배가 공고하게 된 측면은 농업생산과 직접적으로 관계되는 부분에 농업 관련 기업의 진출이 확대되었다는 점을 통해서 확인할 수 있다. 농업생산의 시작이라고 할 수 있는 종자 확보가 자가채종이 아니라 종자기업, 그것도 초국적 기업의 생산에 의존하게 되었고, 종자에 대한 의존은 필연적으로 다른 농자재—예를 들면, 비료나 농약, 농기계—에 대한 의존을 심화시켰다. 이런 현상은 특히 1970년대 이후 녹색혁명이 확산되는 과정에서 급속하게 이루어졌다. 녹색혁명으로 곡물생산량에서 큰 폭의 증가를 가져오기는 했지만, 녹색혁명에 의해서 기아 문제가 해결되었다고 할 수 있는지에 대해서는 여전히 논쟁 중이다. 분명한 것은 녹색혁명으로 인해 과거와 같은 순환적인 농업생산 체계가 무너져버렸다는 점이다. 또한 다수확품종을 통해서 증산된 곡물의 상당 부분은 가축의 사료로 사용되었고 이에 따라 식생활에서도 큰 변화가 나타나게 되었다.

한편, 녹색혁명의 확산은 농업이 더욱더 시장에 의존하게 만들었다. 많은 농자재를 시장에 의존해야 하는 상황에서 농업생산은 자급적 성격에서 상업적 성격으로 전환되었다. 농업생산은 자급에 기반한 다품종 소량생산 체제에서 시장에 의존하는 소품종 다량생산 체제로 변화되었다. 이른바 '농업의 악순환'이라는 고리가 형성된 것이다. 농자재의 외부의존 심화는 농업경영비의 증가를 가져왔고, 농업경영비의 증가는 농업생산을 압박해서 더 많은 생산을 강요했다. 이는 또 시장에서의 격심한 경쟁을 유발했고, 경쟁에서 살아남기 위해서는 농자재에 대한 외부의존이 심화되는 악순환이 반복되는 상황이 된 것이다. 이는 농업경영 내부에서 농민들의 자기착취가 심화되는 과정이기도 했다. 농민들의 농약 중독이 다반사로 발생했고, 먹거리안전성도 심각하게 훼손되었다. 특히, 급속한 경제성장 과정에서 발생한 환경오염 문제가 빈발하면서 안전한 먹거리의 확보는 안전한 농업생산에 의해서만 가능하다는 시민적 각성도 일어났다.

이처럼 녹색혁명에 기반하는 산업적 농업의 폐해를 극복하고, 산업적 농업에 의해서 망가져버린 다양한 관계들의 분열—농업생산 내부에서의 관계의 분열, 생산자인 농민과 소비자인 도시민 사이의 관계의 분열, 시장을 매개로 한 교환으로 인한 농과 식의 물리적·사회적·심리적 관계의 분열—을 극복하기 위한 대안 농식품운동이 1970년대 중반 이후 활발하게 전개되었다. 대안 농식품운동은 '산업적 농업industrial agriculture'의 대안을 모색하는 운동이라고 할 수 있다. '산업적 농업'이란 한마디로 농자재에서부터 생산과정, 유통과정이 자본의 지배하에 종속된 농업이다. 따라서 대안 농식품운동은 기존의 거대 농기업과 거대 유통자본의 영향력에서 벗어나 생명논리에 의해 생산과정을 재구조화하고, 이를 바탕으로 안전한 먹거리를 소비자에 공급하고, 이를 계기로 분열된 농업과 먹거리의 관계를 회복하려는 노력뿐만 아니라, 산업화 과정에서 나타난 도시와 농촌의 분리 및 자연과 인간의 대립이라는 이분법을 넘어서려는 노력이 담겨 있다.

최근에는 신자유주의 세계화와 경제금융화가 지구온난화, 에너지위기와 결합되면서 농업생산과 관련된 권력의 집중이 가속화하고 있다. 이런 상황에서 지구적 규모로 일어나는 자본의 농업지배 강화는 생태적 문제를 야기하고, 대규모 단작을 중심으로 하는 공장식 영농으로 인해 농약의 남용을 가져오며, 농민들에 의해 운영되는 협동체를 위협하고, 작물의 다양성을 감소시키고 있다. 또한 농촌사회의 불평등을 조장할 뿐만 아니라, 안전성이 의심되는 먹거리가 국내시장을 석권하고, 잔류농약이나 식품첨가물로 오염된 먹거리가 대량으로 유통되게 함으로써 먹거리 불안을 한층 고조하고 있다. 이에 따라 대안 농식품운동도 다양한 층위에서 다양한 주체들에 의해서 이루어지고 있다.

이 장에서는 유기농업을 비롯한 친환경농업 운동과 소비자생활협동조합 운동 및 최근의 로컬푸드 운동 등 한국의 대안 농식품운동의 흐름을 살펴보고자 한다.

대안농업 운동

대안농업 운동의 태동

'산업적 농업'은 자본집약적 농업, 대규모성, 고도의 기계화, 단작 영농, 인공적으로 만들어진 화학비료·농약·살충제의 광범위한 사용, 집약 축산 등을 특징으로 하는 농업인 데 반해, '대안농업'은 지역성과 소규모성, 합성물질 투입재의 사용 회피, 지역자원의 순환 이용 등을 위주로 하는 농업이라 할 수 있다. 또한 '산업적 농업'은 대체로 대규모 농지에서 대형 농기계와 기술집약적 시설 등 고정자산을 사용하여 대량으로 농산물을 생산, 가공, 공급하는 포드주의적 시스템에 기반을 두고 '규모의 경제economies of scale'를 중시하는 데 비해 대안농업은 다품목을 생산, 공급하기 때문에 다각화에 기반을 둔 '범위의 경제economies of scope'를 추구한다.* 대안농업은 농업 내의 자기의존self-reliance 구조를 복원하고, 인간과 인간, 인간과 자연과의 관계를 회복시키고자 하는 운동이라고 할 수 있다. 대안농업은 인간과 자연, 생태계가 균형을 이루면서 자원의 순환고리를 유지하는 것을 지향하는 농업이므로 대안농업의 (상대적)

---

* 규모의 경제란 생산규모(생산량이 아닌)가 커짐에 따라 단위당 생산비용이 감소하는 것을 의미한다. 범위의 경제란 결합생산이나 복합생산 등을 통해서 내부의 결합도가 높아져서 단위당 생산비용이 감소되는 것을 의미한다.

환경친화성은 '산업적 농업'과 구별되는 가장 기본적인 특성의 하나라고 할 수 있다. 이에 따라 대안농업은 지역 여건에 따라 경종농업과 원예, 축산이 각각 조사료와 천연 유기질비료 등과 같은 물질을 매개로 하는 연계를 지향하며, 이를 통해 외부로부터의 물질 공급과 외부로의 부산물 배출을 최소한으로 억제하는 지역 내 순환을 도모한다는 특징을 가지고 있다. 우리나라에서는 유기농업을 대표적인 대안농업이라고 할 수 있으며, 넓은 범위에서는 유기농업을 포괄하고 있는 친환경농업도 대안농업으로 파악할 수 있다.*

한국의 유기농업 운동은 1970년대 중반부터 정농회와 가톨릭농민회 등을 중심으로 시작되었다. 최초의 유기농업 생산자단체라 할 수 있는 정농회가 1976년에 설립된 데 이어 1978년에 한국유기농업협회가 설립되었고, 1980년대 초반에는 가톨릭농민회를 중심으로 '농'의 가치를 새롭게 인식하고 공동체를 회복하는 데서 농업과 농촌이 처한 어려움을 해결해보려는 움직임이 태동했다. 우리나라의 유기농업은 소비자의 요구나 특화된 생산물을 생산하여 판매하기 위한 시도가 아닌, 농업의 의미를 새롭게 보고 농업을 본래의 자리로 되돌려놓으려는 농민들의 작은 모임에서 시작되었다고 할 수 있다.

1980년대 후반부터 한살림과 가톨릭농민회의 생명공동체운동 등을 시발로 한 소비자생활협동조합 운동은 대안농업의 확산에 큰 힘이 되

---

* 대안농업alternative agriculture은 유기농업organic farming, 친환경농업eco-friendly agriculture, 재생농업regenerative agriculture, 지속가능한 농업sustainable agriculture, 저투입농업low-input agriculture, 자연농법natural farming, 생태농업ecological agriculture, 순환농업cycling agriculture, 생명역동농업bio-dynamic agriculture을 포괄하는 상위 개념으로 사용되기도 하고, 같은 수준의 개념으로 혼용되기도 한다. 한국에서는 친환경농산물 인증을 유기, 무농약, 저농약 등으로 구분하면서 친환경농업은 이들을 포괄하는 개념으로 사용하고 있기 때문에 친환경농업이 유기농업을 포괄하는 것으로 판단하기도 한다.

었다. 생협을 통한 직거래 사업은 유기농업 생산자단체 회원, 한살림, 한국여성민우회생협, 지역생협 등 다양한 운동 주체들에 의해 추진되었다. 1994년 11월에는 유기농업 생산자단체와 소비자단체가 모여 '환경보전형농업 생산소비단체협의회'를 구성했으며, 1998년 친환경농업육성법 제정 이후 친환경농업 육성 예산이 늘어나고 2002년 지자체 선거를 기점으로 지자체별 친환경농업 육성정책이 본격 도입되었다.

대안농업 운동의 성과와 반성

한국 농업에서 대안농업의 확산은 두 가지 계기를 통해 이뤄졌다. 우선 1970년대 이후 새마을운동과 결합된 녹색혁명의 확산으로 농약피해가 심각해지면서, 일부 농민을 중심으로 생존의 기반인 농업에 대해 새로운 가치 인식과 공동체 회복을 꾀하는 움직임 속에서 유기농업이 하나의 대안으로 자리 잡게 되었다. 초기의 유기농업은 산업적 농업의 폐해를 몸소 체험한 생산자들의 자주적인 실천으로 이루어졌으며, 생산자는 유기농업의 가치를 소비자에게 직접 알리는 교육을 통하여 직거래 사업을 전개했다. 한편, 한국의 유기농업은 농산물 수입개방에 따른 국내농업의 대응방식의 하나로 정책적으로 육성되었다. 1994년 농림식품부에 친환경농업과가 신설되었고, 1998년에는 "농업의 환경보전 기능을 증대시키고 농업으로 인한 환경오염을 줄이며, 친환경농업을 실천하는 농업인을 육성하여 지속가능한 친환경농업을 추구하고 이와 관련된 친환경농산물과 유기식품 등을 관리하여 생산자와 소비자를 함께 보호하는 것을 목적"으로 하는 '친환경농업육성법'이 공포되었다. 또한 1999년에는 친환경농업직접지불제가 도입되면서 지방자치단체들도 2002년 지방선거를 기점으로 친환경농업을 육성하는 정책을 적극적으로 도입하였다.

〈표 8.1〉 친환경농업의 추이

연도	유기		무농약		저농약		합계	
	농가 수	면적(ha)	농가 수	면적(ha)	농가 수	면적(ha)	농가 수	면적(ha)
2000	353	296	1,060	876	1,035	867	2,448	2,039
2003	2,748	3,326	7,426	6,756	13,127	12,155	23,301	22,237
2005	5,403	6,095	15,278	13,803	32,797	29,909	53,478	49,807
2006	7,167	8,559	21,656	18,066	50,812	48,371	79,635	74,995
2007	7,507	9,729	31,540	27,288	92,413	85,865	131,460	122,882
2008	8,460	12,033	45,089	42,938	119,004	119,136	172,533	174,107
2009	9,403	13,343	63,653	71,039	125,835	117,306	198,891	201,688
2010	10,790	15,517	83,136	94,533	89,992	83,956	183,918	194,006
2011	13,376	19,311	89,765	95,253	57,487	58,108	160,628	172,672
2012	16,733	25,467	90,325	101,657	36,025	37,165	143,083	164,289
2013	13,957	21,206	89,992	98,237	22,797	22,208	126,746	141,651
연평균 증가율 (2000~13, %)	0.33	0.39	0.41	0.44	0.27	0.28	0.35	0.39
연평균 증가율 (2010~13, %)	0.09	0.11	0.03	0.01	-0.37	-0.36	-0.12	-0.10

자료: 국립농산물품질관리원

이렇듯 한국의 친환경농업은 1990년대 초반까지는 민간 주도의 운동으로 확산되었고, 1990년대 중반 이후는 민간 주도의 친환경농업에 정부가 적극적으로 개입하는 형태로 이루어졌다고 할 수 있다. 정부의 개입은 주로 인증제도의 마련과 친환경농자재의 지원을 중심으로 이루어졌고, 그 성과는 친환경농업의 확산으로 나타났다. 외형적으로 보더라도 그동안 친환경농업은 크게 성장했다. 2001년부터 2013년까지 친환경농업은 연평균 39%의 성장(면적 기준)을 기록했다(국립농산물품질관리원, 2014). 이를 인증 수준별로 보면 유기농은 39%, 무농약은 44%, 저농약은 33%의 연평균 증가율을 보였다. 그러나 친환경농산물 재배면적은

2009년을 정점으로 감소하고 있으며, 2013년에는 전년 대비 14%나 감소했다. 특히 저농약 재배면적은 2008년을 정점을 기록한 이후 최근 3년간은 연평균 36%씩 감소했으며, 특히 2013년에는 전년 대비 40%나 감소했다. 무농약 재배면적도 2012년을 정점으로 2013년에는 3% 감소했으며, 유기농 재배면적의 경우도 2013년에는 전년 대비 17% 감소했다. 이렇듯 한국의 친환경농업은 최근 양적인 측면에서 위기에 직면해 있다고 할 수 있다. 또한 정부의 친환경농업 육성정책이 대안적 의미나 가치에 대한 고민보다는 인증 중심, 친환경농자재 지원에 중심을 두면서 친환경농업의 지향성이 훼손되는 부정적인 결과도 나타나고 있다. 최근에는 2015년 저농약 인증의 폐지로 친환경농업에 희망을 걸었던 많은 저농약 실천 농가들이 높은 수준의 친환경농업으로 나아가지 못하고 다시 관행화로 돌아설 가능성이 많다. 실제로 친환경 재배면적이 전반적으로 감소하고 있는 가장 큰 이유는 저농약 인증 폐지에 따른 농가의 대응이 무농약이나 유기재배로 전환하기보다는 GAP(3장 참고)이나 관행재배로 전환되고 있기 때문이다. 한국 친환경농업의 적신호라고 할 수 있다.

생활협동조합 운동

한국 생협 운동의 특징

한국의 소비자생활협동조합(이하 생협) 운동은 유기농산물 직거래 운동과 함께 발전해왔다고 해도 과언이 아니다. 한살림과 가톨릭농민회의 생명공동체운동 등을 시발로 1980년대 후반부터 시작된 우리나라의 생협 운동은 친환경 유기농업을 육성하고 뒷받침하면서 생산자와 소비자의 유기농산물 직거래 운동을 사회적으로 정착시켜왔다. 유기농산물 직거래 운동은 생산자들의 유기농 가치 교육과 밀접한 관계를 맺고 전개되었다. 생협을 통한 직거래 사업은 정농회, 한국유기농업협회, 한국자연농업협회 등 유기농 생산자단체의 회원을 비롯하여 농민운동에서 시작된 한살림, 여성운동단체인 한국여성민우회생협, 노동운동에서 지역운동으로 전환한 활동가들이 주도한 지역생협 등 다양한 운동주체들이 주도했다. 초창기에는 열성적인 생산자·소비자·운동가들의 헌신에 의존하던 생협들은 1990년대에 들어서면서 낙동강 페놀오염 사건, 시화호 오염 사건 등 대형 환경 관련 사건들이 터져나오고, 생활환경에 대한 관심이 높아지면서, 또한 식품오염 사고들이 계속 이어지고 아토피와 같은 문명병이 급속도로 퍼져가면서 시민들의 호응을 얻어 성장의 기반을 마련하게 되었다. 특히 2000년대 들어서면서 웰빙 열풍과 맞물려 생협은 급성장했다. 농산물은 생산과정에 관한 정보를 소비자가 육안으로 확인하기 어렵기 때문에 생산자와 소비자 사이의 정보의 비대칭성이 매우 높다는 특징을 가지고 있다. 일반 관행농산물을 재배하는 경우보다 훨씬 더 많은 비용이 들어가는 친환경농산물을 생산하는 농민의 입장에서도 자신이 생산한 농산물에 대하여 소비자가 신뢰하는 유통방식을 선호한다. 이런 점에서 생협은 소비자와 생산자의 조직화를 통해서 신뢰에 기반한 거래관계를 구축하고, 정보의 비대칭성 문제를 해결했다고 할 수 있다. 한편 생협 조합원은 우리쌀 지키기나 우리밀 살리기, 한-미 FTA나 미국산 쇠고기수입 반대집회에 주도적으로 참여하는 등 먹거리의 단순한 소비자에 머물지 않고, 농업을 지키기 위한 적극적인 행동에 나서기도 했다.

생협의 성장과 위기

한국의 생협 운동은 친환경 유기농산물의 직거래를 토대로 성장해

왔다. 1980년대 후반 우리나라에 유기농업이 활성화되지 않았던 시기부터, 생협은 친환경 유기농업의 정착과 이를 소비할 의식 있는 소비자층 형성에 지대한 공헌을 해왔고, 최근의 웰빙 열풍을 타고 급성장을 이루었다. 대표적인 생협조직인 한살림연합(21개 회원조합, 2013년 말 현재), 아이쿱생협연합회(78개 회원조합), 두레생협연합회(28개 회원조합), 행복중심생협연합회(11개 회원조합) 등의 공급액은 2004년 1700여 억 원에서 2013년 8600여 억 원으로 급증했다. 2004년 20만 명을 조금 넘었던 조합원 수도 2013년 현재 80만 명을 눈앞에 두고 있다. 2000년대 중반 이후 식품·유통자본들이 유기농식품까지 수입을 확대하면서 유기농산물에 대한 생협의 독점적 지위는 크게 약화되었으나, 2008년 4월 이후 미국산 광우병의심 쇠고기 파동과 10월 이후 멜라민 파동 등 먹거리안전성을 둘러싼 굵직한 사회적 이슈가 등장하면서 생협의 조직 및 사업이 급격하게 확대되었다.

그러나 최근에 들어서면서 매장을 열 수 있는 입지가 부족하게 되고, 특정 입지 내에서는 생협 간의 경쟁이 심화되고 있으며, 친환경 유기농 전문매장의 개설도 확대되고 있다. 또한, 생협들이 규모의 경제를 실현하기 위해 만들어낸 전국적인 물류체계가 생산자와 소비자의 연대와 신뢰를 바탕으로 하는 생협 운동의 기본적인 토대를 훼손할 위험에 처해 있다. 생협의 사업 확장에는 협동조합 운동 자체의 노력과 함께 끊임없는 먹거리위험이라는 외적인 요인이 크게 작용했기 때문에, 생산자와 소비자의 관계성보다 물류효율을 중시하는 사업전개는 일반기업의 친환경 농산물 시장 진입과 경쟁하면서 운동성을 더욱 빈곤하게 만들 수 있다. 이런 과정에서 생협 운동이 출발할 당시 지니고 있던 총체적인 사회운동으로서의 문제의식이 퇴색하고, 생협 자체가 현실의 단선적인 유기농산물 직거래 사업으로 귀착되어버릴 가능성도 커지고 있다.

〈표 8.2〉 생협의 조직 및 사업실적 현황 (단위: 100만 원, 개, 세대)

	구분	2004	2006	2008	2010	2013
공급액 주)	한살림연합(21)	70,202	93,592	132,598	190,940	304,452
	아이쿱생협연합회(78)	42,813	73,407	130,150	280,000	427,900
	두레생협연합회(28)	25,013	31,707	36,815	70,260	101,649
	행복중심생협연합회(11)	6,607	7,479	11,352	20,529	16,900
	기타	21,651	18,107	23,839	33,548	7,952
	합계	166,286	224,292	334,754	595,277	858,853
조합원수	한살림연합	99,761	132,787	170,793	242,916	410,211
	아이쿱생협연합회	31,950	30,725	54,660	110,000	194,856
	두레생협연합회	29,856	37,670	44,575	85,000	142,359
	민우회생협	11,155	12,911	17,187	24,900	30,170
	기타	31,612	31,795	37,420	49620	7,587
	합계	204,334	245,888	324,635	512,436	785,183

주) 농산물, 축산물, 수산물, 가공식품, 생활용품을 포함한 금액

전국적인 물류구조를 가진 일부 생협들이 지역 생산자들을 줄 세우고 있다는 최근의 비판은 이런 상황과 무관하지 않다. 따라서 전국 단위로 편재되어 있는 현재의 구조를 광역 단위나 더 나아가 지역 단위 중심으로 축소해 구축할 필요도 있고, 단선적인 전국 단위의 물류구조가 아닌 지역물류가 보다 확대될 수 있도록 하는 노력이 필요하다. 그동안 생협 조직이 물류사업 확대에 몰두하면서 정작 지역사회 내에서 먹거리와 관련한 공적인 활동을 소홀히 한 측면도 간과할 수 없다. 특히 소비자는 '안전한 먹거리의 확보'라는 개인적 관심 때문에 생협에 가입하고, 생산자도 생태적 관심이나 사회운동 차원이 아니라 생존전략 차원에서 수익이 상대적으로 높은 친환경 유기농업을 선택하는 등 현실은 여전히 시장경제의 틀을 넘어서지 못하고 있다. 과거에는 공동체, 소모임, 지역모임, 위원회 등의 활성화를 통해서 조직과 소비자 간의 일상적인 의사소

통 채널을 구축함으로써 생협의 사회적 존재가치를 높여왔으나, 최근에는 점포의 확대나 품목의 확대 등 시장적 도구성에 주로 의존해서 사업체적 성격에 매몰되는 경향이 보이기도 한다. 이로 인해서 운동체와 사업체의 모순적 통일체이면서 결사체인 협동조합이 지향해야 할 부분을 놓치고 있는 것은 아닌가라는 비판이 제기되기도 한다.

로컬푸드 운동

현대의 농식품체계가 가지고 있는 문제 자체가 다층적이기 때문에 최근에는 대안적 고민도 매우 다양한 층위에서 이루어지고 있다. 이는 현대 농식품체계가 가지고 있는 문제가 더욱 심각해졌을 뿐만 아니라, 그 영향이 다양한 계층에 다양한 형태로 영향을 미치기 때문이다. 따라서 이에 따른 시민 영역의 대응도 다양한 형태로 진행되고 있다.

로컬푸드 운동의 의의

로컬푸드 운동은 현대의 농식품체계하에서 발생한 먹거리의 공간적·시간적·장소적·형태적 괴리의 확대를 극복하려는 운동이라고 할 수 있다. 직거래를 통해서 농업 문제를 해결하고자 하는 시도가 농민운동 차원에서도 이루어진 사례가 많았다. 그에 비해 로컬푸드 운동은 단순한 직거래운동을 넘어서서, 농업의 지속가능성을 담보하기 위해서는 농과 식 사이의 단절된 관계를 극복하고 지역 내 자원의 선순환을 꾀함으로써 지역의 재생도 도모하자는 목표를 가지고 있다. 따라서 로컬푸드 운동을 농과 식의 관계를 좁은 물리적 공간 안에서 소통되게 하자는 의미로 해석하는 잘못은 범하지 말아야 한다. 로컬푸드 운동의 지역은 글로벌 농식품체계의 '세계'라는 추상성에 대응한 용어라는 점에 주의해야 한다.

로컬푸드 운동이란 순환의 체계를 만들어가고자 하는 운동이고, 화학비료나 농약의 대량살포, 공장식 축산 등이 가져온 생태적 재앙과 먹거리불안을 극복하는 운동이기 때문에, 로컬푸드 운동의 대상은 안전하게 생산된 먹거리일 수밖에 없다. 로컬푸드 운동을 시작할 때에는 여건상 어쩔 수 없이 관행재배 농산물도 당분간 대상에 포함시키더라도, 일정한 경과조치를 둔 후에는 강화된 기준을 충족하는 농산물이 운동의 대상이 되어야 한다. 또한, 대규모 단작 혹은 특화단지(주산단지)에 의해 주도되고 있는 농업현실에서 지역의 다양한 먹거리수요를 지역에서 생산된 먹거리로만 충족하는 것은 불가능하기 때문에, '물리적 거리'에 근거한 지역설정은 운동방향을 세우는 데 오히려 장애가 될 수 있다. 좀더 유연한 자세로 '사회적 거리'를 축소시킬 수 있도록 노력해야 하며, 이 경우에는 가까운 인근지역을 묶어내는 일종의 제휴산지 개념을 도입할 필요도 있다. 아울러 지역의 품목별 생산현황을 파악하여 로컬푸드 운동의 출발로 삼을 주요품목 설정을 고민하면서, 지역의 다양한 수요에 상응하는 다품목 생산을 유도해야 한다. 또한, 농민과 소비자 사이의 소통 확대를 꾀하는 구체적인 작업을 전개함으로써 먹거리생산으로부터 철저하게 유리되어 있는 도시민들이 먹거리에 대해 올바른 인식을 갖도록 하는 일도 중요하며, 지역의 생산자, 소비자, 자치단체 등의 참여도 끌어내야 한다. 개별 생산자와 소비자가 분산되어 있는 상태에서는 동력을 만들어내기 힘들기 때문에 마을별, 품목별로 생산자조직을 묶어내고 이를 바탕으로 지역협의체를 구성하는 작업이 필요함은 말할 것도 없다.

농업은 토지와 물과 같은 자연을 생산과정에 직접 이용하기 때문에 생산의 지속성과 식품의 안전성을 확보하기 위해서는 환경허용량 범위

내에서 생산이 이루어져야 한다. 본래 농업은 폐기물이 적게 나오고, 나오더라도 재이용이 가능하기 때문에 적정한 생산활동이 이루어지면 환경에 대한 부하를 줄일 수 있는 산업이다. 그러나 지금과 같이 대규모 단작화되어 있는 녹색혁명형 공장식 농업생산은 환경허용량을 초과하는 경우가 많다. 따라서 다품종 소량생산이 전제되는 로컬푸드 체계의 확립은 환경보전과 먹거리의 안전을 도모하는 것이기도 하다. 먹거리를 생산된 지역에서 소비하는 것은 합리적일 뿐 아니라 지역의 식량자급률을 높이고, 나아가 국가의 자급력도 높이는 방법이다. 또한, 로컬푸드 체계의 확립은 고용 창출과 지역자원 활용을 촉진할 수 있다. 농업을 통한 지역사회의 신뢰관계 구축은 사람 사이의 관계를 활성화하여 지역을 보다 활기차게 만들 것이다. 로컬푸드 체계에는 규모와 상관없이 참여할 수 있기 때문에 소규모로 경작하는 농가도 쉽게 참여함으로써 휴경지 감소에도 기여할 수 있다. 아울러 최근 증가하고 있는 귀농·귀촌인이 농업생산을 통한 경제활동에 보다 용이하게 참여하는 것을 가능하게 하며, 지역 전체로서는 외부로의 화폐 유출을 막아 지역 내 소득의 향상을 가져옴으로써 지역경제에 공헌한다.

로컬푸드 운동의 사례

로컬푸드 운동의 구체적인 형태나 사례는 다양하다. 농민장터 또는 농산물직판장에서 지역농산물을 판매하는 것이 가장 대표적이고, 지역에서 생산된 농산물의 가공, 지역에서 생산된 농산물이나 농산가공품을 학교급식을 비롯한 단체급식 등에서 사용하는 것 등이 로컬푸드 운동의 대표적인 사례라고 할 수 있다. 제철꾸러미의 경우에도 비록 택배 등을 이용해서 원거리로 배송되기는 하지만, 생산자와 소비자 사이의 직접적인 관계성을 바탕으로 하고 있다는 점에서 로컬푸드 운동의 한 형태로 파악할 수 있다.

농민들이 직접 참여하여 로컬푸드를 판매하는 장소로는 농민장터와 직판장 두 가지가 있다. 농민장터는 농민들이 자신의 생산물을 직접 갖고 나와서 야외에서 판매하는 서구형 직판이라고 할 수 있고, 직판장은 일본의 직매소를 벤치마킹한 형태다. 농민장터는 지역 농민이 자신이 직접 재배한 농산물을 지역 주민에게 제철에 공급하고, 소비자는 장터에서 농민을 믿고 직접 농민들로부터 신선한 농산물을 구입할 수 있게 해준다. 강원도의 '원주새벽시장'이 대표적인 농민시장이라고 할 수 있다. 20여 년의 역사를 가지고 있는 원주새벽시장은 4월 중순부터 12월 초순 사이에 오전 4시부터 9시까지 원주천 둔치에서 열리는데, 하루 평균 170여 농가가 참여하고, 주된 이용자는 대중식당이나 슈퍼마켓 운영자, 일반 가정이다. 원주 이외에도 전국의 여러 지역에서 농민장터라 할 수 있는 다양한 형태의 장터가 열리고 있지만, 원주처럼 협의회를 통해 생산 농민들 스스로가 운영에 참여하면서 농민장터가 운영되는 경우는 많지 않다.

한국의 직판장은 2012년 봄부터 용진농협이 운영하는 '완주 로컬푸드 1호 매장'의 성공 이후 빠르게 확산되고 있다. 특히 박근혜 정부 출범 이후 농산물 유통합리화 차원에서 로컬푸드 직판장의 개설이 농정에서 주요한 수단으로 등장하면서 최근에는 직판장 설립이 과하다고 할 정도로 붐을 이루고 있다. 특히 정부와 지자체의 지원계획, 농협의 본격적인 참여가 발표되면서 로컬푸드 운동의 중요한 가치인 '관계성'은 사라지고 지역농산물 판매를 위한 수단으로 전락할 우려마저 제기되고 있다. 특히 농협이 운영하는 직판장이 농협이 매취한 농산물의 판로로 이용되거나 중소가족농이 아닌 농협 내에서 우위를 갖고 있는 규모화된 전업농들의 판로로 이용되는 것은 막아야 할 것이다.

한국에서 로컬푸드 운동으로서의 꾸러미사업이 갖고 있는 역사는 길지 않다. 물론 로컬푸드 운동이 본격적으로 논의되기 이전부터 개별 농민이 자신이 생산한 농산물을 꾸러미의 형태로 인근 지역의 소비자들에게 전달하는 꾸러미사업이 분산적, 간헐적으로 이루어지기도 하였고, 일부 생협에서는 산지로부터 꾸러미 형태로 농산물을 주기적으로 전달받는 꾸러미사업이 이루어지기도 했다. 한국 꾸러미의 품목 특성은 크게 제철농산물 위주의 꾸러미와 저장성 농산물 위주의 꾸러미로 나뉘는데, 주된 형태는 제철농산물 위주의 꾸러미라고 할 수 있다. 한국의 꾸러미사업이 본격적으로 전개된 것은 2010년경이라고 할 수 있다. 특히 전국여성농민회총연합(전여농)의 식량주권사업단은 2009년부터 '얼굴 있는 생산자와 마음을 알아주는 소비자가 함께 만드는 먹거리' 사업인 '언니네텃밭'을 전개해오고 있다. 언니네텃밭은 첫 해인 2009년에 4개의 공동체가 배송을 시작한 이후 2014년 말 현재 총 17개 공동체가 제철꾸러미를 소비자에게 공급하고 있다. 생산 농민들이 농작물의 생산과 재배, 가공, 포장까지 직접 참여하면서 꾸러미를 공급하고 있는 경우도 있지만, 꾸러미유통의 주체가 농민들로부터 농산물을 직접 구매해서 배송하는 형태도 존재한다. 형식에서는 꾸러미를 취하고 있지만, 내용에서의 편차는 매우 큰 것이 현재 한국 꾸러미사업의 현실이다. 예를 들어 농협이나 규모가 큰 꾸러미사업단의 경우에는 농산물을 생산 농민으로부터 사업단이 구매하여, 구색을 맞춰서 꾸러미로 공급하는 사례도 있다. 농민으로부터 생산물을 매취하여 단순하게 꾸러미로 포장하여 소비자에게 공급하는 '종합선물세트형 꾸러미'까지 꾸러미사업이라는 이름으로 진행되기도 한다. 이는 다품종·소량 생산을 하는 지역의 소농이 꾸러미사업에 주도적으로 결합하여 도시의 소비자와 관계망을 구축하고자 하는 꾸러미 본래의 의미가 중심에 있는 것이 아니라, 꾸러미라는 외형을 빌린 또 다른 형태의 관행 유통체계라고 할 수 있을 것이다. 이런 형태의 꾸러미 사업은 건전한 관계를 매개로 전개되고 있는 꾸러미사업 전체를 오히려 퇴보시킬 우려마저 있다.

새로운 시도들과 대안 농식품운동

도시농업과 도시장터

일반적으로 도시농업은 공간적으로 도시 지역과 도시근교 지역에서 행해지는 생업농업과 생활농업을 말한다. 도시농업은 도시민이 직접 농산물을 생산·소비한다는 점에서 현대의 농식품체계가 만들어놓은 농과 식의 단절을 극복하는 직접적인 대응이라고 할 수 있다. 도시농업을 통해 소비자는 직접 생산에 참여함으로써 생산과 소비 사이의 간격을 줄일 수 있으며, 농산물의 공급 이외에도 도시민들의 농업에 대한 이해와 관심을 높일 수 있다. 우리나라에서는 도시농업은 먹거리공급 측면보다는 농사체험을 강조하는 형태로 정착되었기 때문에 생산된 농산물의 활용에 대한 관심은 상대적으로 낮은 편이다.

우리나라의 도시농업은 소수의 시민과 시민단체들의 운동으로 시작되었고, 지방자치단체 등 공공기관의 지원으로 확산되면서 2011년 도시농업 활성화를 위한 법률이 제정되기도 했다. 우리나라의 도시농업은 귀농운동본부가 예비 귀농자들의 실습을 위해 2004년 경기도 안산에서 처음으로 시도한 것이 그 시작이다(안철환 외, 2013). 한국의 도시농업이 확산될 수 있었던 것은 도시농업 관련 민간단체나 이 단체들의 전국적 협의체의 역할이 컸다고 할 수 있다. 인천도시농업네트워크와 서울도시농업네트워크 등은 이후 여러 지역에서 도시농업네트워크가 만들어지는 데 기여한 부분이 크며, 서울그린트러스트나 여성환경연대, 텃밭보급소 등도 다양한 형태로 도시농업의 확산에 기여했다.

도시농업의 유형은 체험형 농업, 학습형 농업, 교류형 농업 등으로 구분하기도 하는데, 서울시의 도시농업 사례로는 마을텃밭, 학교텃밭, 청년텃밭, 힐링텃밭, 도시농업공원 등이 있다. 도시농업은 개인의 기호나 취미활동에 머무르지 않고 수확물의 판매나 경제활동을 통해서 사회화되기도 한다. 광화문과 북서울 꿈의 숲, 보라매공원, 청계천 등에서 진행되는 '서울 농부의 시장'에 도시농업에 참여하는 주체들이 참여하기도 한다. 또한, 서울 시내와 근교에서 키운 농산물이나 가공품을 판매하는 서울의 도심형 장터 '마르쉐@'는 도시의 다양한 사람들(도시농부, 요리사, 예술가, 소비자)이 만나는 장소를 제공하고 있는데, 도시농업을 바탕으로 농업이나 먹거리뿐만 아니라, 지속가능한 사회에 대한 사회적 공감을 확산하는 공간이라고 할 수 있다.

전망

신자유주의 세계화로 먹거리의 생산과 가공, 유통 및 소비 체계는 세계적 규모로 급속하게 통합되고 있으며, 이 과정에서 선진국과 후진국을 막론하고 농업생산과 관련한 전 과정이 초국적 농식품복합체의 직간접적인 지배하에 놓이게 되었다. 초국적 농식품복합체들에 의한 지구적 규모의 농업지배 강화는 생태학적 문제를 야기하고, 대규모 단작을 중심으로 하는 공장식 영농으로 인해 농약 등 투입재의 남용을 가져오며, 농민들의 공동체를 위협하고, 작물 다양성을 감소시키고, 농촌사회의 불평등을 조장할 뿐만 아니라, 소비자는 값싼 위험식품문화에 노출된다. 현재의 농식품체제는 환경적으로 균형 잡힌 영농체계를 무너뜨리고, 유전적 자원의 다양성을 훼손하기 때문에 소비자의 자유로운 선택을 어렵게 만들 뿐 아니라 재생불가능한 자원의 다량투입을 전제로 하기 때문에 지속가능성을 담보할 수 없다.

이런 문제인식을 바탕으로 우리나라에서도 다양한 형태의 대안 농식품운동이 전개되어왔다. 앞으로는 다양한 층위에서 혹은 서로 다른 영역에서 전개되어온 대안 농식품운동이 서로의 관계망이 중첩될 수 있도록 하는 작업이 필요하다. 유기농업을 비롯한 친환경농업, 그리고 이와 결합된 생협 운동, 지역공동체 운동, 지역농업 운동, 그리고 최근의 로컬푸드 운동에 이르기까지 지역을 바탕으로 혹은 생산자와 소비자의 연대를 바탕으로 전개해온 대안운동을 좀더 폭넓고 의미 있게 전개할 수 있는 지평을 넓혀나가야 한다. 유기농업 운동, 생협 운동, 로컬푸드 운동 등은 대안 농식품운동으로서 큰 의미를 가지고 있지만, 나름 경계해야 할 지점들이 있다. 안전성만을 최우선의 가치로 두는 유기농업이 과연 온전한 것인가라는 질문에서부터, 로컬푸드 운동의 경우 이른바 '로컬의 함정'에 빠지지 않았는가 하는 질문을 해야 하는 것이다. 로컬푸드가 세계 농식품체계에서 발생한 여러 가지 사회적·경제적 문제들을 즉자적으로 해결해줄 것이라는 환상을 갖지 말아야 한다. 보다 중요한 것은 대안 농식품운동을 통해서 우리가 달성할 수 있는 가치는 무엇이고, 그 가치를 달성하기 위해서 어떤 형태로 대안 농식품운동을 풀어나갈 것인가에 대한 지속적인 성찰이다. 유기농산물, 생협 물품, 로컬푸드 등은 목표가 아니라 수단이라는 점을 인식하고, 목표와 수단, 목적과 전략을 혼돈하지 말아야 한다. 중요한 것은 이들 대안 농식품운동을 통해서 어떠한 사회적·경제적·생태적 관계를 만들어낼 것인가에 있지, 물적인 매개물로서의 먹거리가 유기농산물 혹은 로컬푸드 자체에 있는 것은 아니다.

잊지 말아야 할 것은, 대안운동이 그 운동을 통해서 극복하고자 했던 대상과 동일한 폐해를 가져온다면 그것은 대안운동으로서의 의미를 이미 상실한 것이나 다름없다는 점이다. 대안운동은 기존의 먹거리체계에 뿌리를 두고 있더라도, 스스로가 대안을 내세우며 맞서고 있는 대상과 유사하게 행동하는 것은 피해야 한다. 그나마 우리에게 다행스러운 것은 현대의 세계 농식품체계가 가지고 있는 문제점을 일찍이 인식하고 대안운동을 전개해온 다양한 주체와 조직들이 가까이에 있다는 점이다. 이런 대안운동은 한편에서는 기존의 패러다임에 대해서 근본적인 질문을 던지면서 새로운 양식의 삶을 주장하기도 하지만, 다른 한편에서는 자본주의적 시장이라는 틀 속에서 일종의 틈새시장으로서 대안을 이야기하기도 한다. 다양한 갈래의 대안이 제시되고 있지만, 중요한 것은 자본이라는 거대한 괴물이 농업과 먹거리를 지배하는 상황이라고 해서 대안운동 자체가 괴물이 되는 것은 피해야 한다는 점이다.

참고문헌

김철규, 2008, 〈한국의 농업 위기와 대안농업 : 팔당생명살림을 중심으로〉, 《농촌사회》 18(1): 7-41.
김흥주, 2006, 〈생협 생산자의 존재형태와 대안농산물체계의 모색 – 두레생협 생산자회를 중심으로〉, 《농촌사회》 16(1): 95-141.
안철환·이강오·박영주·임성복·김경일·김인호·임주호·이보은·윤인숙, 2013, 〈도시농업의 현황과 새로운 시도〉, 《도시정보》 377: 3-20.
윤병선, 2004, 〈초국적 농식품복합체의 농업지배에 관한 고찰〉, 《농촌사회》14(1): 7-41.
윤병선, 2008, 〈세계 농식품체계하에서 지역먹거리운동의 의의〉, 《ECO》12(2): 89-115.
윤병선, 2010, 〈대안농업운동의 전개과정에 대한 고찰〉, 《농촌사회》 20(1): 131-160.
윤병선, 2015, 《농업과 먹거리의 정치경제학》, 울력.
캐롤란, 김철규 외 옮김, 2013, 《먹거리와 농업의 사회학》, 따비.
허장, 2007, 〈유기농업의 '관행농업화'와 위기에 관한 논의〉, 《농촌경제》 30(1): 1-30.

| 지은이 소개 |

SSK 먹거리 지속가능성 연구단
SSK(Social Science Korea)는 한국 사회과학의 국가사회 발전에 대한 기여를 확대하기 위해 한국연구재단에서 지원하는 학술연구지원사업이다. SSK 먹거리 지속가능성 연구단(단장 김흥주 원광대 교수)은 먹거리를 둘러싼 문제들을 분석하고, 지속가능한 먹거리체계를 모색하기 위한 연구들을 수행하고 있다. 현재 국내 교수 5명, 외국인 교수 3명, 전임연구교수 2명, 연구보조원 5명, 행정인력 1명 등 총16명의 전문인력이 연구단을 구성하고 있다(www.susfood.kr).

김철규 고려대학교 사회학과 교수(농식품사회학)이다. 세계 농식품체계의 변화, 먹거리정치, 음식소비의 역사적 형성 등에 관심이 있다. 주요 저서로 《한국의 자본주의 발전과 사회변동》, 역서로 《생태논의의 최전선》(공역), 《자연과 타협하기》(공역), 그리고 최근 논문으로 〈한국 농식품체계의 구조와 변화〉 등이 있다.

김흥주 원광대학교 복지보건학부 교수(지역사회복지)이다. 먹거리복지와 공공급식, 지역사회 먹거리보장에 관심이 있으며, 저서 《새로운 농촌사회학》(공저) 등과 역서 《먹거리와 농업의 사회학》(공역), 그리고 논문 〈학교급식과 로컬푸드 — 한일 비교연구〉, 〈먹거리 대안체계와 공공급식 — 서울시 사례분석〉 등이 있다.

박동범 고려대 사회학과 박사과정에 재학 중이다. 지역먹거리/로컬푸드의 사회정치적 저변이 두터워짐으로써, 개인과 지역 주민들의 살림살이가 개별 국민국가 사이를 가로질러 광역적·지구적 규모로 어떻게 바뀌고 더 나아질 수 있을지에 관심이 많다. 옮긴 책으로 《시간의 비교사회학》(공역)이 있다.

송원규 건국대학교 농식품경제학 박사과정에 재학 중이며, 세계 농식품체계의 문제와 식량주권 운동 등 대안적 농업·먹거리 운동에 관심을 가지고 있다. 주요 글로 《먹거리반란》(공역)과 《종자, 세계를 지배하다》(공저), 그리고 논문 〈세계농식품체계의 역사적 전개와 먹거리위기〉 등이 있다.

송인주 사회학박사로 원광대학교 지역발전연구소에 있으며, 시간강사를 겸하고 있다. 현대 농업/생태/기술체계의 역사적 변화를 이론적으로 설명하는 데 관심이 있으며, 논문으로 〈농업의 산업화와 한국의 '축산혁명'〉, 〈한국의 쇠고기 등급제: 쟁점과 성격〉, 〈소비주의 식생활양식의 형성: 미국의 대량육식 문화를 중심으로〉 등이 있다.

안윤숙 전주대학교 사회과학연구소 연구교수이자 원광대학교 복지보건학부 강의교수(지역사회복지론, 청소년복지론)이다. 소년사법과 소년보호시설에 관심이 있으며, 논문 〈보호소년 위탁 아동복지시설에 관한 연구〉, 〈소년보호처분의 문제와 개선방안〉 등 다수가 있다.

윤병선 건국대학교 경영경제학부 교수(경제학 전공)이다. 세계 농식품체계에 대한 문제의식을 바탕으로 대안 농식품운동에 관심이 있다. 저서 《농업과 먹거리의 정치경제학》과 《새로운 농촌사회학》(공저) 등과 역서 《이윤에 굶주린 자들》(공역), 《먹거리와 농업의 사회학》(공역) 등을 냈으며, 〈초국적 농식품복합체의 농업지배〉, 〈대안농업운동의 전개과정에 대한 연구〉, 〈Who's Threatening Our Dinner Table?〉 등의 논문이 있다.

이해진 건국대학교 글로컬캠퍼스 산학연구처 조교수(사회학)이다. 먹거리정치와 먹거리시민권, 먹거리위험의 개인화, 사회적경제를 연구하고 있으며, 저서 《새로운 농촌사회학》(공저) 등과 역서 《먹거리와 농업의 사회학》(공역), 그리고 논문 〈소비자에서 먹거리시민으로〉, 〈한국의 사회적경제-제도화의 정치과정과 지역화 전략〉 등이 있다.

이현진 원광대학교 사회복지학과 박사과정에 재학 중이다. 지역사회복지와 협동조합, 지역사회조직활동에 관심이 있으며 사회적경제에서의 사회복지의 역할을 고민하고 있다. 연구논문으로 석사학위논문 《지역 생협복지운동 사례연구》와 〈푸드뱅크 사업과 먹거리 연대, 그 가능성과 한계〉, 〈친환경생산 농민의 사회적 특성과 유형에 관한연구〉, 〈생협복지의 의미와 실천〉 등이 있다.

정혜경 호서대학교 바이오산업학부 식품영양전공 교수이다. 한국의 식생활교육과 음식문화에 관심이 있으며, 저서로 《밥의 인문학》, 《천년한식견문록》, 《한국음식오디세이》, 《지역사회영양학》(공저) 등이 있다.

| 찾아보기 |

ㄴ

ㄷ

ㄹ

ㅁ

ㅇ

ㅈ

ㅊ

ㅋ

ㅌ

한국의 먹거리와 농업

— 한국 농식품체계의 과거와 현재 그리고 대안

지은이 | 김흥주 외
초판 1쇄 발행 | 2015년 6월 30일

펴낸곳 | 도서출판 따비
펴낸이 | 박성경
편 집 | 신수진
디자인 | 이수정

출판등록 | 2009년 5월 4일 제2010-000256호
주소 | 서울시 마포구 월드컵로28길 6(성산동, 3층)
전화 | 02-326-3897
팩스 | 02-337-3897
메일 | tabibooks@hotmail.com
인쇄·제본 | 영신사

값 15,000원
ISBN 978-89-98439-18-7 93330